다른 세상에
사는 부부

가정의 행복을
꿈꾸는 이들을 위한
상담 에세이

다른 세상에
사는 부부

초판 1쇄 인쇄 2021년 9월 1일
초판 1쇄 발행 2021년 9월 8일

지은이 이선희

발행인 장상진
발행처 (주)경향비피
등록번호 제2012-000228호
등록일자 2012년 7월 2일

주소 서울시 영등포구 양평동 2가 37-1번지 동아프라임밸리 507-508호
전화 1644-5613 | **팩스** 02) 304-5613

ⓒ이선희

ISBN 978-89-6952-474-4 03180

가정의 행복을
꿈꾸는 이들을 위한
상담 에세이

다른 세상에
사는 부부

이선희 지음

경향BP

'급변하는 사회, 급변하는 가족', 저는 한국전쟁 이후 21세기인 오늘에 이르기까지 우리 사회와 우리 가정의 모습을 이렇게 요약하고 있습니다. 한국가정법률상담소의 작은 상담실에서 가정 문제로 고뇌하는 수많은 분과 마주 앉아 한 세대가 훌쩍 넘는 시간을 보냈고, 작은 방에서 우리 사회 가정에서 일어나는 가장 내밀한 이야기들을 들으며 사회 문제까지 볼 수 있었습니다.

그 시간 동안 우리 사회는 자녀 출산과 관련하여 '둘도 많다.'며 인구 조절을 강조하던 때에서 불과 몇십 년 만에 저출산, 인구절벽이 심각한 정책적 과제가 되었으며, 결혼이 문제가 되어 이른바 '농촌 총각 자살 문제'가 다문화가정으로 변화되었습니다. 이 모든 변화의 중심에 '가정과 가족 구성원'이 놓여 있습니다.

더욱이 해마다 혼인율과 출산율은 떨어지고, 급증하던 이혼율이 주춤한 듯 보이지만, 이는 혼인율의 저하와 맞닿아 있는 것으로 그저 다행이라고만 하기에는 여전히 문제 상황입니다. 상담을 하다 보면 최근에는 90대의 고령인 분들도 이혼 상담을 위해 걸음 하는 것을 보게 됩니다. 가정 문제가 심각하다는 방증이기도 하고, 하루를 살더라도 나 자신을 소중하게 여기겠다는 새로운 경향으로 읽히기도 합니다. 이러한 개인들의 욕구와 가정적, 사회적 요구들이 조화로운 대안과 해결책을 찾게 되기를 바랍니다.

서울가정법원의 조정위원으로서 오랜 시간 보아 온 이선희 소장님은 깊은 혜안과 역량으로 가정 문제로 고통 받는 많은 분이 진정한 해결의 길을 찾도록 지혜로운 길잡이가 되어 주신 것으로 잘 알고 있습니다. 이선희 소장님이 몸담아 온 은행나무부부상담연구소는 한국가정법률상담소와 같이 가정 문제로 고뇌에 빠진 이들을 돕고 있습니다. 한국가정법률상담소가 법률문제를 중심으로 소송 구조 등 법률 구조 사업을 통해 번민하는 이웃과 함께 해 왔다면 이선희 소장님은 법률문제 이전 단계에서 많은 가정과 가족 구성원들을 구해 오신 것입니다.

이처럼 귀하고 값진 경험을 담아 이번에 자전적 에세이를 펴내시니 이 소중한 경험들을 함께 나누어 그 가르침을 통해 더 많은 분이 문제 해결의 실마리를 찾을 수 있을 것입니다. 그로 인해 더 많은 가정이 도움을 받을 것이라 크게 기대합니다.

이선희 소장님이 앞으로도 상담, 집필 활동 등을 통해 우리 사회를 위해, 우리 사회의 가정과 가족 구성원들을 위해 더 많은 일을 해 주시기 바랍니다.

곽배희(한국가정법률상담소 소장)

사람들이 자신의 속마음을 살펴보고 마음이 가는 길을 가꾸어 행복해 지도록 돕는 일을 해 온 지 오래되었다. 친구들은 스트레스가 많아 힘들 지 않은지, 건강은 괜찮은지 묻곤 한다. 나는 내담자분들이 상담의 성과 를 거두게 되면 덩달아 나까지 행복해지는 것 같다고 말하며 웃는다.

생각해 보면 그분들이 복잡하고 꺼내기 힘든 얘기를 하면서 도움을 기 대한다는 것이 실로 감사하고 송구하다. 특히 아내와 남편이 되어 가정 을 꾸리고 자신들과 가족이 함께하는 현실을 더 나은 것으로 만들고자 노력하는 과정에 동참한다는 것은 의미 있고 보람된 일이다.

잇몸 염증이 성을 부릴 때는 치과 치료가 어렵다고 한다. 어느 정도 염 증이 가라앉아야 치료를 받는 것처럼 심리 상담도 당사자의 고통이 조금 이나마 해소되어 자기 통찰이 가능할 때 효과를 얻는다. 전화로 문의하 는 분들이 모두 상담 현장을 찾지 않는 것에는 자기를 개방할 용기를 내 지 못하는 이유도 있을 것이다. 그런 분들에게 더욱 도움이 필요할 것 같 아 나는 그분들에게 힘과 희망을 드리고 싶은 안타까움을 갖고 있었다.

사람들은 자신이 필요로 하는 것을 이웃에게 주려는 경향이 있다. 나도 과거 힘든 시절에 가까이에서 그 순간이 잘 넘어가도록 도와주기를 바랐던 적이 있었다. 내가 상담 심리 전문가 일로 도움을 드리듯, 그때 누군가가 내 옆에서 그렇게 해 주었다면 좋았으리라는 아쉬움이 남아 있다. 그와 같은 안타까움과 아쉬움을 함께 나누는 분들에게 도움이 될까 하여 이 책을 쓰게 되었다.

올봄에 우리 집 호야꽃이 3송이 피었다. 꽃받침 1개에 30개가 넘는 아주 작은 연분홍빛 꽃들이 부챗살마냥 옹기종기 매달려 있다. 두툼한 이파리가 연녹색, 청록색으로 어우러진 모양이 마음에 들어 상담실 창가에 두고 기른 지 10년이 넘었다. 이파리만 보는 식물인 줄 알았는데 춥게 고생을 시키면 꽃이 핀다는 말을 듣고 집에 가져와, 지난겨울 베란다에 내어 놓았더니 정말 꽃이 피어났다. 숲속의 나무 냄새 같은 꽃향기가 좋았다.

한참 호야꽃을 들여다보노라니 점점 커져 마치 벚꽃처럼 보였다. 벚꽃은 나에게 어린 시절의 한 장면을 떠올려 준다. 한쪽은 엄마, 다른 쪽은 이모 손을 붙잡고 화창한 봄날, 터널처럼 우거진 벚꽃 길을 걸어 유치원에서 집으로 돌아왔던 기억이 난다. 한 송이 벚꽃 무더기처럼 내 주변에는 가족이 많았고 모두 나를 사랑해 주었다. 지금 생각해 보면 그 시절 나는 천지 분별없이 행복하기만 하였다.

청소년기에 아버지가 돌아가셨고, 결혼 후 가족들 적응에 힘들어하다가 중년기에 들어서 평온을 찾았다. 아들 둘을 낳아 건강히 키웠고 그들이 성실히 살아가니 다행스럽고 고맙다.

인간의 심리사회적 발달을 8단계로 설정한 에릭슨(E. Erickson)은 각

단계의 성취 과업과 미성취 결과를 설명하였다. 예컨대 청소년기에는 정체성 형성, 미성취 시 혼미 그리고 중년기에는 생산성 확보, 미성취 시 침체라고 하면서 해당 시기의 미성취 결과는 사라지지 않고 다음 시기로 내려와 그 과업이 달성될 때 비로소 다음 시기의 과업을 수행하게 된다는 것이다.

되돌아보면 안락한 유년기, 아동기를 보내어 굼뜨고 눈치 없던 내가 아버지를 여의고 우울했던 청소년기의 불안을 성인기에 물려주어 시가족들과의 소통에 능숙하게 대응하지 못했던 부족함을 낳았다. 스스로 나의 수행이 잘 되도록 주력하며 그 시기를 보냈고, 이제 인생살이에 대해 알 만큼 아는 나이가 되었다.

혹시 곤경에 처한 분이 있다면 자기 자신에게 초점을 맞추어 오늘 하루를 감당해 보자. 회피하지 않고 버티며 어려움을 다음으로, 그리고 남에게 미루지 않을 때 밝은 내일이 온다. 꽃들이 피어나고 열매를 맺는 시기가 모두 다르듯, 각자의 전성시대도 다르지 않을까? 즐겁고 행복한 날도 머무르지 않고 지나가는데, 하물며 불만과 좌절이 늘 그 자리에 있겠는가?

그동안 상담하며 만났던 모든 분의 안위와 복락을 기원하며 감사드린다. 상담했던 내용의 핵심 갈등과 그 심리적 기제만 같은 맥락으로 각색하여 글의 실제 주인공은 그들과 나만 알아챌 수 있게 되었다. 자신들의 이야기가 다른 이들에게 도움이 되기를 바란다는 그분들에게 무한한 감사와 존경을 보낸다.

책의 출간을 축하하며 보내 준 친구 김영욱의
작품 위에 이 글을 올린다. 매서운 겨울 추위를
이겨 내고 꽃을 피우는 매화처럼 모든 분의 소망
이 이루어지기를 바란다. 끝으로 이 책을 출간해
주신 경향미디어에 깊은 감사를 드린다.

이선희

차례

추천사 · 4

머리말 · 6

올해는 비가 내려도 벚꽃이 지지 않았다 · 15
- 습관의 예외적 결과

다른 세상에 사는 부부 · 21
- 목표에 대한 의견의 차이

사랑 게임의 허와 실 · 39
- 애정에 대한 견해의 차이

에로스와 타나토스 · 57
- 결혼의 절대적 의미

나는 정말 결혼 잘했네 · 85
- 애정 성숙의 과정

마음이 고픈 아내와 공범자 남편 · 99
- 부부 대화의 과정

나는 당신의 어머니가 아니라 아내야 · 125
- 성격유형의 차이

혼인이라는 감옥에 갇힌 죄수 · 159
- 부모의 애착과 성격 형성

TV에 나가 모두 까발리고 싶었다 · 187
- 가족 관계의 부부 관계 전수

국가 대표 인생 선수들 · 221
- 아내의 부부 관계 증진

인생 선수들과 파우스트 · 251
- 아내 여성성의 의미

행복보다 안심이 사랑일까? · 263
- 적응적 부부 관계

왼쪽의 주름 많은 노파, 오른쪽의 젊고 예쁜 여자 그림은 실제로는 같은 그림을 위아래로 방향만 바꾼 것이다. 같은 그림이 보는 방향에 따라 전혀 다른 모습이 되는 것이다. 우리네 삶도 어떤 방향으로 보는가에 따라 이와 같이 달라지지 않을까? 결과는 당신이 어떤 방향을 선택하는가에 달려 있다.

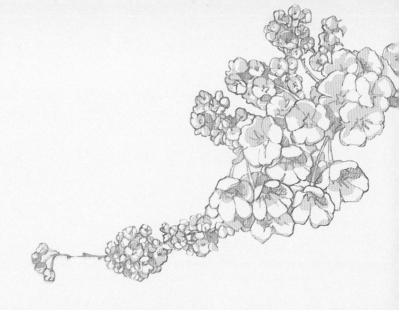

올해는 비가 내려도
벚꽃이 지지 않았다

습관의 예외적 결과

．．．．

　올봄에 우리 동네는 벚꽃이 활짝 폈다. 멀리서 보면 커다란 뭉게구름 같은 어린 아기 피부 색깔 꽃무리가 장관을 이루었다. 풍성한 그 꽃무리를 보고 있노라면 뭔지 모를 충만한 느낌이 마음을 가득 채우는 것 같아 뿌듯했다. 기쁨이 차오르고 몹시 기분이 좋아졌다. 벚꽃 길을 찾는 상춘객들이 나무 밑에서 사진을 찍고 봄의 풍광을 즐기며 좋아했다. 주말에는 젊은 연인들이 밤늦도록 벚나무 아래에서 사랑을 속삭였다.

　이틀간 비가 내렸을 때 나는 창밖을 내다보며 벚꽃이 지지 않을까 걱정했다. 항상 비가 오면 꽃들이 한꺼번에 모두 떨어지고, 떨어진 가지에서 기다렸다는 듯 연두색 새순들이 돋아 나왔다. 나는 아스팔트 도로 옆 하수관 덮개 위의 빗물에 잠긴 수많은 꽃잎이 망가질 것 같아 그 길을 밟지 않고 돌아서 걷곤 했다. 빗물에 잠겼으나마 그 꽃잎들을 오래도록 보고 싶었다.

　벚꽃이 화사한 모습으로 우리에게 감동을 주는 시간은 불과 1주일 정도다. 비를 맞으면 어김없이 꽃잎은 떨어지고 만다. 안타깝기 그지없다.

☕ 부부 상담은 새로운 희망을 빚어내는 일이다

해마다 부활절이 다가오고 개구리가 겨울잠에서 깨어난다는 경칩이 지나면 봄비가 내렸다. 두세 번 비가 오면서 꽃망울이 튼실해지다가 부활절 전후에 드디어 벚꽃이 한꺼번에 피어났다. 저녁 녘 퇴근길에는 봉오리였는데 다음 날 아침 출근길에 보면 약속이나 한 듯 모두 피어났다. 신기하고 놀라웠다. 한 사람도 빠지지 말고 모두 와서 구경하라는 듯이 벚꽃이 무더기 지어 피었다.

그런데 올봄에는 그 순서가 아니었다. 비가 내리기 전에 벚꽃이 먼저 핀 것이다. 이게 웬일인가? 벚꽃이 먼저 피고 부활절이 지난 다음에 비가 왔다.

이토록 반갑게 일찍 피어난 벚꽃을 맞이했지만 나는 비가 오면 어쩌나, 비를 맞고 꽃들이 모두 져 버리지 않을까, 부는 바람에도 꽃잎이 떨어지지 않을까 계속 신경이 쓰였다. 그런데 간간이 어쩌다가 한두 잎 떨어질 뿐 꽃무리는 그대로였다. 연달아 이틀간 비가 왔어도 예년과 달리 꽃무리는 제자리를 지키고 있었다. 참 희한한 일이었다. 10년 넘게 이 동네에 살면서 보아 왔지만, 벚꽃이 비를 맞고도 꽃잎을 떨어트리지 않고 당당하게 견디어 내는 모습은 처음이었다.

벚꽃은 항상 이맘때 내리는 봄비에 꽃잎을 떨어뜨렸는데 올해에는 비를 맞고도 그 모습 그대로 꽃무리를 지켰다. 같은 품종 같은 나무, 예년과 똑같은 꽃들이 이렇게 다른 모습을 보이는 것이 놀랍고 궁금하였다. 무슨 까닭일까? 곰곰이 이유를 생각해 보았다.

꽃이 피는 시기, 햇빛, 온도, 습도, 바람 그리고 영양 상태와 비의 양 등 다양한 것이 영향을 주었을 것이다. 그러나 이유가 중요한가? 항상 그렇듯이 당연히 그럴 것이라는 우리의 예상과 다른 결과를 볼 수 있다는 것이 새롭고, 또 새로워서 희망을 갖게 되는 것이 기쁘지 않은가? 부부 상담은 이와 같이 예외적인 결과, 새로운 희망을 빚어내는 일이다.

아마도 벚꽃이 비가 오면 진다고 생각한 것은 꽃이 떨어질 그 시점에 비가 왔기 때문일 것이다. 비에 지지 않는 꽃이 그 꽃의 생리 때문이라고만 말할 수 있을까? 그리고 비를 맞으면 당연한 듯 꽃잎을 떨어뜨리는 바로 그 벚나무가 비를 맞으면서도 꽃무리를 이룬 것은 여러 가지 요인 때문이리라. 부부 상담에서 내가 주력하는 것도 이와 마찬가지로 배우자들이 그들의 갈등에 관련된 수많은 요인을 밝혀내어 서로 타협하는 데 도움이 되도록, 마치 비를 맞아 내는 벚꽃과 같은 예외적 결과를 일구어 내는 것이다.

 ## 기쁘고 싶다면 먼저 웃는다

나는 부부 관계와 결혼 생활이 얼마나 힘들고 고통스러운지 호소하는 분들과 소통하며, 그분들을 위로하고 격려하여 관계를 개선할 수 있도록 돕고 있다. 내담 부부들의 이야기 중 가장 많은 호소는 상대가 나를 어렵게 하여 내가 힘들고 고통스럽다는 것이다. 나를 괴롭히지만 않는다면 살아갈 텐데, 상대가 나를 무시하지 않고 조금만 배려해 준다면 좋겠는데 그러지 않아서 못 살겠다고 한다.

그러나 사실 우리는 알고 있다. 내가 나를 고치는 것이 어렵고 노력해도 잘 안 된다는 것을, 그러니 배우자일지라도 남이니 내가 고치는 것은 더 어렵다는 것을 말이다. 이렇게 힘들고 어려운 일이니, 상대에게 처음에 했던 사랑의 약속을 상기시키면서 그 약속을 지켜 달라고 채근하는 것이리라. 당신의 의무를 실행해 달라고 요청하는 것이다. 그런데 이런 입장은 두 사람 모두에게 같은 게 아닐까? 내가 먼저 의무를 실행하면 안 될까?

부부 문제가 잘 풀리지 않을 때 나는 진심으로 염원한다. 배우자 둘 중 한 사람만이라도 상대보다 먼저 나를 고치려고 하게 되기를…. 부부 문제의 한 부분은 배우자 개인의 문제이다. 두 사람이 지속적으로 긴밀하게 생활하므로 장점보다는 단점이 부각되고 확대되기에 갈등 회복이 어렵다는 점을 간곡히 알려 주고 싶다.

나는 내담자들에게 기뻐서 웃는 게 아니라 웃으니까 기뻐지고, 슬퍼서 울기보다는 우니까 슬퍼진다는 것을 강조한다.

"기쁘고 싶다면 먼저 웃고, 슬픔에서 벗어나려면 슬퍼하지 말고 울지 않아야 합니다."

일찍이 비슷한 시기(1950년대)에 제임스(James)와 랑혜(Lange)라는 두 심리학자는 정서 체험을 연구한 보고에서, 정서 체험 결과로 신체적인 반응이 나타난다는 통상적인 생각과 정반대되는 주장을 하였다. 도망치기 때문에 무섭고 때리다 보면 화가 난다는 것이다.

창밖으로 뭉게구름같이 소담스런 꽃 무더기를 바라보면서 나는 갈등 부부들이 봄비에 지지 않는 벚꽃의 모습을 닮게 되기를 기원하였다. 부디 이 시대를 살아가는 모든 부부가 행복해지기를 소망해 본다.

다른 세상에 사는 부부

목표에 대한 의견의 차이

••••

상담 첫 회기에 부부는 각기 다른 세상에서 살아가는 사람들처럼 보였다. 그들은 40대 중반으로 결혼 8년 차였다. 부부 모두 대학 졸업 후 회사 생활을 하여 지금은 팀장을 맡고 있다는데, 매우 지친 모습이었다.

그들은 서로 간에 이미 여러 번 오고갔을 만한 일상적인 얘기를 처음 듣는다는 표정이었다. 여러 생활 사건에 대해 남편은 아내가 이미 했다는 얘기를 듣지 못했다고 하였고, 아내는 남편이 그녀가 알고 있는 줄 알았다고 하는 얘기를 처음 듣는다고 하였다.

그동안 서로 대화를 나누었지만 스쳐 가는 말로만 들었을 뿐 상대방의 감정과 의미를 받아들이지 않았으리라는 느낌이 들었다. 혹시 알면서도 상대의 의견을 수용하지 않으려고 일부러 모른 체한 것일까? 그들은 서로 관심을 갖고 있지 않음을 상대에게 부각시키려고 하는 것 같았다.

배우자보다 자신이 더 고통스럽고 힘이 드니 내 말을 먼저 들어 달라고 호소하며 상대의 말을 막아 버리는 대부분의 내담 부부와 달리, 그들은 내 물음에 겨우 답변하는 식이었다. 배우자는 물론 자기 자신에 대해서도 잘 모르겠다는 눈빛에다 건조한 표정이었다. 무심하게 별로 할 말이 없어 보이는 태도와 다름없이 이들의 내면도 태연하다면 이곳에 오지 않았을 텐데….

크게 싸우고 난 1년 전부터 그들은 필요한 말 이외에는 대화를 하지 않고 각방을 사용하고 있으며, 머지않아 이혼할 것 같다고 하였다. 유치원에 다니는 아들이 마음에 걸려 상담소에 왔다고 했다. 어색한 듯 말을 아끼며 얘기하는 내용을 들으면서 나는 상담실에서 다투는 부부들의 경우보다도 이들의 어려움이 더 크게 다가왔다.

☕ 닫혀 버린 마음

아주 오랜만에 계획한 (아이들까지 동반해서 한 친구 집에 모여 노는) 동창 친구모임 날짜가 부부의 해외여행 바로 전날로 정해졌다. 아내는 남편의 눈치를 보며 어렵사리 참석하였다. 망설이는 아내에게 남편은 선뜻 다녀오라면서, 다음 날 새벽에 출발하니 저녁식사 후 늦지 않게 돌아오라고 하였다.

아내가 친구들과 직장일, 아이 양육, 남편에 대한 불평, 가족 간 대소사를 나누며 거침없이 수다를 늘어놓는 그 자리를 쉽게 떠날 수 없어 미적거리던 몇 분 동안 남편은 카톡을 수십 개나 보냈다. 약속한 시간이 지났는데 언제 올 것이냐. 내 아이를 왜 남의 집에서 씻겨서 잠을 재우느냐. 새벽에 출발하려면 일찍 재워야 하는데 잠자는 아이를 깨워서 데려오니 취침 시간이 너무 늦었다. 내가 데리러 간다는데 왜 오지 말라고 하느냐. 길이 막혀 늦으니 전철을 타라고 했는데 말을 안 듣고 택시를 탔으니 더 늦지 않았느냐. 남편의 이런 주장에 아내는 숨이 막혔다.

가도 좋다고 해서 갔는데 시간 안 지켰다고 그 야단을 하니 친구들 보기에도 민망했다. 친구들을 남겨 두고 내가 먼저 나와서 분위기 다 망쳤다. 다른 친구들은 그 집에서 자고 간다는데, 2시간 정도 늦은 걸 가지고 이러니 앞으로 당신과 함께 살아갈 일이 끔찍하다. 직장 상사 뒷담을 하면 당신은 내 불평은 들어 주지도 않고 상대를 두둔하는데, 친구들과 만남도 이토록 싫어하니 나는 누구와 속을 털어놓고 사느냐.

당신은 인정머리 없고 무자비하다. 말로는 좋다, 그렇게 하라고 하지만 실제로는 조그만 것도 허용하지 않는 당신을 어떻게 감당할 수 있겠느냐. 그들 중 당신이 싫어하는 친구가 있어서 더 빨리 오라고 다그친 것 같은데, 내가 당신 맘에 드는 친구하고만 놀아야 하느냐. 가까이 살면서도 너무 바빠 2년 만에 친구들을 만나면 그럴 수도 있지. 이렇게 하려면 가지 말라고 하든지….

그들은 서로를 헐뜯고 비난하였다. 당일 해약으로는 비용을 환불할 수 없어 3박 4일간 함께 한 해외여행은 지옥 같았다고 했다. 그 여행은 끝내 그들의 갈등과 다툼을 서로에게 각인시켰고, 화해할 엄두도 내지 못할 정도로 큰 상처를 만들어 버렸다.

즐겁고 행복하자고 한 여행이 상반된 결과를 가져올 때 그에 대한 부정적인 감정은 더 악화된다. 그들은 분노를 숨기고 속으로 상대를 탓하면서 겉으로는 아무 문제가 없는 양 살아가고 있었다. 얼마나 어려울까? 안타깝기 짝이 없었다. 그러나 이토록 심각한 결과의 원인이 그 싸움만이라기에는 설명이 좀 부족해 보였다.

이렇게 닫혀 버린 그들의 마음에는 아마도 오래 누적된 어려움이 있지 않을까? 아내는 말을 아끼며 감정 표현이 없었고, 남편은 나와 눈을 마주치지 않고 외면한 채 자주 허탈한 웃음을 지었다. 이 웃음에는 복잡하고 미묘한 느낌이 있었는데, '나는 어찌할 바를 모르겠어요.'라고 말하는 듯 보였다.

1주 간격으로 진행되는 상담이 그들의 늦은 퇴근이나 출장 때문에 자주 연기되었다. 이는 내담자의 상담 동기와 개선 의지가 낮다는 것을 말해 주는 것이었다. 평행선을 가는 그들에게 어떻게 하면 접점을 찾도록 할 수 있을까 하는 생각에 답답했다. 별로 하고 싶지 않은데, 나중에 부부 상담을 받았다는 핑곗거리를 남기고 싶어서였을까? 마지못해 상담에 오는 듯 보이는 그들에게 속 시원한 결과는 나오지 않을 것 같아서 못내 안타까웠다.

 ## 결혼 전에 서로에게 기대했던 것

부부의 결혼만족도는 일반적으로 결혼 직후 신혼 때 가장 높고, 첫 아이 출산 즈음에 낮아지다가 막내아이의 성장과 더불어 서서히 높아지는 경향을 보인다. 이는 부부의 삶에서 환경의 영향이 크다는 점을 시사해 준다.

나는 이들이 처음 만나 서로에게 호감을 갖고 결혼에 골인했던 행복한 시절을 떠올려 보도록 하였다. 현재의 좌절을 잠시나마 벗어날 수 있다면 좋지 않을까?

결혼 전에 아내는 남편의 자상한 모습을 보면서 상대가 자신을 잘 챙겨 주고 배려해 주어 행복할 것 같았고, 남편은 3년 연상인 아내가 대범하고 든든하여 편안한 느낌이 좋았다고 하였다. 누나 3명이 있는 4남매에서 막내인 남편은 연상의 상대가 마치 누나처럼 친숙하여 편안했을 것이다. 그런데 자신보다 나이가 많다는 것이 항상 든든함과 편안함을 제공하는 요인이 될 수 있을까? 더구나 배우자와 누나는 다른데….

아내는 아버지의 사업 실패 후 부모님이 이혼하여 언니와 단둘이 고교·대학 시절에 서울에서 자취 생활을 하였고, 언니가 해외 유학을 떠난 후 혼자 살아왔다. 조그마하게 자영업을 하던 아버지가 회사자금을 첫사랑 애인의 어려운 처지를 돕는 데 사용한 게 부도의 원인이 되었고, 충격을 받은 어머니는 배신감과 좌절 때문에 이혼을 했다. 이혼 후 어머니는 친정가족이 있는 일본으로 건너가 돈을 벌어, 딸들이 사는 임대원룸을 조금씩 늘려 조그만 빌라를 구입하고 학비, 생활비를 대 주며 자녀들을 안정적으로 살게 해 주었다.

대범해 보이고 말수가 적은 모습은 아내의 외양일 뿐 속으로는 깊은 외로움에 젖어 있었다는 점을 남편은 눈치 채지 못했으리라. 일찍 부모님과 생이별을 했고 언니와도 살갑게 지내지 못했던 아내는 가족과 화목하게 살아가는 아기자기한 결혼 생활을 꿈꾸었다. 그래서 따뜻하게 잘 챙겨 주는 연하의 상대가 고분고분하기까지 하여 자신을 아껴 주리라는 기대를 갖고 결혼을 결정했다.

누나들 밑에서 성장하여 자상하고 여성적인 면모가 있는 남편은 아내에게 세심하게 배려하는 태도를 보여 주었다. 이는 그의 습관으로 그가 다른 배우자를 만났더라도 마찬가지였으리라. 깊은 외로움을 간직했으면서도 별다른 말 없이 무던해 보였던 아내는 대화 경험이 부족해서 말수가 적은 것이었는데, 이 점이 그녀의 무던하고 원만한 특성으로 보이지 않았을까? 이런 모습을 보며 남편은 아내가 어머니나 누나처럼 자신을 위해 주리라고 느꼈고, 암암리에 이런 의존적 욕구가 채워질 것 같은 친숙함에 끌려 결혼한 것 같았다.

결혼 전에 서로에게 기대했던 것이 결혼 후에도 서로에게 충족되어 행복한 부부 생활을 유지하게 되었다면 얼마나 좋았을까? 자상하게 배려하는 남편의 태도를 아내는 전적으로 자신에 대한 남편의 애정 때문이라고 믿었고, 남편은 그녀의 말 없는 무던한 태도를 보며 바로 이것이 아내가 자신을 아껴 주고 인생의 동반자 역할을 하는 모습이라고 믿었다. 그런데 이는 동전의 앞면만 보고 뒷면을 놓친 격이었다.

아내의 무던하고 원만한 모습은 든든한 동반자 역할에 적합한 것이라기보다는 의사표현 결핍으로 인한 이면의 태도이며, 애정욕구는 더욱 강렬했다. 남편의 배려하는 태도는 아내에 대한 애정 표현이긴 하지만 그의 습관에서 비롯한 것이라는 점을 아내가 알고 있었을까?

결혼을 후회하는 사람들이 "그때는 눈꺼풀에 뭐가 씌었다."고 말하는 것이 바로 이런 경우일 것이다. 자신이 원하지 않았던 동전의 뒷면을 인정하게 될 때, 나아가 부부가 현실을 수용하게 될 때 그리고 상대를 있는 그대로 보고 받아들일 수 있을 때 결혼은 성공한다.

결혼 초기에는 자신의 특성과 배우자에 대한 기대를 파악하지 못하고, 연애 시절의 상대 모습을 생각하면서 행복한 일상이 펼쳐질 꿈을 꾼다. 다행히 어떤 걸림돌이 생기지 않는다면 꿈과 같았던 현실에서 행복한 일상을 살아가게 된다.

그러나 현실 생활에서 어떤 장애에 부딪히고 스트레스가 지속되면서 전혀 다른 상대방의 모습을 발견하게 된다. 주로 좋은 모습만 보여 주고 좋게만 보았던 시각의 베일이 벗겨졌을 때, 아내의 무던하고 원만한 태도는 여지없이 마음의 문을 닫아걸고 냉담하고 철저하게 남편으로부터 거리를 두는 모습으로, 그리고 남편의 자상하고 배려하는 태도는 아내에게 낱낱이 잔소리하고 따지며 짜증을 내는 모습으로 돌변하게 된다.

이들의 특성으로 미루어 보면 부부 모두 이러한 모습이 다른 부부들의 경우보다 더욱 빨리 드러났을 것 같았다. 말수 적고 무던한 아내는 침묵으로, 자상하고 친절한 남편은 예민함으로 바뀌는 것은 무척 간단하고 자연스럽지 않은가? 같은 동전의 뒷면이니….

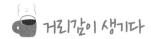 거리감이 생기다

결혼 초에 집 장만을 위해 각자의 연봉을 한곳에 모아 저축과 지출을 효율적으로 하자는 남편의 제안을 아내가 거절한 사건이 이들의 첫 갈등

요인이었다. 결혼한 지 8년이 된 지금도 이들은 배우자의 연봉 액수를 모르고 있었다.

최근 맞벌이 젊은 부부들 중에는 개별 통장을 갖고 각자 수입의 일부를 생활비, 양육비 등 공동지출 통장에 입금하여 생활하는 사람이 많다. 하지만 배우자의 수입은 파악하고 있는 경우가 많은데 이 부부는 어림짐작은 하지만 그 액수를 서로에게 알리지 않고 있었다. 이로써도 두 사람의 소통이 매우 심각하다는 점을 알 수 있었다. 그들 사이를 가로막고 있는 굳건한 장벽이 보이는 것 같았다.

부부는 예전에 아내의 어머니가 마련해 준 조그만 빌라에서 신혼생활을 시작하였다. 큰돈을 들여서 주택을 마련하지 않아도 되었던 것은 자신이 기여했기 때문이라고 생각하는 아내에게, 집 장만을 위해 연봉을 합쳐서 모으자는 남편의 제안은 달갑게 들리지 않았다.

더욱이 아내는 시부모님이 도와주겠다는 것을 한사코 거절하며 오로지 자신들의 힘으로 집 장만을 해야 한다는 남편의 주장을 이해할 수 없었고 이해하기도 싫었다. 먼저 도움을 주시겠다는데 왜 부모님의 도움을 거절하는가? 집 장만은 남편 쪽 부담인데…. 남들은 자식이 먼저 부모님께 도와 달라고 조르는 판에 봉급자가 급여만으로 언제 아파트를 산다는 말인가?

아내는 시부모님 편하게 하려고 그 부담을 자신에게 지우고자 하는 것 같아 남편의 애정을 불신하게 되었다. 억울하였고 말이 안 된다고 느꼈다. 아내의 어머니는 남편의 배신(사업 실패는 문제가 되지 않았다고 한다.)

으로 결국 이혼하였기에 자신의 인생을 자책하며, 딸에게 "너는 나처럼 절대로 결혼 생활에 올인하지 말고 무슨 일이 있더라도 너 자신의 정체성과 능력을 갖고 경제적 독립을 지켜라."라고 강조하였다.

남편은 자신의 어린 시절이 매우 어수선했다고 하였다. 부잣집 외동딸인 어머니는 사교적이고 돈 씀씀이가 커서 아버지와 갈등이 많았고, 부부 싸움을 하면 친정으로 가 버려 끝내 아버지가 어머니를 달래서 데려오곤 했다. 회사의 임원으로까지 승진했던 아버지는 근면 성실한 성격으로 어머니와 의견 차이가 컸다. 이에 불만이 많았던 어머니는 친구들과 계모임을 하다가 빚을 지는 등 사고를 일으켰고, 외가에서 어머니 빚을 갚아 주어 수습했다.

집안은 어머니 친구와 지인들의 왕래가 많아 시끌시끌하고 늘 군식구가 있어서 오붓하고 살뜰한 분위기가 없었다. 같은 여자여서인지 누나들은 어머니와 어울려 옷이나 보석 얘기를 하면서 이런 상황을 즐기는 듯 보였다.

아버지는 처자식밖에 모르는 충실한 가장이면서도 여인천하 분위기에서 소외받는 입장이었고 남편도 섭섭하고 외로웠다고 한다. 아버지가 불쌍해 보였고, 그런 환경에서 어머니에 대한 불만이 쌓였다. 그래서 자신은 어른이 되면 절대로 아버지와 같은 모습으로 살아가지 않겠다고 결심했다고 한다.

그런 영향을 받아서인지 자신은 부모님께 금전적인 부담을 드리지 않고 모범적인 생활인으로 근검절약하며 살아왔다고 하였다. 욕망과 물질에 몰입하는 것은 쓸모없이 속된 것이라는 생각을 갖게 된 것도 그 때문인 것 같았다. 지나친 욕심을 부리지 말고 세상사에 초월하며 너그럽게 타인을 배려하는 모습으로 살아야겠다는 가치관이 생겼다고 하였다.

어린 시절 누나들에게 밀려서 소외감을 느끼며 초라하게 살아왔으나, 이제 결혼도 하였으니 내 힘으로 집 장만까지 하여 남자로서 가족들에게 보란 듯이 뽐내고 싶었다. 집 장만을 당연한 목표로 여기는 남편은 그 요청을 거부하는 아내를 이해하기 어려웠고, 아내가 또래보다 많은 수입을 어떻게 관리하는지 알고 싶었고, 말해 주지 않는 아내를 원망하였다. 그때부터 이들에게는 거리감이 생겨났다.

출산 후 아이 돌봄으로 다툼이 늘었고, 갑작스런 아파트 값 급등은 아내에 대한 남편의 원망을 더욱 증폭시켰으며 두 사람의 거리는 더 멀어져 갔다. 아내가 아이 양육에 대해 의견을 제안하면 남편은 속된 말이라고 면박을 주어 아내는 점점 더 말수가 줄어들었다.

아내는 아이의 밥을 미리 차려 놓고 출근하는 남편이 아침잠을 자도록 해 주어 고맙다기보다는 자신을 무시한다고 느꼈다. 말을 하면 자신이 하련만, 아이에게 샌드위치나 토스트를 먹이지 말고 밥을 해 먹이라고 하지 않고, 직접 밥을 해서 차려 놓기까지 하는 남편이 가까이 하기에는 너무 먼 곳에 있는 사람으로 보였다. 그런 말을 하면 자기가 속된 사람이 되는 것 같으니 그게 싫어서, 잠도 안 자고 일찍 일어나 말없이 밥을 지어서 차려 놓는 것인가? 그렇게 잘났다는 말이지 하는 삐딱한 느낌마저 들었다.

아내는 찬바람이 도는 남편이 무섭고 싫었다. 대화는 줄어들었고 성관계도 거의 없어졌으며, 여름휴가 때 가는 해외여행이 고역이었다. 외국으로 나가면 혹시 뭔가 달라지지 않을까 하는 기대도 오래전에 접었다고 하였다.

☕ 나의 소망, 상대의 소망 그리고 서로 간의 기대와 가능성

대인 관계 갈등 해소 방법이 상호간 이해를 증진하는 것과 다름없이 부부 갈등 해결도 이해 촉진을 위해 서로 간의 오해를 풀어내는 데 있다. 타인 관계와 다른 점은 오해를 걷어 내는 과정에서 부부 모두 혹은 한쪽 배우자가 심리적, 실제적 부담을 져야 한다는 것이다.

타인 관계에서는 큰 부담 없이 사과나 약속을 언급하거나 이행하는 것으로 가능하지만, 부부 관계에서는 말과 더불어 반드시 가시적인 보상이나 행동 수행이 뒤따라야 한다. 결과물이 필요하다는 말인데, 바로 이 점이 타인 관계보다 부부 관계 유지가 더 힘든 이유이다. 가화만사성이란 말의 의미도 화목한 가정을 이루는 가장 어려운 일을 해 낸 사람이라면, 그 외의 일은 보나마나 잘하리라는 것이다.

이후의 회기에서 나는 이들이 서로를 이해하기 위해, 각자 나의 소망과 배우자에 대한 나의 기대를 살펴보고, 상대의 소망과 나에 대한 그의 기대 그리고 서로 간의 기대가 이루어질 가능성을 확인하도록 하였다. 이러한 배경 안에서 타협점을 찾을 수 있을까? 있다면 그건 무엇일까? 사소한 표현 없이 무던해 보이는 아내의 마음속에 스며 있는 외로움과 애착 욕구, 그리고 남편은 아동기의 불만을 스스로 보상하고자 집 장만이라는 성취를 갈망하며 아내의 협조를 기대한다는 것을 서로 상대의 입장에서 이해하는 것이 필요하리라.

부부가 이러한 것들을 이해하게 된다면 남편이 아내의 애착욕구를 채워 줌으로써 그녀의 협조가 가능해질 수 있다. 마음이 고픈 아내의 외로움을 이해하고 남편이 무조건적으로 그녀의 편이 될 수 있도록 남편의 배려적 태도는 좀 더 정교해지고 적극성을 가져야 하리라. 그러나 집 장만이라는 남편의 목표와 이에 협조를 구하는 그의 기대 자체가 아내의 좌절을 부추기는 면이 있지 않을까?

이러한 분석은 나의 추론일 뿐, 만약에 부부가 주고받는 상호 작용 안에서 기대가 이루어지지 않는다면 그들은 자신에게 초점을 맞추어 방법을 찾기보다는 상대에 대한 원망과 불신을 북돋울 것이 분명하였다. 현재 이들의 모습은 이러한 경험의 내력을 보여 주고 있지 않은가?

남편이 기대하는 집 장만을 위한 아내의 수입 공개와 동반 저축을 실행하기에, 아내는 미래에 대한 불안이 크고 애착욕구 충족이 부실하여 남편을 믿기가 어려웠다. 작지만 친정어머니 소유 빌라에서 살도록 기여한 바가 있음에도 자신이 집 장만을 위해 협조해야 한다면 남편은 나에게 무엇으로 보상해 줄 것인가? 스스로 내 수입을 확보하지 않는다면 내 정체성을 지키고 나 자신의 삶을 잘 살아갈 수 있을까? 이러한 아내의 입장을 모르는 남편은 불안과 두려움을 간직한 채 말없이 무기력한 아내에게 언제까지 애정 어린 태도를 보여 줄 수 있을까?

집 장만 계획에 합의하지 못하고 아파트 가격이 폭등한 후 남편의 부모님은 그들이 갖고 있던 재개발 아파트 소유권을 아들에게 상속해 준다고 하였다. 아버지의 퇴직 후 넉넉지 않은 생계를 이어 가는 부모님의 재산을 생존 시에는 받고 싶지 않다며 결단코 사양했던 남편은 마침내 이를 받아들였다.

남편의 태도는 한 걸음 물러선 것이지만, 이를 계기로 남편은 더 근검절약하여 재개발 분담금뿐 아니라 일부라도 그 차액을 갚아야 한다고 아내를 더욱 채근하였다. 아내는 그 아파트는 자신과 아무런 관련이 없는데 왜 내가 협조해야 하는지 동의할 수 없다고 하였다. 만약 이혼을 하게 된다면 그것은 재산분할 대상이 아니라는 것이 중요한 이유였다.

이런 상황에서 남편은 아내의 협조를 기대할 수 있을까? 남편의 기대를 수용할 수 없었던 아내는 더욱 과묵해졌고 마음의 문을 단단히 걸어 잠그게 되었다. 이혼을 하더라도 금전적 독립은 지켜야 한다는 원칙을 가진 아내는 남편과 거리를 두었고, 이들의 상호 작용은 계속 평행선을 유지하였다.

남편은 과묵하여 무던하고 힘 있어 보이는 외양과 달리 나약하고 위축된 아내의 내면을 이해하지 못하였고, 아내는 자신이 남편의 기대에 부응하지 않더라도(그 기대에 협조하지 않을 만한 이유가 있으므로) 변함없는 친절과 배려를 기대했던 남편이 불만과 짜증이 늘어 가는 이유가 애정이 식었기 때문이라고 생각하고 불안해하였다. 남편의 친절과 배려가 오로지 애정의 증표가 아니라고 한다면 그 반대의 모습 역시 애정이 사라졌기 때문은 아닐 것인데…. 그들은 이렇게 딴 세상에서 살고 있었다.

☕ 한편이 되지 못하면 행복할 수 없다

상담한 지 4개월 정도 지나면서 부부는 점점 자신과 상대방의 소망과 기대를 이해하게 되었다. 나는 이들이 비난과 질책은 생략하고 순한 어조로 솔직하게, 자신의 기대를 상대에게 전달하도록 역할 연습을 중재하였다.

부부는 적이 아니라 한편이며, 적군은 기대가 쉽사리 이루어지지 않는 이 세상이고 현실이다. 한편인 부부가 적군이 된다면 각박한 이 현실을 이겨 낼 수 있을까? 원래 소망과 현실 사이에는 격차가 있으므로 한편인 부부는 서로 돕고 협조해야 하지 않을까? 이 점을 간과할 때 결혼은 실패로 끝나게 된다.

기대만 다를 뿐 부부가 원하는 행복한 결혼 생활이라는 목표는 결국 같지 않은가? 이 목표를 이루기 위해 남편은 조속한 집 장만, 아내는 아기자기한 소통이라는 방법에 차이가 있을 뿐인데 방법의 차이를 수용하지 못하여 서로 간에 오해와 왜곡이 쌓이면 두 사람 모두 원하지 않았지만 원수가 되고 만다.

나는 남편에게 아내가 어머니의 삶에서 보고 듣고 느낀 경제적 독립의 중요성과, 빌려 준 것이지만 신혼집은 친정어머니의 도움을 받은 것으로 집 장만할 때까지 살 수 있는데 감사함을 모르고 집 장만을 재촉하는 남편에 대해 아내가 섭섭함을 느끼고, 외로움에 지친 아내가 사랑이 넘치는 가정을 꾸미고 싶었던 소망을 받아들이고 협조하도록 개입하였다. 상대의 소망을 이루도록 둘이 함께 동참한다면 비록 고생할지라도 그 안에 인생의 행복이 있다고 알려 주었다.

대체로 우울한 사람들은 자신의 진정한 욕구와 소망에 민감하지 않고 보이는 모습에 주력한다. 그리고 이를 전달할 만한 힘을 내지 못하여 부적응 경험이 늘어나면서 소외감을 느끼고 무기력해진다. 상담 초기에 아내의 삶에 대한 의욕과 수행의지는 최하위 수준을 보였다.

다행히 남편이 아내의 무기력함을 이해하고 아내를 적극적으로 배려하면서 아내는 조금씩 기운을 내었고 부부의 거리는 점점 좁혀졌다. 특히 원만하고 무던해 보이는 아내의 모습이 표현을 하지 않는 것이 아니라 못했던 것이고, 마음속에는 우울감과 불만이 가득 차 있었다는 것을 알게 된 남편이 적극적으로 아내를 존중하며 그녀의 편이 되도록 노력한 것은 그녀가 삶의 동력을 찾는 데 도움이 되었다.

욕심을 부리는 것은 안 좋은 것이니 멀리하고 스스로 경계하고 세상을 초월하여 속되지 않게 살아가는 것을 지향하던 남편은 이와 같은 생각을 하게 된 어릴 때 경험을 깨닫고, 아내가 이를 이해하고 동참하는 것이 어렵다는 점을 인정하게 되었다. 그렇게 속된 말은 하지 말라고 아내에게 면박을 주던 남편은 그것이 그녀에게 상처가 되어 말수가 더 줄어들었고 아내가 마음의 문을 닫았다는 것을 알게 되었다.

남편은 사람들이 그들의 욕구 충족을 시도하는 것이 모두 속된 것이 아니라는 점을 수긍하게 되었고, 아내의 숨겨진 애착 불충족에 대해 안타까움과 연민을 느끼게 되었다. 남편의 잔소리와 짜증이 아내를 사랑하지 않아서가 아니라, 그의 생활 스트레스 즉 속되게 살고 싶지 않은데 잘되지 않는 현실에 대한 불만 때문임을 본인과 아내가 통찰하게 되면서 부부의 불만족이 서서히 줄어들었다. 집 장만을 위해 수입을 합산하고자 하는 남편의 기대는 자기중심적으로 보였으나 아내는 남편의 근면 성실한 태도를 믿고 있었다.

남편은 세심한 관심과 배려를 기울여 아내의 얘기를 그녀의 관점에서 이해하려고 노력하였고, 아내는 1년 동안 입금하지 않고 갖고 있던 목돈을 부부 공동통장에 입금하였다. 현재 위기 상태의 빌미가 되었던 1년 전의 큰 싸움에 대해서는 두 사람의 평행선 관계와 암묵적 스트레스가 사소한 일을 더 크게 확대시켰음을 깨닫고 서로 오해를 풀며 사과를 주고받았다.

금전 관리는 종전과 같이 부부 개별로 하고 공동통장에 수입의 일정 부분을 입금하는 식으로 진행하며, 남편은 재개발 아파트 완공 후 아내와 공동명의로 등기하겠다는 약속을 하였다. 무엇보다도 남편이 아내의 애착욕구 결핍을 이해하고 자신의 애정으로 채워 줄 수 있도록 노력하게 된 것이 개선의 실마리가 되었다. 남편이 배가 고프듯이 마음이 고픈 아내의 내면을 위로하며 공감할 때 아내는 우울과 불안에서 벗어나 용기를 내어 과감히 남편을 믿고 남편의 기대가 이루어지도록 협조하게 될 것이다.

이 사례와 같이 부부가 부부 관계 상호 작용 안에서 적응적 수행을 하도록 개선하여 서로 상대의 기대를 채워 주고, 나아가 이혼을 고려하는 위기 상황을 호전시킬 수 있다면 매우 다행스럽다. 당면 문제가 아닌 누적된 과거사와 관련된 상처를 해소하지 못하고 배우자에 대한 적개심으로 자신과 상대 모두를 고통 속에 가두어 버린 부부가 얼마나 많은가?

이들은 내용은 다를지언정 상대에게 뭔가를 소망하고 있었다는 점에서 결국 같은 입장이 아닌가? 부부는 한편이 되지 못하면 행복할 수 없다. 각기 다른 세상에서 살고 있던 부부가 그 틀을 벗어나기 위해 기울인 끈질긴 노력에 경의를 표하며 나는 두 사람의 행복을 빌었다. 앞으로는 좋은 일만 있기를….

사랑 게임의 허와 실

애정에 대한 견해의 차이

．．．．

사랑은 동서고금을 통틀어 사람들 삶의 주제이다. 상담 일을 오래 해 오면서 경위와 사유는 각기 다르지만 부부 문제 안에는 사랑이 반영되어 있음을 알았다. 왜 우리의 관심과 삶의 초점은 사랑이라는 주제에 집중해 있을까? 생각해 보면 사랑은 사람의 본능적 욕구인 것 같다.

갓 태어난 신생아가 생존하기 위해서는 엄마나 양육자의 보살핌이 필요하다. 여기에는 물리적인 것은 물론 정신적 배려와 보호가 절대적이다. 많은 보살핌을 받아 아이가 성인이 되는 과정에서 정신적 배려와 보호가 그 사람의 삶을 좌우한다. 이것이 바로 사랑의 힘이 아닐까?

신생아기, 유아기, 아동기, 청소년기를 거쳐 건강한 성인으로 성장하기까지 우리 신체는 물질의 밥을 먹고 마음은 사랑의 밥을 먹는다. 그래서 사랑은 인간 생존의 본능적 욕구로 보인다. 밥을 굶으면 배가 고프듯 사랑이 부족하면 마음이 고프다.

☕ 사랑의 균형 잡기

인본주의 심리학자 매슬로(A. Maslow)는 욕구위계 이론에서 인간의 욕구 5가지가 순서대로 작동한다고 하였다. 하위욕구가 충족될 때 상위 욕구를 추구하는데 생리적 욕구, 안전에 대한 욕구, 애정과 소속감의 욕구, 존중에 대한 욕구, 자아실현 욕구를 제안하였다.

현실 치료를 창안한 정신의학자 글래서(W. Glasser)는 커플 관계에서 상호간 욕구의 강도를 살펴보는 체크리스트를 고안하여 생존, 사랑과 소속감, 힘과 성취, 자유, 즐거움의 5가지 요소를 점수화하고 두 사람 사이의 차이를 확인하였다.

후대에 많은 업적을 남긴 두 학자의 이론은 애정과 소속감이 우리들에게 빠트릴 수 없는 주요한 욕구임을 알려 준다. 그러면 인간 생존의 의미를 가진 사랑의 욕구를 어떻게 다루어야 행복해질까?

한정된 양의 빵을 서로 나누어 먹는 것에 비유해 볼 때, 상대가 더 먹겠다고 한다면 양보할 수 있지만 빵이 아니라 사랑이라면 결과가 달라진다. 특히 부부간, 가족 간 사랑의 공유는 복잡하고 어렵다. 연인 관계에서 사랑은 환상으로 가능하지만 부부간 사랑은 주고받는 가시적인 결과물을 기대하므로 쉽지 않다.

나는 유의미한 타자(significant others)라는 말을 좋아한다. 이는 배우자나 가족 구성원을 일컫는 말이다. 너는 나가 아닌 타인인데 너를 사랑하므로 너의 안위와 행복을 경시할 수 없으며, 네가 불행하다면 나도 행복할 수 없으니 너의 존재와 삶이 나에게 소중하다, 의미가 있다는 뜻이다. 그런데 타자라고 표현함으로써 이 말은 나와 상대의 경계를 시사해 주고 나, 너, 우리(나와 너)의 현존을 유지하도록 돕는다. 가까운 사이일지라도 경계가 없다면 관계가 밀착되거나 혼미해져 결국 적응적 상태가 손상되고, 나아가 가족 전체에 멍이 든다.

부부가 상대를 유의미한 타인으로 보면서 좋은 관계를 지속하기 위해서는 사랑의 균형을 잡는 것이 필요하다. 그런데 이것이 쉽지 않다. 평형을 잡지 못하고 어느 한쪽으로 기울어지는 시소 게임처럼 살아간다. 시소 게임 하듯 사랑 게임을 하는 것 같다.

이 모습은 심리 에너지의 강약 그리고 두 사람의 생각에 따라 영향을 받는다. 한 잔의 물을 마실 때에도 더운물, 찬물에 따라 물을 담는 컵이 제각각이듯 나와 너의 마음에 따라 사랑을 주고받는 강약이나 크기 그리고 기준이 달라지기에 균형을 잡기가 어렵다.

어떤 아내는 자신의 생일을 기억하지 못하는 남편에게 자신에 대한 사랑이 없다고 비난한다. 생일을 알려 주고 원하는 선물을 미리 요청해서 받는 것은 소용이 없다고, 그것은 그냥 물건일 뿐 사랑의 표시가 아니며 진정으로 사랑하는 모습이 아니라 가짜라고 주장한다. 돈 버느라 바빠서 기념일을 잊어버리니, 내가 벌어다 준 돈으로 당신이 직접 필요한 선물을 구입하면 되지 않느냐고 하는 남편과 대화를 나누려면 그 격차가 만만치 않다.

친정아버지 팔순잔치에서 바쁜 모습으로 행사를 돕는 남편에 대해 불평하는 아내가 있었다. 남동생과 여동생 그리고 제부와 올케도 있는데 점잖게 품위를 지키지 않고 나서서 설치는 게 마음에 들지 않는다고 했다. 형제간 서열이 위인데 남동생이 부모님 재산을 더 받았으니 남편의 지나친 충성은 부당하다고 하였다.

그러나 남편은 아내를 사랑하기에 처가 부모님이 소중하고, 본인이 맏사위니까 그리하는 것이 당연하다고 했다. 이와 같이 당사자는 잘한다고 했건만 배우자의 생각은 다른 경우가 있다. 이런 상황에서 남편은 아내의 불평이 매우 섭섭하다. 만약 그리 하지 않았다면 안 했다고 불평을 하지 않겠는가?

아내를 사랑하고 이해하는 데 얼마나, 어디까지 해야 하는가? 어떻게 아내의 속마음을 읽고 자로 잰 듯이 딱 맞게 할 수 있다는 말인가? 들어 보지 않으면 알 수 없는 아내의 깊숙한 내면의 이야기까지 어찌 배려할 수 있는가?

이런 경우 '우리'라는 개념에 대입해 보자.

배우자로서 남편의 모습은 이상적이며 부모님의 사위 역할로도 우등생이다. 남편은 부모님과의 관계(어린 시절부터 누적된 부정적 경험도 있을 수 있다.)에 대해 말하기에는 체면이 서지 않는 아내의 불편을 모를 수 있다. 안다고 해도 아내의 불편을 자신의 태도에 반영하지 않을 수도 있다.

그런데 '우리'라는 부부의 위상에서 본다면 이 일이 아내의 불평을 받을 만큼 잘못된 것인가? 혹시 사위 역할이 부실하여 가족들에게 실망을 안기게 된다면 그 결과가 아내에게도 돌아온다는 사실을 예상할 수 있지 않을까? 너에 대해 나는 불만이지만 너와 내가 함께하는 '우리'가 손상된다면 그 결과를 내가 피할 수 있겠는가?

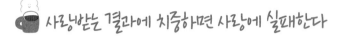
사랑받는 결과에 치중하면 사랑에 실패한다

이상재 가스톨 신부님의 특강을 유튜브에서 자주 시청한다. 쉽고 재미있는 언어로 그리스도 신앙과 인생살이를 설파하는 내용이 유머러스하고 독보적이어서 귀하다는 생각이 든다. 이 신부님의 이야기를 옮겨 보겠다.

'사랑은 아무나 하나'라는 트롯트 가사처럼 사랑은 아무나 하지 못한다. 어른만이 사랑을 할 수 있고, '사랑에 빠진다(falling in love)'는 것은 아이들이 하는 행위라고 하였다. 아마도 어른과 아이의 기준은 신체가 아닌 정신연령이고, 비로소 어른이 되어야 성숙한 인격으로 타인을 배려하고 관용을 베풀어 사랑 활동을 수행할 수 있다는 얘기일 것이다.

이와 유사한 메시지를 정신분석학자 에리히 프롬(E. Fromm)은 이렇게 설명했다.

"사람들이 사랑에 실패하는 것은 사랑을 하는 과정보다 사랑을 받는 결과에 치중하기 때문이다."

이 신부님은 환상만으로는 사랑을 완성할 수 없다고 했는데 평소 내 생각과 같은 주장이어서 인상적이었다. 두 연인이 바닷가 백사장에서 "나 잡아 봐라." 하고 달려가며 유희를 즐기거나, "내가 당신을 사랑하는 만큼 눈이 내린다면 결코 봄은 오지 않을 것이다."는 감동적인 서사는 시작일 뿐이다.

사랑은 감정이 아니라 강철 같은 의지이며 이 의지가 반영되는 사랑의 규칙은 참는 것이라고 하였다. 규칙 안에 하느님의 사랑이 있으며, 여러 분이 규칙을 잘 지킨다면 하느님을 사랑하는 것이라고 하였다. 신학생 250명이 잠시의 여유도 없이 힘들게, 마치 한 몸처럼 7년간 공동생활을 했던 신부님의 신학교 시절 얘기를 하면서 규칙을 지켰던 고통이 사랑이었음을 이제야 깨달았다고 하였다.

부부간 사랑도 이와 같지 않을까? 그들의 인연을 만들어 준 사랑으로 타협하고 서로 양보하면서 참아 가면 사랑의 균형이 유지될 것이다. 결국 사랑은 빨주노초파남보 색깔의 무지개가 아니라 강철 같은 의지와 결단의 결과물, 참아 내는 것이 아닌가?

이 신부님은 링컨 대통령이 변호사 시절에 생선가게 주인에게 불평을 하는 아내 옆에서, 나는 지금 15년을 참는 중이니 당신은 15분만 참아 달라고 부탁했다는 일화를 소개하여 특강 분위기를 웃음바다로 만들었다.

심리학자 스턴버그(R. Sternberg)는 사랑의 3요소로 열정(passion), 친밀감(intimacy) 그리고 계약/헌신(commitment)을 제안했다. 그는 이 3가지 요소가 삼각형의 세 꼭짓점을 이루고 각 요소의 배합에 따라 다양한 형태의 사랑이 나타나는데, 이것들이 균형을 이룰 때 완전한 사랑이 된다고 하였다.

부부의 사랑은 열정에서 시작하여 고운 정, 미운 정이 혼합된 친밀감으로 무르익고, 결국에는 배우자와 친구처럼 동료애를 나누며 살아가는 것이 삶의 원동력이 된다면 좋겠다. 이 과정에서 필요한 것은 약속, 헌신이고 규칙이며 서로 참는 것이다. 그런데 이것이 말처럼 될까? 이와 같은 교과서적인 일이 뜻대로 된다면 고통과 불행은 사라질 것이다. 아예 생기지도 않을 것이다.

배우자들은 고통을 예방하고 자신의 행복을 확보하기 위해 애쓴다. 마치 사랑이라는 물건을 가지고 거래하는 게임을 하는 것 같다. 내가 상대에게 준 것보다는 상대가 내게 준 것이 조금이라도 더 많아야 마음을 놓고 안도한다. 사랑받고 있다고 느끼며 결혼을 잘했다고 만족한다. 그런데 내가 준 것은 많아 보이고 상대가 나에게 준 것은 작아 보여서 호시탐탐 더 받으려고 접근하며 이렇게 주도면밀하게 게임을 한다. 그런데 이게임이 서로에게 행복을 가져다 줄 수 있을까?

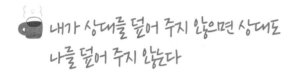

내가 상대를 덮어 주지 않으면 상대도 나를 덮어 주지 않는다

사람들은 배우자와 결혼한다기보다 결혼과 결혼하는 것이 아닐까? 결혼이 나의 행복을 보장해 줄 것 같은 소망, 솔직히 말하자면 상대를 향한 나의 욕망과 환상에 젖어 결혼한다. 상대가 나를 사랑한다고 했던 약속의 도화지에 나의 그림을 그린다. 나만의 것이 아닌, 나와 네가 함께 하는 '우리'를 그리면 좋을 텐데…. 그런데 사랑의 약속은 과거의 것이 아닌 지금 여기에서 때때로 달라질 수 있다.

이런 점에서 미숙한 부부들을 만날 때 안타까움을 느낀다. '우리' 안의 나, 너는 각기 독립된 입장을 취하면서 동시에 서로 협조하고, 두 사람 모두 이 공동 체제를 소중하게 지킨다면 좋을 텐데…. 나는 상담을 통하여 도움을 받아 작은 노력으로도 회복한 여러 사례의 주인공에게 감사를 보낸다.

부부는 '우리'에 소속된 하나의 구성원이기에 한 배우자의 불편함으로부터 상대 배우자도 자유로울 수 없다. 상대를 사랑하기에 그의 불편함에 나도 불편하고, 그가 아프면 나도 아프다. 이 점이 '우리'라는 공동체를, 마치 배우자를 귀하게 여기듯 소중히 지켜야 하는 이유이다. 나에 대한 배우자의 비난에 즉각적으로 공박하지 않고 기다리며 참는 것은 '우리'가 손상된 결과가 다시 나에게 돌아오기 때문이라는 것을 깨닫게 된다면 그 실행이 어렵지 않을 것이다.

결혼 생활은 생생한 삶의 현장이어서 연애 시절에 주고받은 사랑의 약속을 지키기에는 벅찬 일이 많다. 약속을 무시해서가 아니라 예상하지 못했던 걸림돌이 나타나고 수행 능력이 미달하여 힘이 든다. 안 된다기보다는 못한다는 것이 더 적합할 것 같다. 상대의 소망을 이루어 주려고 노력하지만 뜻대로 되지 않는 경우가 얼마나 많은가?

모든 일이 뜻대로 이루어진다면 인생살이의 비극은 생기지 않을 것이다. 내 힘이 부족하여 약속의 결과가 미미하니 기다려 달라고 온순하게 이야기하면 좋을 텐데 자존심이 상해서 인정하기 어렵다. 못한 것을 가지고 안 했다고 주장한다. 불만스러운 결과에 대해 상대 때문이라고 화를 낸다. 그러나 사실 그 순간 상대가 아니라 나의 부족함을 개선하는 것이 훨씬 쉽다는 것을 알고 있다. 알고 있는데도 변명하고 위로받고 싶은 것이다.

때로는 상대의 결점을 찾아 트집을 잡기도 한다. 이렇게 트집을 잡힌 배우자가 질세라 그보다 더 센 어조로 상대를 공박하면 싸움이 확대되고 갈등의 골이 깊어진다. 부부 관계의 사소한 일까지 자존심과 관련짓다 보니 불만은 걷잡을 수 없이 증폭된다. 이와 같이 상대에 대한 나의 불만이 서로 간의 불만으로 번진다. 내가 상대를 덮어 주지 않으니 상대도 나를 덮어 주지 않는다.

☕ 양쪽 끝에서 힘껏 당겨 팽팽해진 고무줄

가정폭력 신고를 받은 경찰의 의뢰로 상담에 온 부부가 있었다. 컴퓨터공학을 전공한 이들은 대학교 선후배로 만나 잘 맞을 줄 알고 결혼했다. 욕심은 많지만 적당히 순하고 소탈한 성품으로 알았던 남편이 화가 나서 리모컨을 내던지고 선풍기를 부쉈을 때, 세 살 된 쌍둥이 남매가 울부짖어 아동학대 사건으로 아내가 경찰에 고발하였다. 고발을 취소하지 않아 가정폭력 프로그램에 참가하는 등 벌칙 수행으로 고생한 남편은 아내를 원망하며 막말을 퍼부었고 부부간 갈등이 더 커졌다.

출산휴가를 마치고 직장생활을 하는 아내는 나도 돈 벌기 위해 고생하는데 육아와 가사분담을 회피하는 남편이 부당하며 이기적이라고 불만을 호소하였다. 남편은 나더러 돈 벌지 말고 집에서 아이들만 키우라고 하지만, 그건 자기 위신을 세우려는 방어적인 말일 뿐이다. 노후 준비도 해야 하는데 그게 될 일이냐고 했다. 아내는 깡마른 체격에 매우 피곤하고 지쳐 보였다.

무슨 일이든 동등하게 해야 한다고 주장하는 아내가 직장의 회식으로 늦게 귀가한다고 했을 때, 남편이 거기 가서 술 시중들 일 있느냐고 이기죽거리자 그녀는 결혼을 후회하며 절망하였다. 급기야 그들은 서로 때리고 싸웠으며 폭력 행위는 더욱 심각해졌다.

집에 있던 남편에게 아내가 전화를 하여, 아이 돌봄이 이모님께 아이들에게 감기약을 먹인 후 좀 기다렸다가 수프를 끓여 먹이고 퇴근하도록 해 달라고 한 말을 남편이 묵살하여 큰 싸움이 벌어졌다. 아이들에게 약을 먹이고 돌보는 일은 남편이 할 만도 하건만 못한다, 돈을 지불하니 이모님이 할 일인데 왜 내가 하냐고 거부하는 남편의 태도에 아내의 불만과 원망이 켜켜이 쌓여 갔다. 남편이 곁에 있으면서도 돌보지 않고, 돌보는 이에게도 못하게 한다면 아이들은 어쩌란 말인가?

퇴근 시간에 늦장 부리지 말고 와서 네 할 일을 직접 하라는 말인데, 내가 싫다고 아이들을 인질로 삼는 남편의 모습에 소름이 돋고 적개심이 끓어오른다고 했다. 아내는 조그만 일도 허용하지 않고 야박하게 대하는 남편과 살아갈 앞날이 캄캄하고, 뚱뚱한 남편이 먹는 것을 밝히고 반찬탓을 하며 밥 먹는 모습도 꼴 보기 싫다고 했다.

이들의 싸움은 점점 스케일이 커졌고 결과는 난장판이 되었다. 방문을 부수는 것은 예사이고, 아내는 귀가 시간이 지났다고 현관문의 비번을 바꾸어 버려 기술자의 도움을 받아 집에 들어오는 남편을 무단침입으로 고발하였다. 담당 경찰관이 이제 그만 좀 신고하라고 간청할 정도였다.

기술자에게 연락할 수도 없는 늦은 시간에 귀가했던 남편이 현관문을 열 수 없어서 차 안에서 잠을 자고 그대로 출근한 날도 있었다.

마치 원수가 된 듯 싸우는 이들의 최고 관심사는 어떻게든 지지 않겠다, 결단코 상대를 굴복시켜 상대가 나를 사랑하겠다는 약속을 실행하도록 함으로써 내 자존심을 세우고 내 삶의 안위를 지켜야 한다는 사명감 같은 것으로 보였다. 악순환이 이어졌고, 아이들을 걱정하는 내 조언도 소용이 없었다.

양쪽 끝에서 고무줄을 잡고 힘껏 당기면 결국 끊어지지 않겠는가? 팽팽한 고무줄이 언제 끊어질지 조마조마하였다. 배우자 둘 중 누구라도 먼저 고무줄을 쥔 손을 내려놓을 수 없다는 말인가?

남편은 아내의 주도면밀한 이기심이 짜증나고 못 건디겠다. 그 점이 가족들을 이롭게 할지라도 한 치의 빈틈도 없이 유익만 따지는 것이 얄밉다. 아내 역시 남편의 이기심에 화가 나고 억울해했다. 프로그래머로 근무하는 남편은 야근에 지쳐 집에 오면 쉬고 싶은데 아내가 가사분담 동등을 따지며 독촉하니 차라리 욕을 먹고 안 하겠다, 괜찮으니 네 맘대로 비난하라고 하고, 아내는 이런 남편을 보면 분노를 삭일 수 없었다. 아내도 똑같이 일하는 데다 쉬고 싶은 마음이 절실한데, 욕을 먹더라도 쉬겠다고 하는 남편이 뻔뻔하고 부도덕해 보였다. 욕도 나오지 않았다.

남편은 "나는 우리 부모님 컨트롤할 수 있어, 너는 휘둘리지 않냐?"고 하면서 딸을 편드는 장모님까지 원망하였다. 어느 부모님이 딸을 폭행하는 사위를 좋아하겠는가? 아내는 남편이 다혈질에 홍분가중치(남편의 모습을 정확히 표현함으로써 아내의 면밀함이 돋보이는 생소한 단어)가 높고 자기중심적이며 가부장적이라고 하였다.

남편은 내 부모님 돈으로 아파트를 샀는데 아내가 공동명의로 하자고, 결코 물러서지 않고 그 일을 성사시켰을 때 알아봤어야 했다고 하였다. 혼수로 해 오는 가구와 살림살이 용품을 함께 사용하니까 아파트 공동명의는 당연히 해야 하며 절세도 되고 좋지 않느냐고 하는 아내에게 질렸다고 하였다.

☕ 나-너-우리라는 시스템

아파트 공동명의 이야기를 들으면서 나는 몇 년 전에 진행했던 사례가 생각났다. 그들도 결혼 초기에 갈등이 폭력으로 이어져 이혼을 고려하다가 상담에 왔었다. 부동산 투자로 큰 부자가 된 부모님의 외아들과 교사 생활 후 퇴직한 부모님의 셋째 딸이 중매로 결혼한 부부였다. 여행지로 산이나 바다 어디가 좋으냐와 같은 사소한 의견 차이를 타협하지 못하여 갈등이 시작되었고, 점점 심각해져 폭력이 발생하였다.

자신의 생각에 반대한다고 야단치던 남편이 아내를 벽에 밀어붙이고 겁을 주다가 뺨을 때렸고, 그 후에도 몇 번 더 폭력 행위를 하였다. 폭행을 사과하고 화해를 시도했으나 효과를 보지 못한 남편이 급기야 재산을 무기로 삼아 아내에게 아파트 월세를 내라고 하였다. 기상천외한 주장이었다. 내 부모님이 신혼 아파트를 사 주었으니 주거비에 대한 부담 없이 결혼한 아내로부터 아파트 임대료의 반(반은 남편 자신의 몫)을 받아야겠다고 고집을 부렸다.

교사로 재직하는 아내의 수입이 있으니 당연한 일이라고 하였지만, 사과의 말을 해도 대답도 하지 않고 외면하는 아내에게 폭력 행위를 용서해 달라는 남편의 간접적인 협박으로 보였다. 그러나 그것은 악수였다. 임대료를 내라고 하면 아내가 고분고분 자신의 사과를 받아 줄 줄 알았단 말인가? 게다가 남편은 사과에 대한 언급뿐만 아니라 다른 언행에 대해서도 그 모습이 진솔하게 느껴지지 않을 것 같은 기분파로 보였다.

월세 주장이 나온 후 아내는 남편에게 더욱 냉담해졌고 임대료를 줄 수 없으니 집을 나갈 수밖에 없다고 하면서 친정으로 거처를 옮겼다. 아내는 남편의 사과에 진정성이 느껴지지 않았고 폭력이 재발될까 두려워 쉽게 화해할 수 없었는데, 월세를 내라고 하니 이것은 이혼하자는 것 아니냐고 하였다.

나는 그런 주장을 한다면 누구라도 이혼하자는 말로 들을 거라고 동의하면서 남편의 폭행으로 고통 받은 아내를 위로하였다. 아내는 낙천적이고 유쾌한 남편과 결혼하면 재미나게 살아갈 줄 알았는데, 이제는 정나미가 떨어졌으니 어떻게 하느냐며 울상을 지었다.

가장 크게 실망한 점이 무엇인지 물어보니, 아내는 폭력도 두렵고 상처받았지만 월세를 내라고 하는 것은 듣도 보도 못한 일로 너무나 사람을 무시하는 태도가 아니냐고 하였다. 나는 진심으로 그녀에게 공감하면서 그들의 사소한 다툼이 폭력으로까지 이어지는 과정을 살펴보자고 하였다. 결국 두 사람은 자신들의 주장을 굽히지 않고 끝까지 밀고 나아가는 태도가 충돌을 일으킨다는 것을 알게 되었다.

남편은 3대 독자로 가족들의 사랑을 독차지하였고, 아내는 바로 밑에 귀한 남동생이 있는 셋째 딸로 가족들의 사랑에 갈급하였다. 그들은 서로 양보하지 않았는데 남편은 양보라는 것을 해 보지 않아서, 아내는 양보를 해 본 적이 많아서 양보할 수 없었다. 특히 아내는 남편에게만은 양보하지 않고 사랑을 듬뿍 받으며 살고 싶었다. 아내는 양보하면 사랑을 빼앗기는 것이라고 생각하였고, 남편은 양보하면 아내에게 지는 것이라고 생각하였다. 그러나 이혼을 고려하고 있는 두 사람은 모두 패자가 아닌가?

두 달 이상 상담이 진행되었고, 그들은 서로 상대를 이기려고 자기 자존심만 내세웠음을 알고 인정하였다. 오해와 왜곡이 폭력을 일으키고, 그들의 관계를 불행으로 끌고 갔음을 깨닫게 되었다고 반성하였다. 그들은 전환점에 도달한 것이다. 도무지 꺾이지 않는 아내의 막강한 고집을 굴복시키려고 월세 얘기를 했는데, 남편은 결과가 더 나빠진 것을 후회하였다.

아내는 남편의 일에 개입하여 그가 내 뜻을 받아 주어야 나를 사랑한다고 느낄 수 있었고, 나아가 남편을 독차지할 줄 알았는데 그게 화를 불러 왔다고 하였다. 결국 아내는 자신이 집착하지 않았더라면 남편이 폭행을 하거나 월세를 내라고까지는 하지 않았으리라는 것을 알았다고 하였다. 그리고 남편의 사과를 그냥 받아 주었더라면 어땠을까 하면서 약간 후회하는 기색을 보였다.

이 얘기를 듣던 남편은 감동적인 표정으로 폭력 행위는 아내를 수용하지 않은 자신의 욕심 때문이었다고 고백하며 거듭 사과하였다. "아내의 학생이 아니라 남편인데 이래라 저래라 하는 것이 짜증이 났다. 나를 이기려고 하는 것 같았다."고 하면서 남편이 웃었다. 나는 이들의 통찰이 매우 다행으로 느껴졌고 몰라보게 성숙한 모습이 대견스러웠다.

노란 은행잎이 꽃보다 아름답게 물들던 어느 가을 날, 상담실에 들어오는 이들의 얼굴에서 기쁨이 넘쳐흘렀다. 남편은 방금 병원에서 오는 길인데 아내가 임신하였고, 진심으로 용서를 구하며 좋은 아빠, 좋은 남편으로 살아갈 것을 태아를 두고 맹세했다고 하였다. 지난주에 아내가 귀가하여 재결합했다는 말을 들으며 축하를 전하는 내 마음이 어려운 숙제를 마친 듯 후련하고 기뻤다.

그 다음 주에 상담을 종결하면서 나는 '우리'라는 새로운 영역을 그들에게 알려 주었다. 서로 다른 두 사람이 만나서 부부를 구성하여 배우자가 되면 나-너-우리라는 시스템이 만들어진다. '우리' 영역 안에는 배우자 두 사람이 함께 공유하는 여러 가지가 존재하고, 아이는 그중 가장 중요한 대상이다. 마침 아이가 태어나게 되어서 이 개념을 잘 이해할 수 있어 다행이라고 설명해 주었다.

배우자가 각기 자신의 직장에서 한 개인으로 활동하는 것처럼 부부는 독립된 개인으로 기능하는 동시에 배우자의 역할을 수행하기에 나-너-우리라는 시스템을 보존하고 지켜야 한다고 강조하였다. 이혼 위기의 고통에서 벗어나 진지한 눈빛으로 얘기를 들으며 경험을 통해 배움을 얻어가는 그들의 모습이 믿음직스러웠다.

부부 사이에서는 먼저 양보하는 사람이 승자다

부부 갈등으로 상담을 진행하고 있는 쌍둥이 남매를 둔 부부에게 이 성공 사례를 이야기해 주었다. 두 쌍의 부부는 서로 양보하지 않고 배우자를 이겨야만 사랑을 받는 것이라고 생각하며 경쟁하다가 폭력을 행사한 공통점이 있었다. 팽팽히 맞서고 조금도 지지 않으려는 극단적 언행이 폭력을 자극하는 모습도 같았다. 그들은 남편이 아내에게 월세를 요구하여 별거하다가 상담을 통해 자신과 배우자의 진심을 깨닫고 화해했다는 것에 대해 큰 관심을 보였다.

아내에게 폭력을 행사하며 싸우던 남편이 아내에게 월세를 내라고 했다는 얘기를 듣던 아내는 그 남편이 더 지독한 독종이라며 자신은 그나마 다행이라고 했다. 내 남편은 아파트 공동명의를 해 주었는데 그에 비하면 그 남편은 사람도 아니라고 열을 올리면서, 그런 남편과 어떻게 살아가느냐고 하였다. 옆에서 아내의 말을 듣고 있던 남편은 슬그머니 기분 좋은 표정을 보였다.

지는 것이 이기는 것이라는 말은 이 두 쌍의 부부에게 정확히 들어맞는 표현이다. 나는 그들에게 왜 그런지에 대해 설명해 주었다. 사랑을 매개로 인연을 맺었기에 부부 사이에서는 먼저 양보하는 사람이 승자라고 강조하였다. 그리고 쌍둥이가 유치원 다닐 정도로만 크면 훨씬 힘이 덜 들 것이니 이 고비를 잘 넘겨 보라고 위로하였다.

자신의 감정을 부풀려 극단적인 언어를 사용하여 상대를 굴복시키고 자 한다면 싸움이 더 확대된다. 오히려 온순하고 조용한 태도가 상대를 이기는 기술이다. 화가 치밀어 올라 그렇게 되지 않는다고 걱정하는 그 들에게 나는 대화 연습을 진행하여, 느끼고 말하고 행동하는 양식을 조 절하도록 도왔다. 특히 나-너-우리라는 개념을 설명하여 그들에게 가족 의 행복을 만들고 지키는 구체적인 방법을 익히도록 이끌어 주었다.

종결 회기에서 나는 그들이 상대의 장점을 인정하고 존중하며 서로 격 려하면서 살아가기를 부탁하였다. 주도면밀하고 빈틈없는 아내는 실속 을 차리는 데에 익숙하여 가정을 잘 지킬 것이고, 자기주장이 강하고 욕 심을 부리는 남편은 타인과의 경쟁에서 뒤지지 않아 성공할 것이라고 두 둔해 주었다.

이제껏 상대의 약점에 치중하여 서로 비방하였지만, 그 약점의 이면에 있는 장점을 귀하게 본다면 역기능을 넘어갈 수 있다. 마치 손등과 손바 닥과 같이 그 장점이 있기에 그 약점이 있는 것이다. 손등만 취하고 손바 닥을 버릴 수 있을까?

앞으로는 폭력을 쓰지 않겠다고 약속하며 밝게 웃는 그들의 모습이 경 이롭게 느껴졌다. 불과 몇 달 전까지 폭력을 휘두르며 극성스럽게 싸웠 던 모습과 딴판으로 보였다. 큰 선물을 받은 것 같았다. 나는 웃으면서 악수를 나누며 그들의 행복을 빌어 주었다.

에로스와 타나토스

결혼의 절대적 의미

．．．．

　가끔 같은 시기에 유사한 내용의 상담을 진행하는 경우가 있다. 여자
들에게 인기가 높은 남편이 동호회의 여자 회원들과 모이는 것을 경계하
며 갈등하는 아내, 그리고 남편이 직장 동료 여직원과 카톡으로 사진을
주고받으며 교류하는 것을 외도라고 생각해서 헤어지자고 호소하는 아
내의 이야기이다.

　이런 주제로 심각하게 다투는 부부의 경우 아내들이 죽고 싶다, 아니
면 남편을 죽이고 싶다는 식으로 상담의 내용이 비슷하다. 마침 같은 시
기에 상담을 진행하여 이들을 이해하는 부분에서 도움이 되었다. 특히
아내들의 호소는 그 울림이 절절하게 다가와 더욱 경청하고 공감하게 되
었다.

　이 외에도 아내들의 남편에 대한 의심과 자기신뢰성 결여, 그리고 "남
편이 죽거나 내가 죽으면 좋겠다. 이도저도 안 되면 남편을 죽이고 싶
다."고 울면서 하소연하던 모습이 유사했다. 그럼에도 흔들리지 않고 태
연한 태도를 보이는 두 남편의 모습도 닮아 있었다.

　신혼생활로 무지갯빛 꿈에 부풀어 있을 때인데 아내가 남편의 취미 활
동을 경계하며 이렇게까지 극단적인 표현을 하는 것에 대해 의아한 느낌

이 들었다. 아내 입장에서 위기 발생에 대한 불안한 마음을 충분히 이해하더라도 이는 좀 지나치지 않은가? 사랑하는 남편과 행복하게 잘 살고 싶은데, 그 꿈이 좌절될 것 같은 두려움 때문에 자신의 삶 전체를 두고 결단을 내리려고 하는 것 아닌가?

아마도 이런 심정을 남편에게 알려서 앞으로 찾아올지 모를 불행을 예방하고자 하는 것 같았다. 죽음을 언급하는 것은 누구보다도 더 완벽하게 부족함 없이 잘 살고 싶은 욕구와, 그것이 채워지지 않을 때 당면하게 될 불충족에 대한 불안과 두려움을 반영하는 것이리라. 반드시 행복하게 살고 싶은데, 만약 이 소망이 이루어지지 않는다면 차라리 죽는 것만 못하다는 진한 열정이 느껴졌다.

☕ 죽고 싶다는 말은 행복하게 잘 살고 싶다는 말이다

프로이트는 인간이 사랑과 일에서 성공하면 인생을 잘 살아가는 것이라고 하였다. 그 때문이었는지 그는 삶을 지향하며 자기 존재를 보존하려는 삶의 본능을 사랑의 신 이름을 따서 에로스라고 하였고, 공격적인 심리 에너지로 구성되는 죽음의 본능을 죽음의 신 이름을 따서 타나토스라고 하였다.

인과론을 주장함으로써 인간의 정신세계를 과학적으로 설명한 프로이트는 회복된 신경증 환자가 재발 증상으로 반복강박 및 치료적 저항과 자기파괴 현상을 보이자 이를 죽음의 본능으로 이해하였다. 증상이 회복되지 않았거나 재발하지 않았더라면 치료적 저항이나 자기파괴 현상을 나타내지 않았을 텐데, 회복하여 행복하게 된 후 재발하니 나아지지 않은 것보다 더 불행하다고 느끼는 것이다. 차라리 낫지 않느니만 못하다고 생각하며 계속 증상을 가지고 살아가는 것에 대해 심각하게 저항하고 자기파괴에 이르는 것 같다.

인간은 성장을 위해 여러 발달 단계를 거친다. 이 과정에서 장애를 만날 때, 즉 인생살이가 순조롭게 전개되지 않을 때 삶의 본능과 죽음의 본능 사이에서 갈등한다. 이 두 아내가 행복한 결혼 생활을 하지 못한다면 차라리 죽는 것만 못하다고 호소하는 것도, 삶의 본능과 죽음의 본능이 교차하는 과정을 보여 주는 것이 아닐까? 죽고 싶다는 말은 진짜로, 정말이지 행복하게 잘 살고 싶다는 말로 들린다.

죽음에도 인간의 정신적 본능이 작용한다는 말인가? 예컨대 공부 때문에 자살하는 학생들은 성적이 상위권에 속한 경우가 대부분이다. 이를 보면 공부에 대한 열망이 매우 커서 그 좌절이 당사자에게 중요한 문제가 되었으며, 그 대안으로 죽음을 택하는 것으로 짐작할 수 있다. 나아가 그들의 심리적 에너지 역시 만만치 않음을 알게 된다. 흔히 사람들은 "죽을 만한 힘이 있다면 그 힘으로 살아가면 되지 않겠는가?"라고 한다. 삶과 죽음은 상반된 지점에 있으나 심리적 에너지가 투여된다는 점에서는 유사할 것이다.

☕ 결혼은 현실의 수행 과정을 통해 달성된다

에로스와 타나토스 이야기를 알아보자. 이들은 그리스 신화에 등장하는 신들의 이름으로 사랑의 신 에로스는 아름다움의 여신 아프로디테의 아들이고, 죽음의 신 타나토스는 잠의 신 힙노스와 쌍둥이 형제이다. 누구나 최후의 순간에는 눈을 감고 잠에 들어 육신과 다른 차원인 죽음의 세계로 떠난다.

이와 같이 잠이 죽음을 암시하듯 그리스 신화는 시대와 인종을 초월하여 우리네 삶의 원형과 인간 심리의 본질을 시사해 준다. 고대로부터 현대에 이르기까지 그리스 신화가 문학, 미술 등 예술과 문화의 각 분야에서 그 명맥을 유지하는 것도 그 때문일 것이다. 그리스 신화는 인간의 삶을 녹여 낸 이야기이기에 그 속에서 인생의 의미를 찾아볼 수 있다.

그리스 신화는 태초의 혼돈 상태에서 신들의 탄생, 신들의 세계를 다루는 이야기이다. 신들은 위엄이 있었고 밤과 낮, 아름다운 자연과 흐르는 샘물을 지배하는 능력을 갖고 있었다. 신에게는 인간의 속성도 있었다. 사랑하고 결혼하고 자식을 낳았다. 권력을 위해 배신을 하거나 살인을 하기도 했다.

아름다움의 여신 아프로디테는 프시케 공주의 미모를 질투하여 아들 에로스에게 그녀를 해치도록 하였다. 그런데 프시케를 본 에로스는 한눈에 그녀의 아름다움에 매료되었고, 높은 산 한적한 숲속에 화려한 궁전을 마련하고 그곳에서 그녀와의 만남을 즐겼다.

에로스는 프시케에게 절대 자신의 모습을 보려고 하지 말라고 부탁하면서, 한밤중에 와서 날이 새기 전에 나가곤 하였다. 궁금증에 쌓인 프시케는 언니들의 훈수에 따라 한밤중에 등잔불을 그의 얼굴에 비추어 에로스를 보려고 했는데, 그 순간 잠을 깬 에로스가 약속을 어긴 프시케에게 실망하여 그녀를 떠나 버렸다.

에로스와의 사랑을 포기하지 못했던 프시케는 에로스의 어머니 아프로디테를 찾아가 용서를 빌었고, 3가지 과제를 받았다. 수많은 양의 곡식 낟알을 종류별로 정리하는 것, 양털을 채취하는 것 그리고 지하세계에 내려가 아프로디테가 사용할 화장품을 가져오는 것이었다.

그녀는 다른 신들과 에로스의 도움을 받아 이 힘든 노역을 무사히 마쳤다. 급기야 에로스와 재회하여 혼인하였으며, 에로스는 제우스신에게 간청하여 프시케의 자격을 신으로 승격시켜 주었다.

이 이야기를 들여다보면 몇 가지 시사점이 있다. 무엇보다도 서로 사랑하는 연인들이 삶의 우여곡절을 겪은 후 해피엔딩을 이루었다는 점에서 안도한다. 그리고 프시케가 그녀의 소망을 이룰 수 있도록 과제를 이행하는 데 에로스와 주변의 도움을 받았다는 것이다.

둘의 애정 관계에 외부의 힘이 개입되는 사회성이 존재하고, 힘들고 고된 노역을 치르고서야 사랑의 결실을 이루는 모습에서 이성 간 사랑의 완성인 결혼은 현실의 수행 과정을 통해 달성된다는 점을 깨닫게 된다. 프시케의 수행 과제인 곡식 정리, 양털 채취, 화장품 마련, 이런 것들이 실생활 유지에 필수적이라는 점도 흥미롭다.

사랑한다는 것은 느낌이고 감정이기에 이를 주고받는 추상적인 개념만으로도 충족될 것 같으나, 실제로 사랑을 체험하고 확인하기 위해서는 두 파트너가 서로 공감하는 소통과 현실적인 행동의 결과물이 필요하다. 그래서 "사랑은 활동이다."라고도 한다. 특히 가족은 지극한 사랑과 결핍을 주고받기에 애증의 양가감정을 경험하는 시스템이다. 따라서 부부 관계에서는 포기하지 않는 사랑의 지속이 성공을 가져온다. 결국 사랑이 답이다.

감성과 이성이 충돌할 때 위기를 맞는다

프시케와 에로스의 이야기가 우리들에게 전해 주는 메시지는 무엇일까? 뛰어난 미모로 사람들의 칭송을 받았던 프시케는 두 언니에게 선망의 대상이었다. 따라서 에로스의 위상을 확인해 보라고 한 말에는 화려한 궁전에서 왕비로 살아가는 동생을 부러워하고 시샘하는 그녀들의 마음이 반영되었을 것 같다.

사랑하는 연인을 보고 싶어 했던 프시케가, 절대로 자신의 모습을 보려고 하지 말라는 에로스의 부탁을 자신의 욕구보다 더 앞세워 존중했더라면, 그녀에게 그와 같은 혹독한 시련은 찾아오지 않았으리라. 상대를 확인하고 싶은 궁금증을 언니들에게 호소하지 않고 그것을 담아 두고 묵묵히 감당했더라면 그녀는 그런 고역을 치르지 않고도 행복하게 살아가지 않았을까?

사랑하는 상대에 대한 애착이 있기에 더욱 그가 보고 싶고 그를 대면

하고 싶었을 것이다. 이렇게 프시케가 에로스의 부탁을 들어주지 못한 것은 사랑이 클수록 더 지키기 어려워지는 연인들 사이의 한계 때문이며, 이 또한 존재의 속성임을 시사해 준다.

미의 여신 아프로디테가 프시케의 미모가 자신보다 뛰어남을 질투하여 아들 에로스에게 그녀의 아름다움을 손상시키려 했으나, 그렇게 하지 않고 어머니 몰래 프시케와 밀회를 가지며 자신을 감추고자 했던 에로스의 선택도 그와 같은 한계가 아닐까? 프시케 언니들의 시샘, 프시케의 연정, 아프로디테의 질투, 에로스의 은밀한 사랑, 이런 것들이 감성의 소치라면 그 한계의 선을 지키는 것은 이성의 힘이다.

인생살이의 여러 국면에서 감성과 이성의 대립을 경험한다. 이 둘이 충돌할 때 위기를 맞고, 손상된 한계가 복원될 때 마침내 성취를 이룬다. 실수를 저지른 프시케가 에로스의 어머니 아프로디테가 요청한 과제를 완수하고서야 해피엔딩을 이루는 모습에서는 고부 관계의 숙명적 메커니즘이 엿보인다. 상담실에서 만나는 여러 갈등 부부의 이야기에서 이러한 감성과 이성의 대립을 발견하며 나는 이들이 신속하게 시련의 터널을 벗어나게 되기를 소망한다.

☕ 자꾸 비난하면 상대가 죄책감을 느끼게 된다

남편은 배가 불러 불편해하는 아내를 조심스레 에스코트하며 상담실로 들어왔다. 출산 예정일을 2개월 앞두었고 뱃속의 아이는 쌍둥이라고 하였다. 부부 모두 외모가 뛰어났다. 대기업에 다니는데 회사에서 만나 교제하여 결혼했다고 하였다.

아내는 결혼 직후 임신으로 최근 휴직하였고, 집에서 홀로 지내는 시간이 많아져 남편의 귀가 시간을 따지며 빨리 오라고 재촉하였다. 아내는 남편의 근무 중에도 카톡을 보내고 즉시 댓글이 오지 않으면 섭섭하다고 화를 내면서 일일이 그 이유를 확인하였다.

아내가 가장 섭섭해하는 것은 남편의 취미 활동이었다. 아내의 반대에도 불구하고 스킨스쿠버 동호회 모임에 참석하여 훈련하고, 귀가 시간 약속을 어기며 그들과 함께 회식하고 노래방까지 간다는 것이었다. 아내는 남편이 동호회 단톡방 연락을 주고받거나 댓글을 보내는 것까지 싫어하였다.

"처음엔 한 달에 한 번만 가겠다고 하더니 요즘에는 두세 번 가요. 이렇게 약속을 어기면 믿을 수가 없잖아요? 애가 태어나면 아예 안 가겠다고 했는데 그것도 거짓말 같아요."

울상을 지으며 호소하는 아내의 불만에 내가 안타까움을 느끼며 참 힘들겠다, 남편의 약속을 믿기가 어려우니 불안해서 건강 관리도 잘 안 될 것 같아 걱정이라고 말해 주니 아내는 울음을 터뜨렸다. 이때 남편은 아내의 손에 휴지를 쥐어 주고 어깨를 감싸며 "이제 정말 안 갈 거야. 믿어 줘. 약속했잖아."라고 열심히 달래었다.

내가 두 분이 약속을 했는데도 지키지 못하는 것은 무엇 때문인가 물었다. 남편은 동호인들이 보고 싶다고 자꾸 연락을 하고, 자신도 그 활동을 끝내기 전에 몇 번이라도 더 스킨스쿠버를 하고 싶어서라고 하였다.

이 말을 듣던 아내는 "남편은 저보다 그 사람들을 더 좋아하는 거예요. 저와 사귀기 전부터 그들을 알고 지냈잖아요. 제주도까지 가서 함께 스킨스쿠버를 했대요. 요즘에는 주말에 저를 혼자 방치해 두고 풀장에 가서 훈련하더라고요."라고 말했다. 남편은 아내에게 그들을 더 좋아해서가 아니라 운동을 하고 싶어서라고, 그리고 아내만을 사랑한다고 누누이 설명하였다.

나는 "보고 싶다고 오라고 하는 사람들은 다만 동호인이죠. 운동을 함께 하는 것이 그들에게 도움이 되니까 필요해서 불러내는 것 같아요. 보고 싶어 한다는 말에 아내분이 상처를 받는 것 같아 정말 안타깝네요. 보고 싶다는 건 용건이 있다는 말이지, 좋아한다는 건 아니거든요. 그리고 남편분은 단지 운동을 하고 싶은 것이고요."라고 말하면서 아내를 위로해 주었다.

이 순간 아내는 남편을 빤히 바라보았는데 그 시선은 상담선생님 말이 정말 맞는가, 그게 남편의 진심인가를 묻고 있었다.

이후 진행된 남편 개별 상담에서 나는 그가 아내의 입장과 속마음을 알아차리고 존중하도록 도왔다. 쌍둥이를 임신 중인 아내는 몸이 힘든 것뿐 아니라 홀로 지내는 시간이 많아 소외감을 느껴 마음도 힘들다. 이런 상황에서는 오로지 남편의 위로와 배려만이 힘이 된다. 밥을 굶으면 배가 고프듯 지금 아내는 마음이 고픈 것이라고 얘기해 주었다.

남편은 자신도 노력하는 중인데 아내가 너무 빡빡하게 몰아붙이면 죄책감이 느껴져 힘들고, 가끔 그녀를 원망하게 된다고 고백하였다. 아내의 비난을 듣노라면 그녀의 언급에 별로 틀린 점이 없기에, 자신이 매우 나쁜 사람이 되어 버려서 점점 죄책감만 커진다고 호소하였다.

나는 스킨스쿠버 중단을 앞두고 그 활동을 더 하고 싶은 것은 자연스러운 거라고 위로해 주며, 죄책감을 느끼지 않아도 된다고 격려하였다. 그리고 부부는 한 시스템이라서 배우자 한 사람의 행불행이 당사자에게만 국한하지 않고 두 사람 모두에게 파급된다는 원리를 알려 주었다.

아내가 힘들어서 불만이 커지면 그 영향이 남편에게도 미치니 그런 일이 생기지 않도록 즉시 타협하고 해결해야 한다. 특히 다툼이 발생되는 상황에서 자신이 배우자에게 밀린다고 느끼고 마치 갑을 관계에서처럼 자신을 패배자로 낙인찍는데, 그런 생각은 적합하지 않다고 얘기해 주었다.

부부 관계는 이기고 지는 개념이 아니라 애정으로 결합하여 두 사람만이 공유하는 평생토록 지속되는 아름다운 사이이니 양보함으로써 사랑을 체험하도록 하는데 이 결과는 스스로를 돕는 것이 된다. 배우자 역할이 결여된다면 그 누구도 대신할 수 없으니 대안이 없다. 지는 것이 이기는 것이라는 말은 바로 이런 경우를 말한다.

식물이 물을 필요로 하듯이 아내는 남편의 배려와 격려에 의지하고 있다. 더구나 출산일이 가까워졌으니 주말에 그녀가 혼자 있게 될 때 어려운 일이 생길 수 있음을 강조하였다.

상대를 위해 한 행동이 내게도 기쁨을 준다

아내 개별 상담에서 그녀는 남편이 회사 내에서 인기가 매우 높아서 그를 좋아하는 여자가 많았다고 하며, 아직도 이런 얘기를 하는 자신이 싫다고 하였다. "그 동호인들을 아내분보다 먼저 사귀게 된 점에 대해서도 신경이 쓰이죠? 그들 중에 혹시 여자도 있나요?"라고 물으니 그녀는 선생님이 자신의 마음을 너무 잘 알아주신다며 반색하였다.

회원 수는 20여 명인데 실제 활동하는 인원은 반 정도이며 그중 골수 여자회원이 두 명 있다. 깊은 물속에 들어가는 격렬하고 위험한 운동을 좋아하는 여자들이 참 이상하다. 쌍둥이가 태어나면 육아가 얼마나 어렵겠느냐? 육아 때문이라도 남편은 위험한 취미 활동을 포기하는 것이 당연하다고 호소하였다.

나는 그녀의 주장에 적극적으로 동조하면서 육아 때문이기도 하지만, 남편이 밖으로 나다니면 그를 빼앗길까 봐 걱정되느냐고 물었다. 직장에서 만나 결혼했는데, 그 이전부터 동호회 활동을 하였으니 남편이 자신보다 그들과 먼저 알고 지냈음을 비교하고 시샘하는 것을 보면, 그녀가 남편을 독차지하고 싶어 한다는 말 아닌가?

눈물을 글썽이면서 "저는 형제자매 없이 외동으로 자랐어요. 어머니가 건강이 안 좋으셔서 저를 낳고 아이를 더 못 가지셨대요."라고 말하는 아내의 가느다란 목소리가 매우 외롭다는 느낌으로 다가왔다. 그래서인지 어려서부터 친구도 잘 사귀지 못하고 이성교제 경험도 별로 없었다고 하였다.

남편의 존재는 그녀에게 친구, 오빠, 애인, 남편 등 다양한 역할을 기대하도록 할 것 같다고 얘기하니 "정말이지 남편이 다른 여자에게 관심을 가지면 저는 못 살아요. 제가 죽거나 남편이 죽거나, 아니면 남편을 죽일지도 몰라요."라고 얘기했다. 매우 조용하고 차분한 음색이었으나 뉘앙스가 단호하여 그 음성은 나에게 큰 울림을 주었다. 남편이 주말에 자신을 방치한다고 했던 그녀의 말이 이해되었다.

그때 내 머릿속에는 사랑의 반대말은 미움이 아니라 무관심이라는 말이 떠올랐다. 이 아내는 남편을 너무 사랑하는 나머지 미워져서 죽이고 싶을 때가 있구나. 이 집착을 해소하려면 어떻게 위로하고 격려해야 좋을까? 나는 그녀가 자존감을 높일 수 있도록 여러 가지 이야기를 하였다.

남편은 인기가 높아 선택의 기회가 많았을 텐데 아내분을 선택한 것을 보면, 아내분 역시 그만한 자격이 되지 않겠나? 그러므로 이 점에 대해 자부심을 가질 만하다. 결국 두 분이 동등한 것이니 위축되지 않으면 좋겠다고 격려하였다. 머지않아 아이 둘이 태어나 네 식구가 되어 행복한 가정을 이루는데, 이 얼마나 큰 축복인가? 감히 누가 이 가정을 침범할 수 있겠는가? 두 아이의 아버지가 되었는데 남편이 경솔한 행동을 하겠는가?

아내분이 위기를 염려하고 이를 예방하고자 남편을 의심하는데 혹시 지나치게 되면, 남편은 부담과 스트레스를 느끼게 된다. 그러므로 남편에 대한 굳은 신뢰가 두 분 모두에게 도움이 된다고 하며 그녀를 달래었다. 그녀는 고개를 끄덕이며 안정된 태도를 보이다가 "근데 약속을 안 지키잖아요. 운동을 끊겠다고 했는데…. 그건 위험한 거니까 나중에라도 꼭 끊어야 하잖아요?"라고 하였다.

나는 "남편분이 앞으로 끊을 거니까 몇 번쯤 더 해 보고 싶어서 갔다고 했지요. 약속을 어긴 것은 잘못이지만 본인도 그 약속을 지켜야 한다는 것을 많이 의식하고 있으니까 그런 거 같아요. 완전히 끊기 전에 단 몇 번만이라도 더 해 보고 싶다고 얘기하는 걸 보면, 남편분이 정말 그 활동을 중단하려고 결심했구나 하는 느낌이 들지 않나요?"라고 물었다.

그녀의 관심사는 남편의 스킨스쿠버 중단 여부였고, 나는 그녀가 남편을 대하는 태도에 따라 결과가 달라질 수 있다고 구체적으로 설명해 주었다. 그리고 다른 사례—어느 예비부부 신붓감이 신랑감의 이전 여자친구를 질투하여 결혼을 미루었는데, 지나간 과거에 비중을 두기보다 현재, 지금 상대방의 애정에 대한 확신을 살펴보고 결혼 여부를 결정하면 좋겠다고 조언하였다는 이야기—를 들려주면서 그녀가 동호인들을 자신보다 더 먼저 사귀었다는 불안에서 벗어나 현재에 집중할 수 있도록 도왔다.

비교의 대상이 아니라 그들은 완전히 타인이 아닌가? 남편의 과거사에서까지 주인공 역할을 하고 싶은 심정에 공감하면서, 그런 일은 불가능하고 필요하지도 않으며 현재와 미래의 행복을 보장해 주지 않음에 대해 강조하였다. 그리고 남편 개별 상담에서 언급했던 그의 호소를 전해 주었다.

"아내분의 주장은 모두 타당하고 맞는 말이며, 약속을 안 지킨 남편분이 잘못했다고 해요. 그래서 자신이 나쁜 사람이 되어 가는 것 같아 갈수록 죄책감만 커진답니다. 좋은 남편, 좋은 아빠가 되고 싶은데 자꾸만 그게 멀어져 가는 것 같아 불안하고 두렵다고 하니 저도 몹시 걱정되더라고요."

나는 남편의 나쁜 사람, 죄책감 언급을 긍정적 개념으로 바꾸어 전달하였다. 고개를 숙인 채 이 말을 듣던 아내는 비교적 평온한 표정으로 조용히 휴지를 꺼내었다.

자신이 점점 나쁜 사람이 되어 가기에 죄책감이 커진다는 남편의 호소는 내게 많은 생각을 불러일으켰다. 이 부부는 현재 인생주기의 전환점에 있다. 두 사람 모두 이전에는 경험하지 않았던 수행을 해야 하는 인생살이 새내기이다.

남편은 이제껏 구애받지 않고 자유롭게 생활했으나 쌍둥이가 태어나면 육아와 가사 분담으로 구속받는다고 느낄 것이다. 아내는 출산과 육아가 고생스러운 데다가 소외감까지 느끼게 된다면 남편에 대한 섭섭함이 누적되지 않을까? 외동으로 성장한 그녀 입장에서 감당하기에는 쉽지 않은 일로 보였다. 특히 부부의 정서적 소통에 갈등의 소지가 있을 것 같았다.

드라마나 소설의 주인공들이 상대에게 "너를 사랑하게 되어 내가 참 좋은 사람이 되어 가는 것 같아. 너와 함께 있으면 편안해서 좋아."라는 고백을 하는데, 이는 상대의 기대에 부응하려는 수행이 행위자에게도 만족을 주기 때문일 것이다.

이전에는 어려워서 회피했던 일을 상대를 위해, 혹은 상대에게 잘 보이려고 실행했을 때 느끼는 뿌듯함이 스스로 좋은 사람임을 자각하도록 하며, 이를 통하여 자존감 향상과 인격적 성장을 이룩하게 된다. 한 번 실행했기에 과거의 어려웠던 일이 한층 쉬워진다. 상대는 물론 행위자에게도 기쁨을 선사하며, 이런 상태가 서로 간의 소통을 촉진시킨다. 상대가 나를 믿어 준다고 느끼면 점점 그 실행이 반복, 강화된다.

나는 아내와 이런 주제로 얘기를 나누며, 그녀가 힘들더라도 남편이 스스로 나쁜 사람이 되어 간다고 느끼지 않게 배려해 주도록 부탁하였다. 쉽지 않겠지만 태중의 두 아이와 함께 하니 잘해 낼 수 있을 거라고 격려해 주었다.

지금은 쌍둥이 엄마가 되어 가끔 불평도 하면서 열심히 살아가는 그녀의 예쁜 모습을 그려 본다. 그들 부부의 성장을 빈다.

☕ 외로운 환경이 비슷해 서로 잘 통하다

그와 유사한 또 하나의 사례가 있었다. 구정 연휴가 지나고 새 봄을 재촉하듯 이슬비가 촉촉이 내리던 늦은 오후, 개별로 부부 상담을 신청했던 아내는 처음부터 울분을 토로하며 눈물을 흘렸다. 다음은 그녀의 이야기를 요약한 것이다.

남편이 직장 동료 여직원과 카톡에 사진을 주고받으며 즐겁게 노닥거리는 것은 외도와 마찬가지 아닌가? 나는 이런 꼴을 보면서 못 참겠으니 차라리 헤어지자고 하였다. 나는 성관계를 하는 것보다 두 사람의 감정이 얼마나 가깝고 서로 얼마나 잘 통하는가가 훨씬 중요하다.

이런 식으로 나를 배신할 줄은 몰랐다. 내게 어떻게 이런 일이 생기나? 이렇게 되려고 결혼한 건 아니었는데, 이런 일을 겪어도 살아야 할지 모르겠다. 차라리 죽고 싶다. 밤에 혼자 있을 때는 남편을 죽여 버리고 싶다는 생각이 든다. 나도 내가 어떻게 될지 모르겠다. 그녀는 떨리는 목소리로 불안하고 두렵다고 하였다.

탁자 위에 팔꿈치를 고이고 두 손으로 얼굴을 감싼 채 그녀는 펑펑 울었다. 무척 억울하고 분해했다. 40대 후반의 아내는 단발머리 스타일에 나이보다 젊어 보였고, 얼굴에는 가느다란 주름살이 있었지만 뒤에서 보면 날씬한 아가씨로 보일 정도로 세련된 모습이었다.

아내는 종합병원 간호보조사로 근무하던 26세 때 교회에서 처음 남편을 만났다고 했다. 그때 그녀는 주일학교 선생이고 남편은 학생이었는데 당시 고2로 8세 연하였다.

그녀는 중학교 때 어머니가 돌아가시고 아버지가 재혼한 후, 남동생은 외할머니가 데려갔고 고등학교 때부터 집에서 나와 혼자 자취하였다. 아버지가 학비를 대주고 반찬도 갖다 주어 큰 어려움은 없었으나 항상 외로웠다. 어머니와 사별한 데다 아버지와도 헤어진 것과 마찬가지니 물질적 지원이 뭐 그리 대단하랴. 그때 그녀에게는 아버지도 이 세상 사람이 아닌 거나 마찬가지였다고 했다.

어린 시절에 인생의 쓴맛을 본 그녀는 교회에 다니며 그리스도 신앙에 의탁하고 나름대로 학교생활을 충실하게 하였다. 얼른 자립하고 싶어 간호전문대를 나와 간호보조사로 일찍 취업하여 독립생활하기를 잘한 것 같다고 했다. 남편이 넘어져 다쳤다고 다리 수술하고 입원했을 때 그녀가 문병을 가서 친해졌다.

그때 그녀는 특별한 이유 없이 자신이 맡은 주일학교 학생이니까 문병 간 것인데, 그 후 그는 무척 고마워하며 그녀를 잘 따랐다고 했다. 교회 행사나 수련회를 갔을 때도 적극적으로 그녀를 도와주었다. 알고 보니 그도 자신과 마찬가지로 외로운 신세였다.

부모님이 이혼하고 아버지가 그를 조부모님 집으로 보냈다. 1년 전에 경비 일을 하던 할아버지가 돌아가셨고, 할머니는 건강이 매우 안 좋으시고, 생계가 어려워 정부보조금으로 생활하였다. 환경이 열악한 그가 너무 딱하여 그녀는 그를 불러 밥도 해 먹이고 가끔 티셔츠 같은 걸 사 주곤 하였다.

그가 군대에 갔을 때는 면회 가서 용돈도 주고 왔다. 그때는 그가 자신의 남편이 될 줄 꿈에도 몰랐다고, 사람 인연은 참 묘하다고 하면서 그녀는 어깨가 처지고 기운이 빠진 모습으로 힘없이 웃었다.

그녀의 이야기를 들으면서 나는 새어머니가 들어온 후 남동생을 외할머니가 데려갔다는 말이 떠올랐다. 남동생은 어떻게 지내는지 물어보니, 외할머니는 돌아가셨고 동생은 아버지와 외삼촌이 도와주어서 대학 졸업 후 취직도 하고, 결혼하여 편안히 지낸다고 하였다. 참 다행이라고 하면서 그녀가 빙그레 웃었다. 이 아내는 예전에 남편을 볼 때 동생 생각을 했던 게 아닐까?

나는 그녀에게 남편이 직장 동료라도 일대일로 카톡을 주고받는 것은 매우 불쾌하겠지만, 그것을 외도라고 한다면 남편은 물론 아내분도 힘들어서 감당하기 어려울 거라고 얘기해 주었다. 그녀는 수긍하면서 "남들은 그리 대수롭지 않게 생각하더라도 남편과 제가 약속한 거니까 약속은 꼭 지켜야 하는 거 아닌가요?"라고 물었다.

내가 그 말이 맞다고 하면서 어떤 약속인지 궁금하다고 하니, 그녀는 남편이 자기 외에는 다른 어떤 여자와도 사적인 관계를 갖지 않겠다고 단단히 약속했다고 하였다. 7년 전 임신 중에 태아를 자연유산한 후, 그 충격으로 두 사람만 똘똘 뭉쳐 이 험한 세상을 무사히 잘 살아가자고 맹세하였다는 것이다.

그때 나는 속으로 남들이 다 갖는 아이가 외롭기 짝이 없는 이들에게는 왜 주어지지 않았는지 정말 야속하고 안타까운 느낌이 들었다. 그러나 그 마음을 아내에게 나타낼 수는 없었다. 내가 아무리 안타까운들 그녀보다 더하겠는가? 나는 다음 주에 있을 남편 개별 상담에서 어떤 이유로 그 약속을 어긴 것인지 알아보겠다고 하면서 그녀를 위로하였다. 그리고 이 부부가 결혼하기까지 어떤 과정이 있었는지 물어보았다.

남편이 군에서 제대할 무렵 할머니가 돌아가셨고, 그녀는 서울의 큰 대학병원으로 일자리를 옮겼는데 일이 너무 바빠 한동안 만나지 못했다. 바쁘기도 했지만 그때는 연인 사이가 아니었다. 이후 그가 전문대를 졸업하고 공무원 시험 준비를 위해 학원 다니려고 서울로 올라오면서 제대로 데이트를 하게 되었다. 그가 쪽방에서 지내는 게 고생스러워 보여 그녀의 원룸 자취방에 드나들게 하다가 동거를 시작하였다. 그가 공무원 시험에 두 번 떨어지고 세 번째에 합격한 후 결혼했다고 하였다.

남편의 어떤 점이 좋아서 결혼했는지 물으니, 그녀는 다소 놀란 기색으로 그런 걸 별로 생각해 본 적이 없다고 하였다. 결혼이란 걸 좋아하지도 않았고 행복한 결혼 생활 같은 건 자기와는 거리가 먼 다른 세상 일로 보였다고 하였다. 이성에 대한 관심도 없었는데, 그와 동거를 하다 보니 자연스럽게 결혼으로 귀결된 것이 아닐까라고 하였다.

환경이 비슷해서인지 서로 잘 통하고 두 사람이 그냥 편안하게 어울리는 점이 좋았던 것 같았다. 그런데 이제 보니 자기는 곧 50인데 남편은 남자로서 한참 좋은 시절이고 자상한 성격이라 직장에서 인기가 높아 신경이 쓰인다. 그때 나는 아내분도 나이보다 훨씬 어려 보이고, 참한 인상이라 인기를 끌 것 같다고 지지, 격려하면서 특히 두 사람만이 함께 공유하는, 가장 어려운 시기를 둘이서 감당해 온 역사가 있지 않느냐고 하였다. 그녀가 감동적인 표정을 보이며 고개를 끄덕였을 때 나는 한시름 놓이는 기분이 들었다.

☕ 슬프고 우울한 감정에 나약한 남편

그녀의 남편이 처음 상담실에 왔을 때 나는 깜짝 놀랐다. 두 사람이 매우 닮아서 남매라고 해도 믿을 것 같았다. 그래서인지 이들이 헤어질 일은 없을 것 같은 느낌이 들어 안심이 되었다. 아내 입장에서는 매우 심각하지만 이 남편은 고칠 수 있는 수준일 거고, 이들에게는 함께 공유한 내력이 유의미할 것이며, 두 사람의 호흡이 아주 잘 맞을 것 같았다.

남편은 다소 수줍어하면서 얘기를 꺼냈다. 아내는 내가 자기보다 젊어서 성적 호기심과 욕구가 많을 거라고 걱정하지만, 사실은 그렇지 않다. 이런 얘기를 여러 번 했는데도 아내는 믿지 않고 나를 의심한다. 예전에 아내는 나에게 천사였다. 나를 먹여 주고 입혀 주고 재워 주었다. 아내가 고3 때 등록금을 내 주어 졸업할 수 있었고, 그 후에도 많은 도움을 주었는데 마치 부모 같았다. 그런데 "내가 어떻게 아내를 배신할 수 있겠어요?"라고 하였다.

내가 두 사람이 만나서 함께 고생했고 결혼까지 했으니 참 잘되었다고 하면서, 아내의 의심이 사실과 다르다는 게 무슨 얘기인지 물었다. 성관계 부분에서 그는 다른 남자들과 달리 무슨 성적 자극이나 유혹에 끌리지 않는다. 정말 이상한 게 상대가 우울하고 상처받아 울며 불쌍하게 보일 때 마음이 동하여 상대를 안고 싶어진다고 했다.

나는 그런 장면에서 어떤 느낌이 들어 마음이 동하는지 물어보았다. 아내가 성관계보다 남편의 카톡 왕래를 더 경계하는 이유를 알 것 같았다. 남편은 잠깐 침묵을 지키다가 난처한 표정으로 말했다.

"글쎄요. 안되어 보이고 불쌍하고, 그래서 슬픈 마음에 상대가 매우 친숙한 사람처럼 느껴져 다가가는 것 같아요. 어린 시절의 기억이 떠오르고요."

"어린 시절이 떠오르는 건 자신의 고달프고 슬펐던 감정이 되살아나는 것이겠지요? 그리고 그런 느낌을 보여 주는 사람이 자신과 허물없이 친밀하다는 생각이 들어 함께 어울리고 싶고…."

내가 이렇게 얘기하자, 그는 아무 대답 없이 잠자코 듣고만 있다가 말하였다.

"혹시 제가 그랬을까요?"

나는 남편이 슬픈 분위기에서 마음이 동하여 성행위로 이어지는 것에 대해, 아내도 그런 점을 잘 이해하는 편이라서 두 사람이 커플로 어울리고 결혼으로 골인한 것 같다고 얘기해 주었다. 남편은 골똘히 생각에 잠겨 있다가 아내도 자신과 같이 부모님과 일찍 헤어져 외로운 환경이 아주 비슷하게 닮았다고 했다. 그러면서 정말로 아내가 헤어지려고 하는지 물어보며, 자신은 절대로 이혼할 생각이 없다고 하였다.

나는 현재 아내가 남편에 대한 믿음이 손상되어 행복한 결혼 생활을 기대하기 어렵다고 생각하며 고민이 큰 것 같다고 얘기해 주었다. 그리고 남편에게 직장 동료와 카톡을 공유하는 것이 정말 아내와 약속을 어긴 것인지 물었다. 그는 당황하며 약속한 것은 맞지만 그 카톡 사진은 직장 외부 행사로 판소리마당을 열었는데, 그 사진을 찍은 동료가 보내준 것이라고 하였다.

공연 장면뿐만 아니라 그 여직원 인물 사진도 있어서 아내가 예민하게 생각하는데, 사진이 여러 장 한 번에 첨부되니까 그렇게 되었다고 설명하였다. 남편은 판소리는 돌아가신 할머니가 좋아하신 것이라 그걸 꼭 저장해 놓고 싶었다고 했다. 자신은 그날 바빠서 미처 사진 찍을 시간이 없었다는 것이다.

아내는 천사였는데, 몇 년 전부터 사감선생님처럼 규칙을 정하고 이래라 저래라 하면서 그를 구속하여 불편하다고 하였다. 나는 불편하여 어렵겠다고 하면서 천사가 사감선생님으로 변했다면 무슨 이유가 있겠다고 말했다.

그는 아내가 아이 유산으로 충격을 받았는데 나이로 봐서 이제 출산이 어렵다고 마음이 꽉꽉해졌다. 천지에 우리 부부 두 사람뿐이니 똘똘 뭉쳐서 정말 잘 살아야 한다는 말이 주문처럼 입에 붙었다고 하였다. 나는 아내의 소신을 이해하지만 너무 지나칠 경우 부작용이 생기지 않을까 걱정되었다.

그날 남편 개별 상담에서 여러 가지 일화를 듣게 되었다. 지방 소도시에서 만나 알게 된 두 사람이 아내가 직장을 서울로 옮겨 주거지가 바뀌고, 남편이 시험 준비를 위해 서울로 이주하고 아내와 동거하게 되었다. 그런데 남편이 대학 다닐 때 교제하던 상대와 정리하지 못한 것을 지금의 아내에게 들켜 몹시 혼나고 그 상대와 헤어졌다. 그때부터 아내의 의심이 생긴 것 같았다.

아내는 그때 그 여자만 알고 있으나 남편에게는 사실 두 명이 더 있었고 아내와도 한 번 헤어졌다가 다시 만났다고 했다. 나는 그가 결국 좋은 배우자를 만나 결혼하고 이제 안정된 생활을 하니 잘한 거라고 지지, 격려해 주면서 남편이 슬픈 여자에게 끌리는 이유를 면밀하게 파악하여 자기관리를 잘하면 된다고 얘기해 주었다.

그때 나는 앞으로 불쌍하고 상처받아 울며 슬퍼하는 여자에게 끌리는 마음을 스스로 통제하지 않으면, 그의 인생도 그렇게 불쌍하고 슬프게 전개될 수밖에 없다고 말해 주었다. 서로 끌리는 이성 관계에서는 나와 너의 감정이 왔다 갔다 하면서 공유되므로 슬픈 상대와 교제하면 그 슬픈 경험이 내 것이 되어, 자신도 슬픈 인생을 살아가게 된다고 설명해 주었다. 그러자 남편은 놀라는 표정을 지으며 "정말 몰랐어요. 조심해야 되겠네요."라고 하였다.

나는 지금 아내와 슬픈 감정을 공유하고 서로 끌리는 애착 관계에 있지만, 다행스럽게도 아내는 그런 감정과 자신의 삶을 분리하여 어떻게 살아가는 것이 유익한 건지를 잘 알고 잘 실행하는 사람이다. 그런 아내와 살아가면 실패하지 않고 분명히 성공할 것이라고 설명해 주었다.

가장 중요한 것은, 지금 아내가 좌절한 이유를 남편이 이해하고 똑같은 일이 생기지 않도록 노력하는 것이다. 남편은 카톡 공유가 모두 나쁜 게 아니니 아내가 그것을 분별해 주면 좋은데, 모두 수상한 거라고 의심하는 게 힘들다고 하였다. 자신은 구속받는 게 정말 싫다고 했다. 카톡 왕래하는 것은 아주 사소한 건데 아내가 왜 그리 싫어하는가 그 이유를 물으니 남편은 자기들 두 사람만 공유하는 공간에 남이 끼어드는 게 싫어서 그럴 거라고 하였다.

나는 그런 점도 있겠지만 남편분이 정서, 특히 슬프고 우울한 감정에 나약하여 다른 여자와 쉽게 이성 관계가 생길까 봐 그러는 것이라고 알려 주었다. 정서를 나누고 교류하는 것은 카톡으로도 충분히 할 수 있는 거니까, 아내분이 그것을 매우 심각하게 보는 것 같다. 남자들은 대부분 성적 자극이나 적극적인 유혹에 끌리지만, 남편분은 슬퍼하고 우울해하는 여자에게 넘어간다는 것을 아내분이 잘 알고 있을 거라고 이야기해 주었다. 그는 다시 놀라는 표정을 지으며 중요한 것을 가르쳐 주어서 정말 고맙다고 하였다.

☕ 도가 지나치면 역효과가 생긴다

그때로부터 2주 후, 종결 회기는 부부 합동 상담으로 진행하였다. 시차를 1주 더 두어 부부의 이해 증진을 위해 충분히 대화하고 타협하는 기회를 갖도록 한 것이다. 평온한 표정으로 아내는 나에게 선생님을 만난 것이 행운이었다고, 감사드린다고 하였다. 내가 감사하다니 참 기쁘다고 하면서 무엇을 행운이라고 하는지 물었다.

남편이 상담받은 이야기를 했는데, 내 마음에 있었으면서도 미처 깨닫지 못한 것을 선생님이 제 마음이 그럴 거라고 남편에게 얘기해 줬는데, 바로 그것이 우리가 앞으로 싸우지 않고 잘 살 수 있는 근거가 되었다고 했다. 그것이 무엇인지 짐작은 되었지만, 그들이 직접 그 내용을 언급하고 상기해야 효과를 볼 수 있기에 다시 물었다.

"참 중요한 것 같네요. 싸우지 않고 잘 살 수 있는 그 근거가 무엇인지 남편분이 구체적으로 얘기해 주시겠어요?"

남편은 겸연쩍은 듯 웃으며 말했다.

"제가 다른 남자들과 다르게 감정적인 부분에 약해서 상처받아 울며 슬퍼하는 여자에게 성적으로 끌린다고 말씀드리자, 바로 그 점이 아내가 다른 여자들과 그 어떤 소통도 하면 안 된다고 하는 이유일 거라고 알려 주셨죠. 그래서 아내가 카톡 공유를 반대한다고요."

제대로 잘 파악하고 있어 나도 역시 고맙다고 하면서, 이제 깨달았으니 두 사람이 서로 도와가며 잘 살 수 있다고 격려해 주었다. 나는 아내에게도 다음과 같이 부탁했다.

"두 사람이 아무리 굳게 약속했더라도 실수는 할 수 있는 거니까 너무 남편분을 구속하지 않으면 좋겠어요. 똘똘 뭉쳐서 잘 살아 보자는 생각으로 그렇게 하지만, 도가 지나치면 역효과가 생기니 항상 이 점을 기억하여 남편을 잘 배려하는 게 중요해요.

남편분은 조부모님 슬하에서 성장하여 매우 자유롭게 살아왔을 거예요. 손자에게 조부모님은 뭐든지 오냐 오냐 하면서 위해 줬을 테니 남편은 사소한 통제에도 구속이라고 느낄 거고요. 특히 중요한 것은 남성이 위축되거나 자유롭지 않다고 느끼면 성행위가 잘되지 않는다는 점이에요. 나는 아내분이 남편보다도 자기 자신을 위해서 남편을 존중하고 배려해 주기를 바라요."

이 말을 마치자마자 아내는 흐느껴 울면서 선생님은 어떻게 보지도 않고 그렇게 잘 아시냐고 물었다. 최근 1년이 넘도록 부부 사이에 성관계가 없었다. 자꾸 남편을 의심하게 되고 예민해져서 사소한 일도 트집을 잡았다. 남편이 직장에서 승진도 하고, 자신도 일자리가 안정되었고 작으나마 아파트도 장만하여 사는 데 부족함이 없건만 부부 사이가 삐거덕거려 최근에는 견디기 힘들었다고 하였다. 계속 눈물을 흘리며 아내는 "만약 남편이 딴 마음을 먹으면 내 인생은 그대로 파멸이에요. 죽음밖에 없어요!"라고 하였다.

이때 남편은, 아내에게 휴지를 쥐어 주고 그녀의 어깨를 감싸 안으며 "앞으로 믿음을 주기 위해 많이 노력할게. 흔들리지 말고 나를 믿어 줘요."라고 하였다. 울며 슬퍼하는 상대에게 끌려 안아 주고 싶은 느낌을 받는다던 남편의 말이 떠올라 나는 슬며시 웃음이 나왔다.

☕ 유사한 경험 세계를 가진 부부들의 함정

상담을 종결하면서 그들의 화해를 기뻐하며 웃던 순간도 잠시, 내 마음에 걸리는 것이 있었다. 천생연분이란 말처럼 그들은 잘 어울리는 한 쌍이었다. 나이 차이가 있을 뿐 취약한 아동기 경험과 외모가 닮아 있었다. 이런 환경은 그들이 성격, 습관 등 여러 면에서 서로 간의 이해를 높이도록 영향을 주었으리라. 그들은 길게 말하지 않더라도 상대를 너무 잘 알고 있을 것이다.

그러나 갈등 상황에서 다투게 되면 상대에 대해 너무 잘 이해하고 있기에, 타협을 이루었더라도 그(그녀)의 한계를 쉽사리 파악하여 섣부른 결정을 하는 위험이 생긴다. 남편이 직장 동료와 카톡을 주고받은 것을 단번에 외도라고 했던 아내의 판단이 이를 말해 준다.

특히 그녀는 남편이 딴마음을 먹으면 자신의 인생이 파멸이라고, 죽음밖에 없다고 하지 않는가? 이토록 성급하고 경직된 판단은 그들이 편안하게 걷던 잔디밭 길에서 갑자기 함정에 빠지는 위기를 만들 수도 있다. 나는 이런 이야기를 자상하고 알기 쉽게 들려주며 그들을 위로하고 격려하였다.

고기를 잡는 그물을 살펴보자. 그물눈이 너무 촘촘하면 아주 작은 송사리까지 잡히는데 실상 고기를 잡는 목적은 송사리를 잡고자 하는 것은 아닐 것이다. 먹음직한 큰 고기를 잡으려면 그물눈이 큰 것이 이롭지 않을까? 나는 그들에게 크고 넉넉한 마음을 갖고 앞날을 장기적으로 길게 보면 좋겠다고 얘기해 주었다.

부디 그녀가 남편을 구속하지 말고 너그러운 태도로 배려하여 부부가 오래도록 행복하기를 빌었다. 앞날에 좋은 일만 있기를 바라며 그들을 보내는 내 마음이 한결 가볍고 후련하였다.

나는 정말
결혼 잘했네

애정 성숙의 과정

••••

　장경동 목사님이 자신의 사례를 인용하여 결혼 생활의 축복에 대해 설교한 동영상을 보면서 부부 상담 일을 하는 나의 소신과 맥락이 같아 감동을 받았다. 장 목사님은 일반인들과 별반 다름없이 목사 부부도 부부싸움을 하는데 늘 자신이 이긴다고 했다. 경우가 옳고 의견에 하자가 없으며 기승전결 식의 주장을 제대로 설명하니, 아내분이 자신을 이길 수가 없다고 기쁘고 자랑스러운 표정으로 얘기하였다.

　늘 이런 식으로 살아가면서 장 목사님이 만족스럽고 의기양양하게 직책을 수행하며 아무런 불편 없이 지냈다고 한다. 그러던 어느 날, 장 목사님은 사모님에게 뜻밖의 이야기를 듣고는 충격을 받았고, 진심으로 반성하며 아내에게 용서를 빌었다고 한다. 갑자기 목사님의 음성이 조용하고 차분한 톤으로 바뀌며 사모님이 한 말을 전했다.

　"그동안 우리가 다툴 때마다 당신이 이기고 내가 진 것은 내가 당신을 이기는 것보다 지는 것이 마음이 더 편안하고 내가 그렇게 살기를 원했기 때문이었어요. 내 의견을 포기하고서라도 당신을 거스르지 않고 존중해서 내가 당신의 편이 되어 주고 싶었지요. 가장 가까이에 있는 내가 당신을 감싸 주지 않는다면 당신이 얼마나 힘들겠어요?"

그 말을 들은 이후로 장 목사님은 사모님에게 무조건 순종한다고 했다. 그렇게 하다 보니 대인 관계에서 한층 겸손해지고 일상적인 사소함으로부터 벗어나게 되어 너그럽고 여유롭게 살아가는 자신을 발견하게 되었다며 너털웃음을 지었다. 이제껏 누려 왔던 자신의 우월감과 당당함의 근거가 자신으로 인한 것이 아니라, 실은 아내가 자신을 위해 배려해 준 것 때문이었다는 것을 알고 나서부터 목사님은 아내의 사랑을 더욱 절실하게 느끼게 되었다고 한다.

헌신하면 상대의 사랑이 나에게 되돌아와 나를 행복하게 만든다

장 목사님은 웃으면서 그때 이후 생긴 일화 한 가지를 소개하였다. 누님이 서울에서 진행하는 딸 결혼식 주례를 목사님에게 부탁하였다. 그날 대전의 선약 때문에 어렵다고 하였으나 누님은 한사코 동생이 꼭 해 주어야 한다고 하여 목사님은 조카의 결혼식 주례를 맡기로 하였다.

바쁜 가운데 대전 일정은 좀 늦추고, 가족사진을 결혼식 전에 미리 촬영하는 것으로 시간을 앞당겨 배정하였다. 시간이 촉박하여 서둘러 움직였는데 서울행 기차 안에서 갑자기 사모님이 조카의 결혼 축의금을 챙겨 오지 않았다고 안절부절못하면서 목사님에게 "어떻게 하면 좋아요?"라고 하소연하였다.

그래서 장 목사님이 "내버려 둬, 괜찮아. 내가 누님한테 원체 바쁘게 오느라 빠트렸으니 입금한다고 계좌번호 물어보면 돼, 걱정하지 마!"라고 말했다고 한다. 그러자 사모님이 눈물을 글썽이며 "나는 정말 결혼 잘했네!"라는 말을 여러 번 반복하며 감탄했다고 한다.

이 얘기를 하면서 목사님은 이전에 사모님이 목사님에게 지는 것이 자신의 소망이며 목사님의 편이 되어 주고 싶다고 했던 말을 들은 이후로 아내에 대한 사랑이 깊어져 더욱 아내를 소중히 여기고 위해 주게 되었다. 그러니 그리하는 게 당연하지 않았겠냐고 하였다.

그러면서 크게 너털웃음을 웃으며 예전 같았으면 내심 좋은 건수 하나 잡았다는 배짱으로 아내에게 "주례 서기에도 바쁜데 나는 모르겠으니 당신이 알아서 대책을 세워라. 그런 것은 안사람이 준비하고 챙겨야지 어찌 그걸 까먹을 수가 있냐?"고 한참 호통 쳤을 것이라고 하였다.

여기서 목사님이 예전에 사모님을 대하던 태도와, 사모님이 목사님의 편이 되고자 의식적으로 목사님에게 져 주었다는 것을 알게 된 이후 사모님을 대하는 태도의 차이가 주는 의미가 무엇인지 생각해 볼 만하다.

"아내가 나를 아끼고 존중하는데 내가 어찌 아내를 사랑하지 않을 수 있겠는가?"라는 말은 많은 것을 시사해 준다. 두 배우자 중 누구라도 먼저 상대를 귀하게 여기며 존중하여 그 상대가 이를 체험하게 된다면, 상호간의 믿음이 깊어져 배우자를 사랑하게 되는 것이 자연스러워진다.

일생을 함께 살아가는 부부 관계에서 배우자의 사랑을 확신하는 것이야말로 삶의 잡다한 경험을 성공적으로 수행하게 만드는 밑거름이 아닐까? 상대를 존중하며 사랑하는 과정이 그 사모님과 같은 헌신을 필요로

하지만, 그 헌신으로 말미암아 결국은 상대의 사랑이 나에게 되돌아와 나를 행복하게 만든다. 놀랍지 않은가? 상대를 위한 노력이 결국 나를 위한 것이 되다니, 부부 관계는 신비롭다.

상담 현장에서 내가 만났던 부부들의 대화에서 승자는 대부분 아내였다. 말싸움에서 아내를 이기는 남편 그리고 남편에게 지는 아내는 거의 없으니 말이다. 이러한 모습은 여러 연구 결과에서도, 정서 표현과 소통 기능에서 남자는 여자에게 뒤지는 것으로 나타났다. 이는 남자들은 목표와 과업 성취를, 여자들은 관계와 정서 소통을 지향하며, 이런 방향으로 학습하고 길러지기 때문으로 보인다.

이에 비추어 볼 때 장 목사님 부부는 예외적이다. 그런데 사실은 그 사모님이 남편을 소중히 여기며 지극히 사랑하기에 의도적으로 져 주는 모습에서 여실히 드러난다. "내 의견을 포기하고서라도 당신을 거스르지 않고 존중해서 내가 당신의 편이 되어 주고 싶었지요."라는 표현에는 남편에 대한 사랑을 실행하기 위한 아내의 노력이 절절히 녹아 있어 진한 감동이 느껴진다.

결국 사모님의 사랑이 부부 모두의 사랑으로 전이되고 선순환되어 더욱 진솔한 수행을 하도록 부부를 성숙시켰고, 나아가 그 가정의 행복을 공고히 해 주었으리라. 이런 견고한 사랑의 토대 위에서 그분들은 그 사랑 경험을 다른 사람들에게도 나누어 줄 힘이 생겼을 것이다. 일상적인 사소함에서 벗어나 한층 너그럽고 여유로워졌다고 얘기한 장 목사님의 모습은 타인과의 관계 안에서도 그대로 반영될 것이다. 목회에 전념하는 목사님에게 좋은 아내분이 곁을 지켜 주고 있으니 정말 훌륭하고 아름답다. 장 목사님의 더 큰 성공이 기대된다.

준 만큼 받고자 하는 시도가 갈등을 일으킨다

부부 생활에서 이기고 지는 승패의 개념이 좋지 않은 것을 알면서도 우리는 이 생각을 벗어나기 어렵다. 부부 관계에는 다툼과 겨루기가 발생되니 배우자에게 져 주고 헌신을 베푸는 사람은 필경 상대를 더 많이 사랑하는 사람일 것이다. 삶과 사랑 그리고 사람은 서로 연결되어 이어진다는 말이 있다. 그런 맥락에서 본다면 상대를 더 많이 사랑하는 배우자는 열정적으로 자신의 삶을 사랑하는 사람이리라. 사람들은 자신을 사랑하고 자신의 인생을 사랑하여 성공적인 삶을 살고자 하며, 그런 과정을 통하여 행복을 만든다.

나의 것을 주장하기보다는 힘들게 어려움을 감당하더라도 상대의 편이 되어 위로와 용기를 보내고 상대를 편안하게 해 주려는 배우자의 배려는 사랑 그 이상의 것이 아닐까? 에로스, 아가페 등 사랑을 여러 각도에서 조망한 명칭들이 있는데, 부부간의 사랑만큼 실행하기 어려운 명제는 없을 것이다. 서로 부대끼며 일상생활을 지속하는 관계에서 추상적인 말만으로는 사랑을 표현할 수 없다. 자신의 어떤 것을 나누어 주거나 포기하거나 하는 실제 활동이 필요하기 때문이다.

간혹 내가 준 만큼 받고자 하는 시도가 갈등을 일으키기도 한다. 주고

받는 상호 교류에 어떤 제동이 걸려 어느 한쪽이나 부부 모두에게 불만을 유발한다. 또한 배우자의 원가족, 자녀, 직장, 성관계, 금전 등 여러 변수의 영향을 외면하기도 어렵다. 더욱이 부부간의 주고받음에는 상대의 애정이 개입된다고 여기므로 그것을 저울질하게 된다. 이 상호 작용에서의 상대는 배우자 한 사람만이기에 타인으로부터의 도움을 기대할 수 없으므로 제한적이어서 더 복잡하고 어렵다.

그러므로 부부간에 주고받는 애정의 산물에는 즉각적으로 돌려받고자 하지 않는 순수한 마음과 헌신이 필요하며, 이를 통하여 적응적 관계가 견고해진다. 나아가 상대에게 주었으나 결국은 나에게로 되돌아오는 긍정적 경험이 나와 너를 성숙시키고 모두를 성공으로 이끌어 준다.

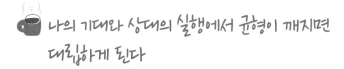

나의 기대와 상대의 실행에서 균형이 깨지면 대립하게 된다

결혼 전에 연인들은 서로 사랑한다는 말을 많이 한다. 이때 그들의 내면에는 사랑받고 싶은 무의식적 욕구가 담겨 있다. 사랑한다는 말을 들은 사람은 상대가 나를 사랑한다고 했으니까, 그가 나에게 잘해 주리라는 기대를 갖는다. 마음이든 물질이든 상대가 나에게 어떤 이득을 주리라는 상상을 한다. 그리고 먼저 사랑한다는 말을 건넸던 사람도 상대가 거절하지 않고 사랑의 언어를 주고받은 것은 나를 사랑한다는 표시이므로 나에게 뭔가를 베풀어 주리라고 소망한다.

'내 사랑을 받아 주었으니 그도 나를 사랑해 주겠지.'

이처럼 사랑한다는 말을 한 사람이나 들은 사람 모두 상대로부터 어떤 이득을 받게 되리라는 막연한 기대가 생긴다. 두 사람의 교제가 지속되면서 이들은 상대의 장점에 매료되고 그 느낌은 더 큰 호감으로 증폭된다. 이 시기에 나타나는 상대의 약점까지도 '결혼하면 좋아지겠지.'라고 생각했다는 부부가 의외로 많다. 서로 좋은 면만 보여 주는 상호 작용 안에서 이들은 점점 더 상대의 사랑을 확신하며, 상대로부터 좋은 것을 받게 되리라는 믿음을 가진다. 마침내 사랑의 맹세를 하고 결혼에 골인하면서 두 남녀는 무지갯빛 행복을 꿈꾼다.

일상생활의 과제가 주어지지 않는 연애 시절에는 서로 상대를 사랑한다는 이유만으로도, 즉 말만으로도 사랑에 대한 욕구가 충족된다. 그러나 결혼은 현실 생활이기에 배우자에 대한 욕구의 충족은 사랑을 실행에 옮길 때 이루어진다. 바로 이런 현상이 연애와 결혼이 다르다는 것을 말해 준다.

결혼은 배우자 두 사람의 삶이 병합된 하나의 시스템 안에서 전개되므로 그 안의 역할 수행에서 갈등과 다툼을 피할 수 없다. 서로 좋은 면만을 보여 주며 약점은 숨겨 왔던 결혼 전의 모습과 달리 현실의 일상에서 그들은 자신과 상대의 적나라한 모습에 직면하여 이상과 현실의 엄중한 차이에 실망하게 된다. 이와 같이 당면하게 되는 갈등과 다툼에 대해 자세히 살펴보자.

결혼 초기 갈등의 시작은 두 사람 사이의 다양한 차이에서 나타난다.

오랫동안 당사자에게 익숙한 언어, 표현, 의견, 습관, 행동이 배우자에게는 생소함으로 인식된다. 이것이 스트레스 상황에서 상대에게 불편함으로 전달될 때 서로 배우자가 변화하여 나를 편안하게 해 주기를 바란다. 이 바람은 정도가 다를 뿐 두 사람 모두에게 같다. 사랑한다고 약속했으니 나를 편안하고 행복하게 해 주어야 하는 것 아니냐라는 불평이 드러나는 것이다.

또한 어떤 과제 수행에서 어려운 일은 상대가, 쉬운 일은 내가 하기를 바란다. 물론 상반된 경우도 있지만, 이는 일시적일 수는 있으나 지속되는 것은 어려우며 바람직하지도 않다. 결국 어려운 일과 쉬운 일의 균형을 맞추는 것이 이상적인데, 이것이 제대로 이루어지지 않고 어느 한쪽으로 부담이 쏠린다면 다툼이 심각해진다.

결국 이런 다툼이 지속되면서 부부 관계의 스트레스가 커지고, 이를 감당하기 어려워지는 순간 나를 사랑하지 않는다고 상대를 원망하며 질책하게 된다. 이런 경우 상대의 원망을 듣는 배우자의 느낌은 어떨까? 먼저 질책하는 상대와 다름없이 '나도 힘든 건 마찬가지야. 당신이 좀 잘 하지. 왜 나한테 뭐라고 해?'라고 생각한다. 상대로부터 사랑하지 않는다는 질책을 받은 배우자는 억울하다고 생각한다. 이런 상황이 만성화된다면 서로 간의 오해와 왜곡이 쌓이고, 이윽고 대화와 성관계를 회피한다.

(거의 모든 사람이 그러겠지만) 사랑한다고 말하면서 사랑받고 싶은 욕구를 느끼는 사람은 "사랑한다."고 하기보다는 "사랑해 주세요."라고 하는 편이 낫다. 상대가 사랑한다는 말을 하지만 실행이 뒤따르지 않으면,

혹은 상대도 역시 사랑해 달라는 기대를 담아 "나도 당신을 사랑해."라고 말하는 것이라면 어떻게 되겠는가? 기대만큼 충족되지 않고 나의 기대와 상대의 실행에서 균형이 깨지면 서로 받고자 하는 욕구는 상충되어 대립으로 나타난다.

이와 같은 대립이 지속되면 배우자들의 마음속에는 자신이 준 것보다는 조금이라도 더 받아야 상대가 나를 사랑한다고 안심할 수 있겠다는 신념이 생긴다. 상대가 나의 기대를 충족시켜 주지 않음은 나를 사랑하지 않기 때문이라는 불안이 부정적 신념을 더욱 부채질하고, 불안은 불신을 점점 확대시킨다. 과제만 다를 뿐 부부 갈등의 내면에는 이러한 불신이 작용하며, 적절하게 충족되지 않은 채 어떤 위기 상황에 당면한다면 불신과 갈등은 더 커질 수밖에 없다.

☕ 위기 상황을 경험하지 않는 부부는 없다

일생을 함께 살아가는 동안 위기 상황을 경험하지 않는 부부는 없다. 육아, 가족 관계, 건강, 실직, 경제 파탄, 사건·사고, 애정 문제 등 우리 주변에는 여러 가지 어려움이 도사리고 있다. 위기에 당면한 부부들은 그것을 해결하기 위해 노력한다.

그러나 신뢰가 부족한 상태에서 위기에 부딪힌다면(부부 관계가 불신에 물들어 있을 때 문제가 생기거나 더 커진다.), 해결을 위한 부부의 노력은 효과를 거두지 못하고 갈등이 확대되며, 서로를 원망하고 그 탓을 상대에게 돌리는 것으로 문제를 해결하려고 한다. 이렇게 되면 해결은 뒷전이고 보다 중요한 문제, 즉 '과연 당신이 나를 사랑하는가?' 하는 근원적인 주제로 초점이 바뀌고, 위기 상황에서 오는 부담과 사랑을 테마로 한 대립과 충돌은 부부를 더 큰 위기로 몰아간다.

사람들은 되돌려 받을 수 있다는 확신이 서면 주는 것을 망설이지 않는다. 그러나 대립되는 상황에 몰리면 부부가 자신의 사랑을 되돌려 받지 못할 것 같은 불안에 시달리며 다툰다. 자신의 모든 것을 걸고 다투는 부부도 있다. 이런 점에서 본다면 그들의 사랑은 그야말로 최첨단의 비즈니스이다. 타인에게는 양보해도 부부 사이에서는 양보하지 못하는 것은 바로 이런 이유 때문이 아닐까?

결혼 생활에서 부부는 다양한 과제에 당면하고 그 수행 과정에서 감정, 생각, 행동 등이 자신의 의지와 다르게 나타나는 경험을 하게 된다. 머리로는 알고 있지만 가슴에서는 받아들여지지 않는다고 하면서, 갈등 해결에 접근하고자 하는 생각과 행동의 불일치를 호소한다. 잘해 보려고 노력하지만 잘 안 된다는 것이다.

상대가 먼저 해 준다면 나도 할 수 있겠다는 배우자가 많다. 내가 먼저 노력할 경우 상대가 호응하지 않거나 결과가 흡족하지 않을 것이라고 예단하며, 불리한 결과가 생길 것을 미리 두려워한다. 이러한 불안이나 두려움을 얘기하는 것이 자존심이 상한다고 느끼는 배우자는 결코 손해 보는 행위는 하지 않겠다고 한다. 그러면 결과는 어떻게 될까?

상담 현장에서 만나는 대부분의 내담자는 과거사의 고통에서 벗어나지 못하는 모습을 보인다. 수십 년 전에 배우자로부터 상처받은 일을 여전히 기억하며 불평하고 비난한다. 과거 속에서 살아가기에 현재를 경험하지 못하는데 과연 그 사람에게 새로운 미래가 올 수 있을까 염려된다.

부부 관계 스트레스, 배우자 가족 간 갈등, 그리고 자신의 원가족 관계에서 미해결된 감정이나 문제 등 여러 경로를 통해 누적된 어려움이 발목을 붙잡고 있다. "순간에 살라."는 법정스님의 말씀이 떠오른다. 그 말씀의 의미는 과거를 벗어나 현재에 집중하라는 것 아닐까?

죽은 사람의 영혼과 살아 있는 사람의 소통을 도와주는 영매 일을 하는 심령술사 들은 이 세상에서 행복했던 사람이 저세상에서도 잘 지낸다고 한다. 이런 기준에서 본다면 아동기, 청소년기, 성인기 등 인생 여정에서 어떤 시점의 행복이나 불행이 그 이후에도 지속된다는 말 아닌가?

만약 어떤 불행이 끝나고 행복해지기를 원한다면 그 시점의 불행을 단호하게 끊어야 할 것이다. 그런데 부부 관계에서의 행복은 나 혼자가 아니라 네가 있기에, 혹은 너의 잘못이 있으므로 네가 노력하여 내가 편안해지고 싶다는 주장을 한다. 특히 네가 나를 사랑해 준다고 약속했으므로…. 이는 적당한 수준에서는 가능하지만 한계에 부딪히면 문제를 일으킨다. 결국 배우자 각자의 소신과 삶을 살아가는 태도와 인생에 대한 열정이 중요하다.

부부는 상대방을 성장시키는 귀한 존재다

나는 결혼 초기의 부부들에게 다음과 같은 이야기를 강조한다.

부부 관계는 하나의 시스템이어서 행불행이 당사자 한 사람만의 것이 될 수 없고 두 사람 모두에게 번진다. 마치 스펀지가 물을 흡수하듯이 스며든다. 부적응 관계가 굳어지기 전에 신속한 갈등 해결이 중요하다.

부적응 관계가 되면 상대가 약속한 대로 먼저 사랑을 베풀어 주어야 자신도 상대에게 사랑을 보여 주겠노라며 완고한 태도를 보인다. 상대의 실수나 잘못을 부분으로 판단하지 않고 그 사람 전체의 것으로 평가한다. 아마도 과거 고통의 잔재가 현재의 스트레스를 더 크게 확장시키는 것 같다. 마치 이스트가 빵을 부풀리듯이….

자신의 배우자가 연애 시절과 같지 않고 달라졌다는 느낌이 들면서 부부 생활에 회의가 생길 때, 서로 대화가 원활하지 않고 상대의 마음이 닫혀 있다고 의심하게 될 때, 그리고 이런 느낌과 생각들이 두 사람의 거리를 고정시키고 평행선을 만든다고 느낄 때, 특히 부부 생활에서 어떤 위기에 부딪힐 때 배우자는 의문을 가지고 당황하게 된다. 그런데 노력은 바로 이러한 의문에서 시작하게 된다. 만약 이 노력이 성과를 거둔다면 이는 걸림돌이 디딤돌로 변화되는 것이리라.

정신분석학자 에리히 프롬이 말했다.

"만약 어떤 여인이 자기는 꽃을 사랑한다고 말하면서도 물 주기를 잊고 있다면 나는 그녀의 꽃에 대한 애정을 의심하게 된다. 사랑이란 자기가 사랑하고 있는 대상의 생명이나 성장에 대한 배려를 행동으로 표현하는 것이다."

내가 좋아하는 '애지욕기생(愛之欲其生, 사랑이란 사랑하는 대상을 살도록 해 주는 것)'이라는『논어』의 구절과 상통하여 반갑다. 부부 상담 일을 오래 하면서 이 구절이 진실임을 체험한다.

부부 관계 안에서 사랑은 말로 되는 것이 아니며 수행을 통하여 상대에게 자신의 사랑을 경험하도록 할 때 비로소 이루어진다는 점을 확인한다. 또한 이 과정에서 자신과 더불어 상대의 인성까지도 성숙하게 발달함을 알 수 있다. 배우자 두 사람이 사랑으로 만나 기쁘고 슬프며, 행복하고 곤란해하며, 그러다가 기어코 서로 편안하게 되는 과정에서 부부가 인간적으로 성숙해진다는 사실이 놀랍기만 하다. 부부는 서로 상대방을 성장시키는 귀한 존재이다.

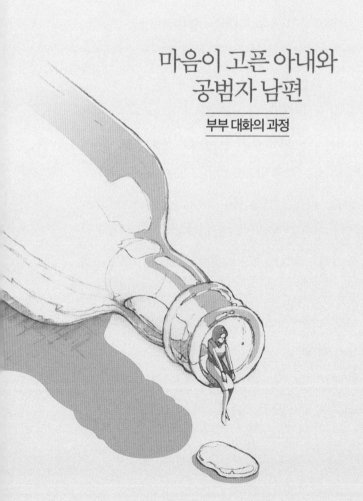

마음이 고픈 아내와
공범자 남편

부부 대화의 과정

••••

상담 현장에서 부부 다툼의 다양한 모습을 보면 제로섬 게임이라는 말이 떠오른다. 제로섬 게임이란 게임에 참가하는 두 사람 중 승자가 얻는 이득과 패자가 잃는 손실의 합이 0(zero)이 되는 경제 개념으로 내가 10을 얻으면 상대가 10을 잃고, 상대가 10을 얻으면 내가 10을 잃게 된다. 즉 내가 얻는 만큼 상대가 잃고 상대가 잃는 만큼 내가 얻는다는 것이다.

갈등 부부들은 마치 이 제로섬 게임과 같이 내가 져서 잃는 만큼 상대가 나를 이기고 많은 것을 얻게 되어 결국 자신이 회복 불가능한 패자가 된다는 불안을 갖고 있다. 이는 부부 관계를 대결 구도로 이끌어 간다.

그런데 부부가 대화를 나누며 갈등을 풀고자 타협에 접근할 때 소득 없이 손실만을 가져온다면, 결국 제로섬 게임보다도 못한 마이너스에 빠지는 것 아닌가? 혹을 떼려고 하다가 혹을 키우는 격이어서 안타깝기 짝이 없다. 부부가 당면한 문제는 각양각색으로 다르지만 효과적인 대화가 어렵다는 점에서는 공통적이어서 원만한 부부 대화의 중요성은 아무리 강조해도 지나침이 없을 것이다.

간혹 부부 중 한 배우자가 대화에서 만족을 느꼈을지라도 상대방이 불만을 해소하지 못하고 계속 담아 두고 있다면, 그것이 갈등의 빌미가 되어 또 다른 국면에서 다툼을 일으켜 결국은 모두에게 손실을 가져오는 패-패 상황이 된다. 부부 갈등의 주제가 이미 해답을 전제하는 경우에는 어느 한쪽이 잃는 만큼 상대가 얻을 수도 있지만, 또 다른 변수의 영향으로 다투는 장면이 발생되기에 대화의 장은 파탄으로 치닫게 된다.

위기를 느꼈을 때 한 배우자가 자기 나름으로는 양보하기 위해 다가가지만 상대가 호응하지 않으면 자신의 의견을 수긍하지 않는 점에 대해 섭섭해하다가 결국에는 상대를 원망하고 상대의 애정을 의심한다. 나에게 어떻게 이럴 수가 있는가? 이제껏 헛 살아왔네. 내가 그(그녀)를 위해 얼마나 많이 기여했는데…. 이 정도로 하찮은 일을 받아들이는 게 그다지도 어렵다는 말인가? 나는 엄청나게 더 어려운 일도 해 주었는데…. 그냥 받아 주지 않고 끝내 거부하는 상대를 원망하면서 이 스트레스가 해소되지 않으면 결혼 생활을 후회하며 좌절에 빠진다.

이러한 생각은 입장 차이가 있지만 두 배우자 모두에게서 유사하게 나타난다. 일반적으로 내가 준 것은 커 보이고 내가 받은 것은 더 작아 보인다. 이런 모습은 친밀한 관계에서 더욱 두드러진다. 서로 주고받는 상호 관계의 끈끈한 인연 때문일까? 오로지 배우자만이 해 줄 수 있다는 절박함이 이를 더욱 심각하게 만든다.

사소한 다툼이 상대에 대한 원망을 북돋우는 상태가 되면 타협하고자 했던 핵심은 멀어지고 나에 대한 상대의 애정으로 초점이 바뀐다. "진정으로 나를 사랑한다면 이토록 냉대하지 않을 텐데, 지금 당신이 나를 무시하는 것 아니냐?", "이렇게 나를 홀대할 줄은 몰랐다."는 말이 나오는 것은 이런 이유 때문이다. 대화의 초점이 타협보다는 더욱 근본적 관심 주제인 애정과 신뢰로 탈바꿈하는 것은 자연스럽고 당연하다.

이즈음이 되면 갈등이나 문제의 해결은 뒤로 밀려나고 그 부작용이 기존의 문제를 더 키우거나 또 다른 문제를 일으킨다.

"어쨌거나 잘해 보려고 큰맘 먹고 얘기를 꺼낸 것인데 해 보니까 전혀 안 통하네."

이런 느낌이 자존심에 상처를 주고 좌절을 증폭시킨다. 그리고 속히 수습되지 않을 때 부부 갈등은 만성화되며 관계는 평행선으로 간다.

여기에 하나의 함정이 있다. 앞에서 언급한 '한 배우자가 자기 나름으로는 양보하기 위해 다가가지만 상대가 호응하지 않으면'에서 호응하지 않았던 배우자 역시 상대가 다가오기를 기대하면서도, 예컨대 '아직은 화해할 때가 아니야. 머지않아 그런 일이 또 생길 거니까 그 정도의 양보로 해결하면 안 돼. 한 번 혼을 내 줘야지.' 등의 이유로 상대의 눈치를 본다는 것이다. 그런데 배우자는 이런 속내를 알아차리지 못하고 서둘러 판단한다.

나는 상담 의뢰인들에게 "갈등을 묵히지 말고 속히 풀어 봅시다. 빠를수록 좋아요."라고 입버릇처럼 말한다. 만성화되기 전에 해결하면 작은 노력으로 신속하게 효과를 거두는 것은 바로 그런 점 때문이다. 이런 상황에서는 두 사람 중 누구라도 먼저, 화를 내지 않고 부드럽게 "당신이 나를 사랑하니까 그 힘으로 조금만 양보해 달라."고 부탁하는 것이 좋을 텐데 하는 아쉬움을 자주 느낀다.

억울하거나 분노를 느낄 때 자신의 감정을 스스로 알아차리고 잠시 화를 멈춘 다음, 상처를 받아 슬프고 우울하다는 언어로 표현한다면 다툼이 줄어들지 않을까? 물론 이런 수행은 그리 쉽지 않고, 어느 정도의 인간적 성숙이 필요하다. 이런 관점에서 본다면 자기 자신에 대한 이해가 필요하기에 부부 문제는 1차적으로 배우자 개인의 문제라고 할 수 있다.

☕ 현상보다 본질에 초점을 맞춘다

부부 갈등을 일으키는 문제는 천차만별이지만 모든 문제에는 본질과 현상 2가지 차원이 있다. 부부 대화의 증진을 위해 부부 갈등을 유발하는 문제의 본질과 현상에 대해 살펴보자.

아이를 유치원에 보내기로 합의하고 사립 혹은 구립 어느 곳에 보낼까에 대해 의논하다가 부부가 타협하지 못하고 다투게 되었다. 본질은 아이의 성장을 위해 아이를 유치원에 보낸다는 것으로 이미 합의한 것이며, 어느 곳이 더 좋은지는 여러 가지 변수의 영향을 받는 현상이다. 단기적으로는 결과를 확인하기 어렵다.

시아버지의 갑작스런 심장 수술로 거금을 내놓아야 하는, 회피할 수 없는 상황은 본질이다. 큰 수술을 무사히 마치고 난 후, 아내는 오래전에 시어머니가 아들을 낳은 아랫동서를 편애하며 자신을 홀대했다고 남편에게 불평했는데 이것은 현상이다.

아내는 내조를 잘하여 시아버지의 수술비를 대는 큰 공을 세웠으니,

남편에게 보상받을 만하지 않은가 하여 과거의 섭섭함을 호소하였다. 이 상황에서 남편은 아내에게 무슨 보상을 해 줄 수 있을까? 아버지 간병으로 고생하는 어머니께 아내 대신 불평을 하란 말인가?

이때 불평 대신 남편에게 "수술비 내느라 정말 고생했지요? 생각해 보니 옛날 일이 떠올라 섭섭한데 당신이 우리가 아들을 두지 못한 것에 대해 괜찮다고 인정해 준다면 내 상처가 낫고 편안해질 것 같네요."라고 말한다면 남편은 뭐라고 할까? 인정해 준다면 편안해질 것이라고 하는 아내의 말을 거절할 수 있을까?

아내는 남편에게 위로받고 싶고 자신의 섭섭함과 상처를 알아 달라는 것일 뿐 남편에게 과거사를 해결해 달라는 것은 아닐 것이다. 행복하게 지내고 싶다는 본질에 접근해야 한다. 풀리지 않고 남아 있는 섭섭함에 대해 불평·비난·공격으로 접근하면 관계가 악화되지만, 상처회복·위로·행복으로 접근하면 관계가 증진된다. 이와 같이 어떻게 접근하느냐에 따라 다른 결과를 가져온다.

불평, 불만이라는 현상에 비중을 두어 다툼을 확대시키면 그 결과는 제로섬 게임보다 못한 마이너스 상태가 된다. 남편의 용돈 지출이 늘어나 목표만큼 대출금을 갚지 못했다고 다투는 경우, 그 다툼이 원만한 부부 생활을 손상시킨다면 이는 현상에 비중을 둔 결과이다. 본질은 원만한 부부 생활이며 이를 손상시키는 과거의 미해결된 감정이나 사건을 둘러싼 의견 차이, 누적된 오해 등은 현상으로 볼 수 있다.

☕ 배우자 몰래 주식에 투자하다

증권사 영업팀장을 하는 남편 친구의 권유로 주식을 매입한 40대 중반 맞벌이 부부가 2년간 다툼을 벌이다가 끝내 남편이 이혼을 결정하였다. 다행히 이혼 직전에 상담을 통해 화해하여 행복한 결말이 되었다.

주식 투자를 했던 초기에는 주식 가격이 많이 올라 이제 조금만 더 오르면 모두 처분하여 집 장만을 할 수 있겠다고 부부는 좋아하였다. 분양받은 아파트의 중도금이 조금 부족하여 이를 보충하고자 주식 투자를 했는데 초기에 상승했을 때 거기서 멈추었더라면 좋았을 것을…. 현재는 값이 떨어져 매도 시기를 놓쳐 버렸다.

미련과 후회에 고민하던 남편은 아내 몰래 대출을 받아 떨어진 값에 더 매입하여 매입한 주식의 전체 평균값을 낮추었다. 이는 투자 수입을 올리는 방법의 일환이라고 하였다. 그런데 여러 달을 기다려도 가격은 오르지 않고 더 내려가는 추세였고 대출금 이자로 아내 몰래 결제하는 금전 지출이 한계 상황이 되어 결국 들키고 말았다.

남편의 수입은 모두 대출금 이자로 나갔고, 아내의 수입만으로 가계를 감당하는 것이 힘들어졌다. 무엇보다도 아내는 자신에게 숨기고 남편이 독단적으로 대출을 받아 주식 투자를 했다는 사실에 충격을 받았고, 배신당했다고 호소하였다. 신뢰가 송두리째 망가졌다는 것이다. 게다가 두 아이의 교육비가 늘어난 것도 가계 유지를 더 힘들게 하였다.

이들은 남편이 군을 제대하고 복학한 뒤 대학 강의실에서 처음 만났다. 두 집안의 경제 사정이 어려워 둘 다 졸업 즉시 취업했고, 결혼 비용과 약간의 생활 자금을 저축하여 결혼하였다. 이후 근면 성실하게 노력하며 서로 간의 순수한 사랑을 믿고 열심히 살아온 이들에게 위기가 닥친 것이다.

전세 아파트에 살면서 집 장만을 위해 투자한 일로 전혀 예상하지 못했던 금전적 손실이 나자 부부는 몹시 불안하고 두려웠다. 이 일을 어떻게 해결해야 할지 갈피를 잡을 수 없었다. 부부 상호 간 신뢰의 기반이 무너진 것이 가장 큰 문제였다. 그 스트레스 때문에 이들은 서로 폭력을 행사하며 다투었다. 이렇게 사느니 차라리 이혼하는 것이 아이들에게도 좋지 않겠느냐고 하였다.

☕ 앞날에 대한 염려로 당면 문제를 확대하지 않는다

상담 회기 동안 나는 부부가 경험했던 생활 사건을 낱낱이 털어놓으며 서로 불가피했던 오해와 상처를 인정하고 받아들이도록 도왔다. 그들은 "우리 둘이서만 얘기했다면 이만큼 대화가 나아가지도 않고 벌써 큰소리로 비난하며 싸웠을 거예요."라고 말하며 웃었다.

그들은 폭력 행위 기저에 배우자로부터 존중받지 못한 자신의 소망이 도사리고 있음을 발견하게 되었다. 그때 나는 문제의 본질과 현상을 설명해 주며 그 2가지를 분리하고 서로의 입장을 바꾸어 상대의 감정을 느껴 보도록 도왔다.

자기 생각에 비합리적으로 보이는 상대의 주장에 동조하다가는 두 사람이 모두 망하고 말 것 같다는 불안은 아직 현실화된 것이 아니다. 상대의 동조와 공감을 받은 당사자는 힘을 얻어 객관적인 시각으로 탈자기중심적인 언행을 하게 되므로 적응적 수행이 늘어난다. 상대의 적응적 수행의 결과는 나에 대한 그의 비난이 줄어들게 해 준다. 반면에 상대로부터 자신의 의견을 거부당하고 비난받으면 그 역작용으로 당사자는 더욱 비합리적 주장에 집중하게 되며, 그 결과 상대 역시 더 큰 좌절에 빠지게 된다.

그러면 상대의 주장이 비합리적으로 보여서 두 사람이 모두 망하게 되리라는 내 판단은 진짜인 것일까? 상대에게 져서 예속된 상태로 평생 억눌린 삶을 살아간다면 내 인생은 실패하게 되리라는 불안은 과연 사실일까? 공감적 표현을 한다면 반드시 그것을 말 그대로 실행에 옮겨야 하는 것일까에 대해 조목조목 살펴보자.

불만을 털어놓는 당사자는 현실적으로 해결이 불가능하다는 점을 알면서도 배우자는 내 편이니까, 내 스트레스를 알아주겠지 하는 심정으로 호소를 한다. 따라서 공감하는 것에 반드시 실행이 뒤따르지 않아도 되며, 상대 역시 그것을 잘 알고 있다. 다만 배우자의 호소와 감정을 있는 그대로, 자신의 판단을 개입시키지 않고 그(그녀)의 입장에서 생각하고 느끼며 함께 동참하는 것이다.

그 결과 당사자의 불안과 두려움이 해소되고 평정심을 회복하여 적응적 수행을 하게 되면 부부 모두 위기를 넘기게 된다. 이러한 경험이 부부의 결속과 정서적 응집을 견고하게 만들어 준다. 이렇게 여러 가지 상황을 면밀하게 확인해 보면서 상대방의 위로와 지지, 격려가 자신에게 큰 힘이 된다는 점을 인정하게 된다.

두 사람이 부부가 되어 믿고 의지하며 행복하게 살아가려고 하지만 일상생활에서 곤경에 처하면 갈등하며 다툰다. 상대를 자극하면 상대는 더 큰 자극으로 나를 비난하며 반응한다. 이러한 부정적 자극과 반응 사이에 작용하는 것이 현상이다. 현상은 오해와 왜곡을 담고 있는 일시적인 거품이다.

두 사람은 각자 자기주장이 옳다고 상대를 설득시키고자 하며, 온당하지 않은 일일지라도 상대가 내 주장을 받아들이는 것을 그가 나를 사랑한다는 증표로 여긴다. 한 번 지게 되면 끝까지 패자로 살아가게 될 것이라는 불안이 다툼을 더욱 치열하게 만든다.

이기는 결과를 추구하고자 열망하는 기저에는 배우자는 영원한 내 편, 나를 변함없이 지켜 주는 내 사람이라는 믿음이 깔려 있다. 이런 믿음이 흔들릴 때 그들의 불안과 두려움은 본질로 부각되고 문제 해결이나 타협은 뒷전으로 밀려난다. 현상이 본질을 훼손해 버린 것이다.

원만한 부부 대화에는 매순간 본질과 현상을 분별하고 선택하는 용기가 필요한데, 이는 상대에 대한 불신과 자존심을 지키고자 하는 나의 욕심을 버려야 하기 때문이다. 후회 없는 선택을 하기 위하여 어느 한 가지를 포기할 수 있는 힘이 필요하다. 나는 이것을 용기라고 말하고 싶다. 본질과 현상은 부부 대화의 모든 주제, 모든 단계에 영향을 미친다.

이와 같이 부부가 문제의 본질은 뒤로 하고 현상에 함몰되어, 나는 맞고 너는 틀리다고 다툴수록 타협은 멀어지고, 오해와 왜곡이 늘어나며, 서로 간의 불신이 커진다. 그 어떤 얘기도 상대에게 전달되지 않고 말을 하면 할수록 싸움이 더 커지는 양극화 상태가 된다.

나는 그들과 함께 이렇게 된 과정을 면밀히 분석해 보고 현재의 상태를 이해하고 수용하도록 도왔다. 두 사람 모두 피해자이며 적이 아니라 한편이 아닌가? 아내는 자신과 의논하지 않고 대출을 받아 주식을 더 많이 매입한 것은 친구의 권유를 거절하지 못한 우유부단한 성격 때문이라고 남편을 질책했다.

주식값이 오르고 중도금 낼 만큼만 벌면 금방 판다고 했는데 그 약속을 안 지켰다. 아내는 앞으로도 남편이 자신과 의논 없이 큰일을 저지른다면 어떻게 살아가야 하느냐고 걱정하며, 이 점이 가장 큰 문제라고 하였다. 당면 문제에 초점을 맞추기보다 앞날에 대한 염려를 떨쳐 버리지 못하는 아내의 모습을 보니 매우 안타까웠다. 갈등 부부들에게서 나타나는 반갑지 않은 모습이었다.

☕ 배우자에게 양보하는 것은 손해가 아니다

"함께 놀고 싶다고 엄마를 붙잡고 우는 어린애들을 떼어 놓고 16년간 일했는데 아직도 전세를 사니 이게 뭐냐?"고 호소하는 아내에게, 남편은 "나 혼자만 잘 살자고 한 일은 아니지 않느냐? 잘 해 보려고 했으나 끝내 주식값이 떨어졌는데, 처음엔 당신도 동의해서 투자한 거 아니냐? 온유해서 내 성격이 좋다고 할 때는 언제고 이제 와서 우유부단이라니, 그런 식으로 인신공격하는 것이 억울하다."고 말했다.

한참 이야기를 주고받던 그들에게 나는 투기를 조장하는 최근의 주식 투자 열기도 이유가 될 것 같다고 말하며, 두 사람 모두의 탓이 아니라고 강조하였다. 만일 기대한 바와 같이 수익을 거두었다면 함께 좋아하고 이와 같이 다투지는 않았을 것이라고 말해 주었다.

여러 가지를 탐색한 후 그들은, 둘이서 누구 못지않게 성실히 살아왔는데 비슷한 수준의 친구들에 비하여 훨씬 뒤처졌다는 열등감과 좌절이 그들의 갈등을 더 확대시켰다는 것에 동의하였고, 이 점이 가장 큰 상처라고 고백하였다. 그들이 "우리는 스트레스를 느끼는 이유도 똑같네요."라고 말하며 손을 맞잡고 쑥스러운 듯 웃는 모습을 보면서 그들이 서로 통하고 있다는 생각에 안도가 되었다.

나는 넉넉지 않은 환경에서 과외를 하며 학비를 벌어 대학을 졸업했고, 부모님 도움 없이 자수성가한 그들의 능력과 열정을 칭찬하며, 아직 좋은 시절이 오지 않은 것뿐이라고 위로해 주었다. 아파트 분양 받은 게 있고, 주식 가격이 내렸지만 실물을 갖고 있으니 반드시 때가 올 것이다. 대출이자 감당이 어려운 점을 고려하여 적당한 가격에 적당량을 매도하여 균형을 잡고 기다려 보면 어떨까라고 얘기해 주었다. 부부 모두 좋은 직장에서 가족 모두 건강하게 살아가니, 이를 부러워하는 사람도 많을 것이라고 격려하였다.

남들보다 더 노력했으니 더 잘 살면 얼마나 좋겠는가? 안타까움을 느끼면서 나는 그들에게 이혼을 한다면 잘나가는 사람들보다 더 뒤처지는 게 아니냐고 걱정스럽게 물었다. 그 순간 눈물을 글썽이던 남편이 아내의 손을 잡으며 말했다.

"우리 다시 시작해 보자, 그래도 맨손으로 아이 둘 기르며 이렇게 살아왔잖아. 내가 경솔했어, 미안해, 앞으로 더 잘 할게."

눈물을 흘리던 아내는 입가에 힘없는 미소를 지으며 고개를 끄덕였다. 그들이 인생의 중요한 한 고비를 넘어가는 순간이었다. 그들이 정말 기특해 보였고 고마웠다. 이 힘든 경험은 앞으로 그들에게 최고의 배움을 선사할 것이다. 이 배움을 통하여 그들은 성장하고 성공할 것이다.

이와 같이 부부는 갈등 상황에서 조속한 타협이 필요하다. 이때 어느 한쪽의 양보는 필수적이며, 이를 실행함으로써 신뢰를 되찾고 유지하여 안정된 부부 관계를 지속할 수 있다. 이 부부는 결국 양보가 손해가 아니라 그것이 자신에게 유익으로 다시 돌아온다는 것을 체험하였고, 바로 이것이 그들을 화해의 길로 이끌어 주었다.

그들의 애정이 와해되지 않고 폭력적 상황에서도 친밀감의 뿌리를 지키고 있었던 점이 이혼 결심을 무너뜨렸다. 이는 본질이 현상을 이겨 낸 이야기이다. 부디 그들이 행복하게 살아가기를 소망하며 그들에게 축복이 내리기를 기원한다.

두 사람이 한마음이 되어야 한다는 주장이 갈등의 단초를 만든다

일상생활의 여러 국면이 대화를 통하여 이루어지듯 부부 생활도 마찬가지다. 부부 대화와 결혼만족도 간 상관관계의 유의미성을 설명하여 이두 요인의 중요도를 알려 준 선행 연구 논문이 있다. 심리학자이며 부부치료 전문가인 미국 UCLA 크리스텐센(A. Christensen) 교수는 배우자들이 서로 다름을 인정하고 수용할 때 원만하게 살아갈 수 있다고 주장하였다.

두 사람이 일치하여 반드시 한마음으로 살아야 한다는 주장이 오히려갈등의 단초를 만든다. 부부는 그들의 애정이 평생 변함없기를 기대하지만 실제로 어려운 일이고, 오래된 쇠에 녹이 슬듯이 애정도 퇴색할 수 있다. 녹이 스는 것을 방지하고자 쇠를 닦고 기름칠하고 바람을 쏘이고 깨끗이 보관하는 것처럼 부부 관계도 그와 같은 관리가 필요하다.

크리스텐센 교수는 결혼 생활에서 부부간 차이가 나타나는 5가지 주제로 친밀감/거리감, 지배(주도적 역할)/책임, 관습성/비관습성, 예술가적/과학자적, 사랑에 대한 견해를 설정하였다. 그리고 대부분 이러한 주제의 차이에서 배우자 간 갈등이 시작하고, 만성화하여 양극화되며, 상호적 덫 상태로 악화된다는 3가지 단계를 제안하였다.

이 주제가 어떤 경로를 통해 나타나고 어떻게 영향을 주며 결과가 무엇인지에 대한 인, 과는 부부에 따라 다를 것이기에 객관적 평가는 적합하지 않다. 이들은 높낮이 비교가 어려운 수평적 상태로 보인다. 그리고 갈등 수준이 점점 악화된다는 3가지 단계, 즉 주제의 차이, 양극화, 상호적 덫은 보편적 현상으로 수직적 상태에 있기에 그 심각도를 비교, 검토하여 부부 관계 개선과 회복에 적용할 수 있다.

앞에서 이야기한 부부는 상대방의 의견은 거부하고 자신의 주장만 내세워 서로 소통하지 못하는 양극화 단계에 있었고, 이 단계가 계속된다면 상호적 덫(갈등 해결을 위해 대화를 하지만 문제가 더 커지고 악화되는, 호전되기 어려운 상태) 단계에 빠진다. 그들의 주제는 지배/책임으로 보이는데 주식 투자를 결정(일부분은 남편 독단), 실행하는 주도적 역할과 그 손실에 대해 책임을 져야 하는 경우이다.

부부는 자신의 뜻이 반영되는 주도적 역할을 선호하며 책임은 회피하고자 한다. 부부간 차이가 나타나는 주제를 가로줄, 씨줄이라고 한다면 심각도 3가지 단계, 즉 주제의 차이, 양극화, 상호적 덫은 세로줄, 날줄이라고 할 수 있다. 씨줄과 날줄을 엮어 천을 짜듯 역기능적 부부 대화는 주제(부부간 차이)와 심각도 3단계로 엮여 그들에게 고통을 준다.

나는 1990년대에 부부의 성격유형 차이와 부부 대화 및 결혼만족도와의 관계를 연구했다. 그때는 유사한 성격에서 대화와 만족도가 높은 결과를 나타냈다. 그런데 30여 년이 지난 지금 이 결론에 변동이 없을까?

최근 우리나라 사람들은 집단주의보다 개인주의 문화를 선호하고 1인 가구가 많아지는 추세이다. 이런 경향이 반영되어 나와 다른 성격, 즉 내게 없는 것을 가진 배우자를 선택하는 경우가 많아졌다. 이는 배우자 간 의견 대립, 주제의 차이를 경험할 개연성이 높다는 것을 시사한다.

부부간 당면 주제의 차이에서 비롯한 의견 대립은 피할 수 없는 과제로 보인다.

각 배우자의 의견, 가치관, 성격은 아동기 경험에서 길러지고 부모와 의 애착 관계의 영향이 큰 비중을 차지한다. 부부의 피할 수 없는 다툼에서 한 배우자만이라도 긍정적 애착 경험을 가졌다면 타협이 가능하나, 두 사람 모두 취약하다면 이를 기대하기 어려워진다. 어린 시절에 부모 에게서 받지 못한 사랑을 현재 배우자에게 받으려는 비현실적 시도가 부부 갈등을 일으킨다는 부부 치료 이론은 이를 잘 반영하고 있다.

☕ 거짓과 진실은 사람들의 입장에 따라 바뀔 수 있다

부부간 가치관, 성격의 차이는 대부분 친밀감/거리감 주제에서 나타나는데, 이는 과거 애착 관계의 경험과 관련한 것이다. 이러한 문제로 갈등을 겪은 부부를 상담한 적이 있다.

아내는 어린 시절에 아버지 별세로 어머니가 장사하며 생계를 이어가던 가정에서 자랐는데 초등학교 3학년 때까지 네 살 아래 동생을 데리고 등교하였다. 밥 짓고 동생을 돌보는 일은 주로 그녀 몫이었고 늘 일하느라 바쁜 어머니와는 이야기를 나눌 틈이 없어 외로웠다.

남편은 누나 둘과 교통사고로 사망한 형을 둔 막내였다. 형이 사망한 지 2년 후 결혼하였는데, 자신이 장남 역할을 해야 한다며 농번기 때 고향의 부모님을 돕기 위해 아내를 보내어 일을 거들게 하였다. 직장에서 일하는 남편 대신 젖먹이 애를 업고 시댁 농사일을 하고 온 아내에게 남편은 수고했다는 말 한마디 없이 당연하다는 태도를 보였기에 아내의 섭섭함은 점점 쌓여 갔다.

남편은 다 키운 아들을 앞세워 보낸 기막힌 일을 당한 부모님은 농촌에서 고생하시는데, 도시에서 신혼 생활을 하고 있는 자신이 효도를 하지 못하고 있다는 죄책감에 빠져 있었다. 아내가 남편의 애정을 기대하며 다가갈수록 남편은 아내에게 거리를 두고 도망을 갔다.

내가 이들을 만난 것은 이 부부의 딸이 결혼을 앞두고 어머니의 음주 습관을 개선하고자 상담을 의뢰해서였다. 딸은 어머니가 아버지와 싸우며 사위 앞에서도 주사를 부린다면 어찌 살겠냐고 호소하였다.

"남편은 지금 꽤 큰 사업을 하고 있지만 실은 우리 어머니한테 물려받은 사업체가 밑천이 됐거든요. 그런데 너무 무심하고 냉정해요. 내 인생이 정말 쓸쓸하고 외로워요. 우리 친구들을 보면 처갓집에서 받은 것도 없는데 남편들이 참 잘해 주더라고요."

"아내는 한 번 애기를 꺼내면 30년 과거 역사가 쭉 다 올라오니까 당최 말을 섞을 수가 없어요. 제 친한 친구가 죽었는데 사후에 정리할 게 있어서 그 집사람을 딱 한 번 만난 걸 가지고 제가 외도했다고 억지를 쓰니 무슨 말을 하겠어요?"

"남편은 주말에도 사무실에 나가고, 내가 전화를 하면 받지도 않아요. 상대를 안 해 주니까 술이라도 먹을 수밖에 없잖아요?"

"술을 먹으면 그냥 조용히 잠을 자면 되잖아요. 밤새도록 뚝배기 깨지는 소리를 하면서 불평을 해대고 욕을 하고 쓰레기통을 던지면 좋아할 사람이 어디 있나요?"

아내는 남편이 작은아들과 딸을 야박하게 대한다. 내 아들 딸이니까 봉급을 더 주어야지 다른 직원들과 똑같이 준다. 잘난 큰아들만 좋아하고 딸과 작은아들은 본체만체한다고 했다. 남편은 큰아들은 대기업에 다니니까 제쳐 놓고, 내 사업을 물려받을 작은아들은 스파르타식으로 훈련해야 한다. 딸은 시집가면 그만이고…. 우리 집안을 위해서 제대로 잘 가르쳐야 하니까 내가 다 알아서 하는데 왜 트집이냐고 하였다.

다가가는 아내와 외면하는 남편

남편은 아내의 불만이 사사건건 트집을 잡으며 억지를 부리는 것으로만 보일 뿐, 그 내면에 남편을 향한 애정 불충족이 도사리고 있음을 눈치채지 못하고 있었다. 심지어 아내는 편애를 받는 형을 시샘하지 않고 묵묵히 아버지를 따르는 작은아들에게 더 애착을 갖고 있는데, 이것이 남편에 대한 애정 불충족과 관련이 있다는 점을 남편이 어찌 알겠는가? 작은아들을 자신과 동일시하는 아내의 마음이 안타깝고 측은했다.

예쁘장하고 자그마하며 연약해 보이는 체격에 값비싼 명품 옷을 입고 화려한 액세서리로 치장을 한 아내의 모습을 보면서 나는 그녀가 왠지 초라하고 애처롭게 느껴졌다. 무슨 힘으로 주사를 부렸을까 믿기지 않았다. 반면에 빈틈없을 것 같은 남편의 냉담한 태도를 대하며 나는 '앉았던 자리에 풀도 안 날 것 같은 사람'이라는 말이 생각났다.

이 아내는 수십 년간 어떻게 살아왔을까? 오랜 세월 동안 누적된 그녀의 허전함과 절망, 아무리 술을 마시고 주사를 부려도 소용이 없구나 하는 무력감이 그대로 나에게 몰려왔다. 막막한 느낌이었다. 나는 다음과 같은 말로 그들을 위로해 주었다.

"밥을 굶으면 배가 고프듯이 지금 아내분은 마음이 고픈 겁니다. 고프다고 호소를 하지만 남편분이 들어 주지 않으니까 술김에 옛날 얘기를 하게 되고, 그러다 보면 두 분의 입장과 생각이 다르니까 남편분은 아내분의 말이 거짓으로 들리는 거죠. 그러나 아내분은 절실하게 진심을 말하는 겁니다. 이런 상황에서 트집 잡는다고 몰아 부치니까 아내분은 더 섭섭하고 억울해서 결국 남편분을 비난하게 되는 것이죠. 남편분이 아내분을 비난하듯이 말이죠.

아내분의 얘기가 과장되고 사실이 아닐지라도 그냥 들어 주시면 안 될까요? 이게 진실이냐 거짓이냐 따지지 마시고 아내의 마음을 알아주시고 그 입장에 함께 머무는 것을 원한답니다. 큰 것을 바라지 않아요."

그 순간 남편은 다소 놀란 표정으로 "아니, 그러면 내가 아내의 억지를 다 맞다고 하면서 같이 공범자가 되란 말씀인가요?" 하고 말했다. 어림도 없다는 말투였다.

"그동안 남편분도 고생 많았어요. 정말 힘드셨지요? 일찍 세상을 떠난 형님 몫까지 효도하며 사업을 키우느라 고생하셨는데, 이제 사위도 보시고 행복하게 사셔야죠."

이 말을 듣던 남편은 아무 대꾸 없이 탁자의 찻잔을 들어 올려 천천히 차를 마시고는 심호흡을 하였다. 부부의 이야기를 들으며 막막했던 느낌이 이 순간 깊은 아픔으로 내 마음을 찔렀다. 이들은 이런 식으로 서로 모른 체하면서 30여 년을 살아왔구나. 좀 더 일찍 이 악순환의 굴레를 벗어날 수는 없었을까?

안타까우면서도 나는 속으로 웃었다. 공범자라니, 무슨 죄를 저질렀기에…. 공범자가 되어서라도 부부가 원만하게 살아갈 수 있다면 공범자가 대수인가?

"남편분이 아내분의 마음을 알아주실 때 두 분 사이의 비난이 멈추게 됩니다."

이때 아내는 흐느끼며 울었고, 남편은 침묵을 지킨 채 더욱 굳어진 표정을 보였다. 결혼 초기에 아내는 남편의 애정과 친밀감을 기대했지만, 남편은 형을 대신하여 두 사람 몫의 아들 역할과 아내에게 며느리 역할을 요구함으로써 결국 아내와 거리가 멀어졌을 것이다. 이러한 친밀감/거리감 주제의 차이에서 발생되는 감정, 생각, 표현의 차이로 인한 소통의 부재가 만성화되어 이들은 상대의 의견과 주장을 무조건 거부하며 대립하는 양극화 상태로 살아오지 않았을까?

남편은 자신과 매우 다른 아내가 다른 게 아니라 틀렸다고 하면서 그녀를 탓하고 정죄하며 그녀로부터 거리를 두었을 것이다. 결국 부부 관계는 더욱 악화되어 아내는 술에 의존하며 무력감에 빠졌고, 남편은 아내를 못 본 체 외면하는 상태가 되었다.

이들은 지금 막다른 골목에 갇혀 출구를 찾지 못하는 것 같았다. 나는 이 부부에게 이렇게 된 과정을 상세히 설명해 주면서 현재 이들이 상호적 덫 단계에 있음을 예상하였다. 아내의 울음소리가 더 크게 들려왔다.

상담 회기 말미에 나는 아내가 음주 후 불평을 늘어놓는 순간 남편이 아내의 말을 들어 주고 아내가 거짓을 주장하며 떼를 쓰고 우겨도 그 말을 비난하지 않고 받아 주는 공범자(?) 역할을 하며, 주말에 부부가 함께 한 공간에서 지내는 것을 과제로 내주었다. 내가 거짓과 진실은 사람들의 입장에 따라 바뀔 수 있는 것이라고 말했을 때 남편이 몹시 놀란 표정을 지었는데, 이는 그가 단호하고 빈틈없이 자기중심적으로 살아온 그동안의 삶의 태도를 보여 주는 것 같았다.

☕ 부부 관계의 평행선이 좁혀지다

1주일 간격으로 진행된 상담에서 나는 남편이 아내의 마음이 고픈 상태를 이해하고, 혹시 그녀가 주사를 부리더라도 탓하지 말고 그 모습을 수용하기 위해 계속 노력할 것을 부탁하였다. 상담 초기에 나와 눈을 맞추는 것을 어려워하며 외면하던 아내는 상담을 진행하면서 태도가 달라졌고 간간이 웃으며 먼저 내게 말을 건네기도 하였다.

몇 주 후 놀랄 만한 사건이 발생했는데, 이때의 충격으로 남편은 큰 변화를 보여 주었다. 해외 출장을 다녀온 큰아들의 가방을 몰래 열어 본 아내가 술을 마시고 소동을 벌인 것이다. 큰아들이 여자친구에게 줄 선물로 명품 가방과 고급 액세서리를 사 왔는데 어머니 선물은 찾아볼 수가 없었다고 한다.

아내는 평생 고생하며 키운 아들이 어머니는 무시하고 아직 결혼도 하지 않은 여자만 위한다고 푸념하며 헛살아 왔다고 주사를 벌였다. 그녀는 너무 섭섭하다고 하며 한참 울었다. 다른 집 자식들은 외국에 나가면 어머니 선물을 잔뜩 사 온다는데 내 자식은 왜 저 모양이냐고, 벌써 저러는데 결혼을 하면 이 엄마는 아주 보지도 않겠다고 아들을 비난하며 자신의 억울한 신세타령을 늘어놓았다.

이때 남편은 아들이 열어 보지 말라는 가방은 왜 굳이 열어 보았느냐, 저 모양으로 매번 일을 벌인다고 아내를 맹비난하였다. 다음에 엄마 선물 사 오라면 되지 않느냐고 말렸지만 소용이 없었다고 한다.

큰아들이 공항에서 비행기 출발 시간이 촉박하여 어머니 가방을 사지 못했고, 직접 모시고 백화점에 가서 사 드리려 했다고 하여, 다음 날 가족 모두 백화점에 갔다. 몇 번 망설이다가 400만 원짜리 명품 핸드백을 고른 어머니는 큰아들이 결제하려는 순간 사지 않겠다고 선언하였다.

나중에 다시 야단치며 주사 부리지 말고 지금 사라고 하는 큰아들과 사지 않겠다는 어머니 사이에 실랑이가 벌어졌다. 어머니가 사지 않겠다고 하니 강요하지 말라고 하는 작은아들에게 아버지가 너는 나서지 말고 그냥 있으라고 말했다. 이때 어머니는 왜 작은아들을 야단치느냐고 아버지에게 악을 쓰며 소리를 질러 백화점 복도에서 연극과 같은 장면이 노출되었다. 사람들이 힐끗거리며 쳐다봤을 뿐만 아니라 근처를 지나가던 어린아이가 놀라서 큰소리로 울어 버렸다.

"아, 정말이지 우리 가족의 앞날을 미리 보는 것 같았습니다. 거기에다 사위와 며느리까지 끼면 어떻게 되는지 앞이 깜깜해지더군요. 그날 편 가르기 하는 것마냥 두 패로 갈라져서 저는 큰아들과, 집사람은 작은아 들과 함께 집에 왔다니까요."

절레절레 머리를 흔들며 위축된 모습으로 몹시 당황해하는 남편에게 나는 그 장면이 벌어진 것은 그날 한순간에 생긴 게 아니라, 오랜 세월 가 족 다섯 분이 함께 살아오면서 축적된 결과물이라고 설명해 주었다. 그 동안 보이지만 않았을 뿐 그런 모습이 잠재되어 있었으니 아내가 얼마나 힘들고 스트레스가 많았겠느냐고 하자 남편은 고개를 숙이고 한동안 침 묵을 지킨 채 앉아 있었다.

"나는 그냥 참고 상대를 안 하면 그러다가 말겠지. 못 본 체하면 조용해 지겠지. 이게 상책이다 생각하면서 살아왔습니다."

있을 수 없는 일이 생긴 듯 혼란스러워하며 고민하는 남편의 표정에 서 나는 개선의 실마리가 풀릴 것 같은 느낌을 받았다. 아내가 아무리 안 달하여도 상대를 하지 않으면 별 수가 없으니 조용해지리라고 그냥 참고 살아온 남편의 입장도 딱하긴 마찬가지였다. 감정을 느끼거나 표현하는 것이 무엇인지도 모르고 그냥 참고 견디는 것만을 능사로 알고 살아온 남편이 아내의 처절한 좌절감을 알 턱이 있겠는가?

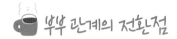# 부부 관계의 전환점

백화점 사건은 남편에게 이제껏 해 온 부부 관계 방식을 계속할 수는 없으리라는 한계와, 삶의 전환점에 와 있다는 현실을 일깨워 주었다. 특히 자신의 생각과 감정 표현이 달라져야 한다는 점을 자각한 것이다. 나는 가족이 어떻게 살아야 좋을지에 대한 청사진을 그려 보고, 이를 실행하는 노력은 남편이 아내를 배려할수록 잘될 것이라고 강조하였다.

그리고 아내를 배려하고 존중해 준다면 뚝배기 깨지는 소리로 불평하는 모습이 줄어들 것이라고 설명해 주었다. 자신의 마음을 알아주기는커녕 들으려고도 하지 않는 남편을 원망하며 아내는 무력감에 빠져 있고, 남편은 회피하고 거부하는 상호적 덫 상태에서, 이런 충격적인 사건이 발생하여 부부 관계의 평행선이 좁혀지고 접점을 찾게 된 것이다.

종결 회기에서 남편은 상대하지 않고 내버려 두면 아내가 그러다가 말겠지라고 생각했는데 결국 자신의 생각이 틀렸다면서 너털웃음을 지었다. 내가 이제 그 전략을 바꾸어 다른 콘셉트로 부부의 역사를 새롭게 시작해 보면 어떻겠냐고 묻자, 남편은 큰소리로 웃으며 소장님 때문에 자기가 공범자가 되었다고 하였다. 표정이 시원한 듯 상쾌해 보였다.

고개를 살짝 숙이고 잠자코 앉아 있던 아내는 나를 바라보며 정말 고맙다고, 자신이 새로운 인생을 살게 되었다고 하였다. 뚝배기 깨지는 소리로 주사를 부리는 모습은 상상할 수가 없었다. 그때 나는 이렇게 좋은 결과를 보는 것이 쉬운 일이 아닌데, 두 분이 노력한 덕택이라 나 역시 고맙다고 하였다. 무거운 짐을 내려놓은 듯 홀가분한 기분으로, 앞으로는 댁내에 좋은 일만 가득하기를 빈다고 하며 그들과 인사를 나누었다.

부부 대화를 가로막는 사건의 결과가 자녀에게 전수되다

부부 생활의 한계점에서 전환을 하게 된 또 하나의 사례가 있다. 그 부부는 갈등이 심각해 각방을 사용하며, '두 아이가 대학에 가면 이혼할 것이다. 그때까지는 싸우지 말자.'는 내용의 각서를 공증해 놓고 살았다.

그런데 이 부부의 중학생 아들이 친구의 게임기를 훔치는 사건이 발생하였다. 담임선생님과의 면담에서 아들의 도벽이 여러 번 반복되었음을 확인한 부부는 자신들이 바뀌지 않으면 아이들의 인생까지 망치겠다는 절박한 현실을 깨달았고 상담을 통하여 개선할 수 있었다.

학교 성적이 뛰어났던 남편은 서울의 일류 대학에 입학하여 고향을 떠났다. 부모님의 기대를 한 몸에 받았던 그는 홀로 자취를 하며 공부에 전념하던 중에 옆집에 사는 참하고 예쁜 소녀에게 마음이 끌렸다.

골목길에서 마주치면 얼굴이 빨개져서 전봇대 뒤로 숨던 그녀와 말문이 트였는데, 그녀는 고교 입학시험 직전에 갑자기 맹장 수술을 하여 고등학교에 갈 기회를 놓치고 쉬는 중이라고 하였다. 부모님이 장사를 하여 집안일을 하며 동생들을 돌보고 있었다.

이웃사촌이 된 두 사람은 그녀가 반찬을 갖다 주는 친밀한 사이가 되었고, 드디어 장래를 약속하였다. 남편이 군 복무 후 공무원 시험에 합격하고 결혼하였는데 속된 말로 열쇠 3개를 받을 만한 아들의 결혼에 대해 남편 가족들의 기대는 하늘을 찔렀다.

어떤 점이 좋아 결혼했는지 묻는 나에게 남편은 그때나 지금이나 자신의 아내만큼 예쁜 여성은 본 적이 없다고, 이 세상에서 제일 예쁘다고 하였다. 그러나 아내는 예쁜 게 무슨 소용이냐, 남편이 나를 무시하고 시동생들만 위하는데…. 그 이유는 자신의 가방끈이 짧은 것 때문일 거라고 하며 눈물을 흘렸다.

나는 아내에게 남편분이 세상에서 아내가 가장 예쁘다고 하는데 그럴리가 있을까라고 물었다. 그 순간, 남편이 결혼할 때 집안 어른들에게 아내가 대학을 나온 것으로 속였다고 했다. 남편은 높은 학력에 집을 사 준다는 혼처가 많아 어쩔 수 없었지만 결코 아내와의 결혼을 후회하지 않는다고 하였다.

친정 부모님이 전세금을 대 주었으나 시부모님의 금전적 요청은 종종 갈등의 빌미가 되었다. 그때마다 아내는 "왜 중졸을 대졸이라고 속여 결혼했느냐?"고 남편을 다그쳤다. 그 얘기만 나오면 남편은 겁이 나고 말이 막혔다. 그 어떤 대화도 나눌 수 없었다. 누가 들을까 봐 두려워서 아내의 입을 손으로 막곤 하였다. 중졸을 대졸이라고 속였다는 말은 결혼 생활 내내 아내의 무기가 되었고, 집안에는 늘 차가운 냉기가 흘렀다.

결국 아들의 비행이 부모에게 부부 관계의 접점을 찾아주었다. 부모로서 아들을 사랑하는 마음이, 그들이 노력하고 개선하도록 도와준 것이다. 나는 그들 부부의 변함없는 사랑이 영원하기를 빌었다.

나는 당신의
어머니가 아니라 아내야

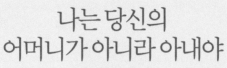

성격유형의 차이

••••

부부 관계란 성관계를 포함하여 부부가 주고받는 말과 행동, 정서 등 교류하는 모든 것을 말한다. 나는 상담 사례 지도를 할 때나 상담 현장에서 인간관계 갈등은 하루 속히 접근할수록 쉽게 풀린다는 점을 누누이 강조한다. 이는 당연한 것이어서 진부하게 들리겠지만 실행은 쉽지 않기 때문이다. 특히 부부나 가족과 같은 유의미한 관계에서는 더욱 그렇다. 그들이 한 가족이 된 것은 서로 주고받았던 친밀감과 애정 때문이라고 보기에 일상의 소소한 일에 대해서까지 그 애정을 다치지 않을까 염려한다. 따라서 갈등이 커지고 해결이 복잡해진다.

부부간 차이로 다투며 갈등이 심각해질 때 상대가 먼저 사과하고 주장을 바꾸어 나를 편안하게 해 주고, 그것으로 나를 사랑한다는 증표를 보여 준다면 나도 잘해 보겠다는 밀고 당기는 힘겨루기가 생긴다. 그런데 그 힘겨루기에서 한 번 지면 평생 상대방에게 예속될 것이라는 불안을 느끼는 경우가 있다. 그렇다면 갈등을 풀기 위해 먼저 사과하면 지는 것이고, 사과를 받으면 이기는 것일까? 이기는 것을 사랑받는다는 증표로 삼을 수 있을까? 이런 과정에서 과연 갈등이 해소되고 타협에 도달할 수 있다는 말인가?

힘의 균형이 유지될 때 원만한 부부 관계가 지속된다

오랜 세월 상담에 종사하면서 경험한 바에 비추어 보면, 결혼 초기에 힘겨루기의 승패에 따라 부부 관계의 어떤 유형이 만들어지는 것 같다. 예를 들면 돕는 자/받는 자, 적극적/저항적, 가학적/피학적 등으로 그 모양새가 굳어지기에 조속히 갈등을 푸는 것이 중요하다. 부부 싸움을 할 때 "당신은 늘⋯.", "당신은 언제나⋯."와 같은 표현은 상대를 더 자극하여 배우자들의 태도가 일정한 모양새로 굳어지게 되므로 이롭지 않다.

두 사람이 서로 유연하게 사과를 주고받을 때, 어느 한쪽으로 치우치지 않고 힘의 균형이 유지될 때 원만한 부부 관계가 지속된다. 잉꼬부부로 소문났던 미국의 영부인 낸시 레이건 여사는 결혼 50주년 기념일에 "우리 두 사람은 항상 누군가가 먼저 양보했습니다. 다툼이 길게 가지 않았지요."라고 말하였다. 어느 한 사람만이 양보하거나 양보받거나 하지 않았다는 점이 원만한 부부 관계의 비결로 보이는 대목이다.

상담 과정에서 많은 부부가 상대 배우자의 성격을 탓하며 그 성격을 고쳐야만 살 수 있겠다고 호소한다. 통계 자료에서 성격 차이가 이혼 사유 랭킹 1위를 차지하는 것도 이를 말해 준다(복잡하여 굳이 밝히기 싫은 이혼 사유를 성격 차이라고 미루어 진술하는 경우도 있다).

그런데 여기에서 안타까운 점은, 그들이 인간의 성격은 쉽게 고쳐지지 않는다고 말하면서 그런 호소를 한다는 것이다. 어렵다고 하면서 그 어려운 일이 성사되어야 결혼을 유지하겠다니 참 답답하다. 어려우니까 당신이 먼저 잘하면 나도 해 보겠다는, 덕을 좀 보자는 말로도 들린다. 그러나 다행스럽게도 현재 부부가 당면한 갈등의 소지는 대부분 작은 일이다. 즉 성격을 바꾸어야만 부부 갈등이 해소될 만큼 심각한 일이 아니라는 것이다.

보통 10회기(대략 3개월) 정도의 상담을 진행한 후 종결 시점에서 화해한 부부들에게 나는 "두 분이 처음 여기에 오실 때 어떤 어려움이 있었나요?"라고 묻는다. 그들은 나란히 앉아 "글쎄, 우리가 뭣 때문에 상담을 시작했지?"라고 마주 보며 웃는다. 3~4개월 전에 서로 상대를 비난하며 결혼을 잘못했다고 호소하던 모양새와는 딴판이다.

갈등이 풀리고 관계가 만족스러워질수록 처음과 차이 나는 모습을 보인다. 이때 나는 갈등의 소지가 무엇이었는지 기억하지 못한다면 그것은 큰 문제가 아닌 것이라고 강조하며, 앞으로 혹여 두 사람 사이에 어려운 일이 생길 수 있으니 부디 그것을 크게 확대시키지 말고 타협하고 견디면서 잘 지낼 것을 당부한다. "또 싸우면 그때 다시 올게요."라고 하면서 웃는 그들의 회복이 고맙고 기특했다.

상대방을 통해 자신의 약점을 보게 된다

대개 갈등의 소지가 된 것은 사소한 일이다. 그런데 서로 상대를 탓하고 그것을 초기에 해소하지 못했기에, 상대방의 애정 유무를 확인하며 갈등을 키우므로 해결이 어려워지며 만성화된다. 문제가 문제를 만든다. 더욱이 문제의 근거나 갈등의 빌미를 해결하기 위해 상대방의 성격을 고치려고 하므로 더 심각해진다. 내가 나의 성격을 고치는 것도 어려운데 배우자의 성격을 고치는 것이 쉽게 될 일인가? 작은 것으로도 될 일을 큰 것으로 접근해야 한다고 주장하니 더욱 복잡해지고 어려워지는 것 아닌가?

성격이란 무엇일까? 이에 대한 견해는 연구자들마다 달라 무엇이라고 정의를 내리기는 어렵다. 나는 '성격은 그 사람을 그 사람답게 하는 어떤 것'이라는 의견에 동조한다. 또한 '성격은 개인이 어느 때나 어떤 상황에서나 일관되게 생각하고 지속적으로 행동하게 하는 것'이다.

연구자들은 성격을 무엇이라고 규명하는 대신 성격의 유형을 창안하여 인간의 성격을 알아보고자 한다. 문제 해결과 부부 관계 증진을 위해 내담 부부들이 열망하는 배우자의 성격 변화보다 좀 더 쉬운 방법이 있다면 그것은 무엇일까? 부부 상담 일에 종사하는 나에게도 이는 중요한 과제이다.

여기서는 성격유형검사 MBTI(Myers Briggs Type Indicator)를 들어 살펴보겠다. 모녀 관계인 마이어스(Myers)와 브리그스(Briggs)는 오랜 연구를 통하여 분석심리학자 융(C. Jung)의 심리 유형 이론에 사람들의 행동 양식 측면을 덧붙여 MBTI를 개발하였다. 융은 사람들이 유아적 무의식적 충동을 분리하고 자기 정체성을 찾아 개성화(개별화)하여 자기실현에 도달한다고 함으로써 인간이 성장해 가는 하나의 길을 제시해 주었다.

자신의 시야에서는 보이지 않는 자기 약점을 상대방을 통해 보게 되는데, 이는 불안과 곤혹스러움을 자극하기에 인정하고 싶지 않고 거부하게 된다. 사람들이 감추고 싶은 자기의 내면을 직면한다는 것은 두렵고 고통스러운 일이므로 회피하는 것이다. 이런 점에서 볼 때 가장 가까운 상대인 부부-배우자는 자기 성장에 필요한 조력자가 아닐까?

MBTI는 성격을 4가지 측면으로 설명한다. 심리 에너지의 방향(내향형/외향형), 사건과 사물을 인식하는 기능(직관형/사실형), 인식한 것을 판단하는 기능(사고형/감정형), 행동하고 생활하는 양식(계획적 판단형/융통적 인식형)이다. 이 4가지 측면에서 사람들이 선호하는 지향이 각기 다르기에 하나의 측면에 서로 반대 방향의 2가지를 제시하여 총 8개의 지표(I/E, N/S, T/F, J/P)를 설정하였다.

결국 2가지 지표 중 한 가지를 선택하므로 그 해당 지표 단어의 알파벳 머리글자로 표기하고, 피검사자의 성격유형을 4가지 측면을 의미하는 4개의 글자로 나타내며, 성격을 총 16가지 유형으로 구분한다. 각 측면의 2가지 지표 중 선택된 1개의 지표는 청소년기 이후 피검사자의 인식과 판단 과정에서 일관되게 나타난다. 즉 우리가 일생 동안 경험하는 감정과 생각에도 습관이 생겨 그것을 익숙하게 기능한다는 말이다. MBTI 연구자들은 인식하는 기능(N/S)과 판단하는 기능(T/F)은 심리 기능으로 선천적이어서 공고하며, 심리 에너지 방향(I/E)과 생활양식(J/P)은 환경과의 상호 작용에서 비롯하는 태도이기에 비교적 변화에 용이하다고 하였다.

이 내용을 설명하면서 강조하고 싶은 점이 있다. 위 4가지 측면 중 인식한 것을 판단하는 기능(사고형/감정형)을 확인할 때 남녀 간의 차이를 둔다는 것이다. 피검사자의 성별을 구분하여 그(그녀)가 응답한 문항(질문 내용은 같음)별로 점수의 차이를 두어 그 결과와 해석이 달라진다. 다른 척도와 달리 사고형 혹은 감정형인 측면(주로 정서가 관련됨)에서 남녀가 달리 기능한다는 점을 MBTI에서도 가르쳐 주고 있다.

성의학자들은 개·돼지·소·말·토끼 등이 모두 다른 동물이듯이 남녀도 그 정도로 달라서 여자사람과 남자사람으로 구분되어야 하니, 부부간 성격의 차이를 언급하는 것 자체가 말이 되지 않는다고 주장한다. 이는 남녀의 성격이 근본적으로 달라 같은 잣대로 평가할 수가 없는데, 부부의 성격을 문제 삼아 고치려고 다투는 것은 어리석다는 것을 알려 준다.

☕ 상대와 적응하기 쉬운 배우자로서의 변신이 필요하다

다툼이 생길 때 부부들이 상대 배우자의 성격을 탓하는 것은 무엇 때문일까? 그들은 상대를 처음 만나 교제하는 과정에서 내게 없는 것이 상대에게 있으므로 그 점에 매료되어 결혼을 결정했다고 말한다. "상대방의 어떤 점이 좋아서 결혼하게 되었지요?"라는 질문에, 시부모님이 사이 좋게 살았고 그런 가정에서 자라난 남편이 원만하게 부부 생활을 잘할 것 같았다고 했던 아내의 부모님은 별거 중이었다.

처음에는 애교가 많은 아내가 좋았던 남편은 시댁에 드릴 거라고 만두를 빚으며 낱낱이 자랑하고 스스로를 내세우는 아내한테 이제는 지쳤다고 호소했다. 그는 우리 집은 그냥 묵묵하게 조용히 살았는데 아내가 사

사건건 잘잘못을 따지니까 싸움이 끊이지 않아 못살겠다고 하였다.

발레리나 출신 아내는 남편이 양말을 벗어 식탁 위에 올려놓을 때 절망했다. 빨래통에 넣어 달라고 부탁했으나 이를 어긴다는 것이었다. 이와 같이 상대에 대한 호감 요인이 비호감 요인으로 변질된 것처럼 느껴져 결혼을 잘못했다고 후회한다.

그러나 예나 지금이나 상대방은 현재 있는 그대로이며 결혼 전후의 실제 모습은 차이가 없다. 이전에는 상대가 좋은 모습만 보여 주었거나, 내가 상대로부터 보고 싶은 것만 보았을 것이다. '눈꺼풀에 뭣이 씌었다.'는 말이 생각난다.

그들은 그동안 익숙했던 나의 습관이 배우자의 불평을 유발하고 그 결과가 나에게 돌아온다는 사실을 알지 못한다. 말이 많고 애교스러운 아내, 사소한 일에 얽매이지 않고 화통한 남편에게 매력을 느꼈던 호감 요인이 결혼 후 불편함을 초래하는 경우에 배우자들은 우선 상대를 탓하고 비난한다.

나는 조용히 살아왔고 앞으로도 그렇게 지내고 싶으니 당신은 말수를 줄이고 따지지 말라고 한다. 나는 정리정돈을 잘하며 계획적으로 살아왔고 이게 모범적인 거니까 당신이 나를 따라야 한다고 주장한다.

이런 요청을 받은 측도 처음에는 그렇게 해 줌으로써 배우자를 만족시키고자 노력한다. 그러나 이전 습관이 되살아나 상대방을 실망시키고 닦달당하는 것이 억울해진다. 게다가 상대가 의심의 눈초리로 애정의 유무를 확인하는 단계가 되면 갈등과 다툼이 커지는 것은 당연하다.

좀 양보하고 이해해 주면 될 것을, 사소한 일을 가지고 무슨 큰일이 난 것처럼 나를 힘들게 한다는 말인가? 너는 잘못하는 게 없다는 말이냐? 이렇게 홀대하는데 나에 대한 애정이 과연 진짜일까? 이 과정에서 직장에서 받는 스트레스가 커지고 간혹 첫사랑 애인에게서 연락이 오면 혼외관계가 벌어지기도 한다.

이때 필요한 접근은 '나는 누구인가?' 즉 나의 정체성을 파악하는 것이다. 나는 무엇 때문에 말이 많은 상대를 싫어하는가? 그녀의 애교스러움은 말이 많아서이고, 전에는 그 점을 좋아했는데 지금은 왜 싫어할까? 내가 경험하지 않았기에 상대의 말 많음에 호감을 느꼈던 건 아닐까?

말없이 조용하게 지내는 것에 익숙한 나의 아동기 습관이 말 많은 상대와의 적응에 어려움을 주는 것일까? 만약 그녀가 따지고 비난만 하지 않는다면 괜찮지 않을까? 그러면 내가 어떻게 할 때 그녀가 나를 비난하고, 비난을 받은 내가 어떤 반응을 하면 그녀가 화를 내는가? 그 비난을 멈추게 하려면 내가 어찌해야 하는가?

이런 자각이 생길 때 즈음 나는 손등과 손바닥 이야기를 한다.

"결혼 전에는 손등만 보였는데 이제는 손바닥까지 모두 보이는군요. 내가 좋아했던 손등만 취하고 손바닥은 버리라고 할 수 있을까요?"

상대를 원망하고 있다면 그와 관련된 내 어려움의 근거를 살펴보아야 한다. 성공적인 결혼을 원한다면 과거의 나를 벗어나, 상대에 적응하기 쉬운 배우자로서의 변신이 필요하다. 사람들은 이 과정을 통하여 성숙해지며 나아가 개인적, 사회적 삶의 목표에 도달하는 것 같다.

나에게 없는 것을 가진 상대에게 호감을 느끼는 경우를 MBTI에 비추어 살펴보자. 일반적으로 내향적인 사람은 외향적인 사람을, 계획적인 (판단적인) 사람은 융통적인(인식적인) 사람을 좋아하게 된다. 유사한 상대에게 호감을 느끼는 경우도 많고 이들이 경험하는 문제도 빈번하지만, 여기에서는 상반된 상대와의 갈등을 다루려고 한다. 부부 관계 유형에서 예외도 있지만 대부분 계획적 특성은 과학자적, 융통적 특성은 예술가적 모습과 유사한 맥락을 보인다.

앞선 사례를 통해 사소한 특성이 부부 갈등을 키워 부부 관계 유형으로 자리 잡아 만성화됨을 알 수 있었다. 계획적 혹은 융통적으로 구분되는 이 생활양식의 차이가 부부 갈등의 단초가 된다는 것을 실제 사례에서 자주 본다.

☕ 못한 것보다 잘한 것에 비중을 둔다

한 50대 부부의 이야기다. 아내는 장롱 안에 옷을 수북이 쌓아 놓고 살았다. 남편이 보다 못해 차곡차곡 정리해 주면 얼마 안 가서 다시 쌓였다. 이에 남편은 짜증을 내고 결국 싸움이 벌어졌다. 겉으로 보면 그런 습관이 있으리라고 상상할 수 없을 만큼 아내는 세련되고 단정하게 잘 차려입은 모습이었다.

이야기를 들어 보니 남편은 계획적, 아내는 융통적 생활양식에 익숙했다. 남편에 대한 몇 가지 불평을 늘어놓은 다음 아내는 "나도 한 번 자유롭게 살아보고 싶어요. 왜 내 맘대로 좀 하면 안 되나요?"라고 화난 어조로 호소하였다. 남편의 잔소리에 지쳤고, 이제는 듣는 둥 마는 둥 한다고 하였다.

혹시 남편의 잔소리가 아내의 융통적 태도를 강화시키는 것일까? 이 아내는 남편에게 저항하기 위해 더 어깃장을 놓는 것은 아닐까? 그때 시선을 피하고 고개를 숙인 채 잠자코 있던 남편은 차분한 목소리로 마치 독백하듯이 "그 이상 얼마나 더 자유로워야 되는 거지?"라고 하였다.

아내는 자신이 자유롭지 못하다고 불평하는데 남편은 아내가 충분히 자유롭다고 했다. 이들의 차이는 무엇 때문일까? 이후 진행된 상담을 통하여 알게 된 부부 갈등의 단초는 점심식사였다. 모범택시 일을 하는 남편은 반드시 집에 들러 점심을 먹는데, 아내는 하루 이틀도 아니고 평생 동안 그렇게 할 수는 없다고 하소연하였다.

없는 집에 시집 와 아들 둘을 낳아 직장인, 대학생으로 잘 키웠다. 쉬는 날은 물론이고 출근하는 날까지 집에 와서 먹어야 하나, 좀 사 먹으면 어때서… 여태껏 새벽밥에 삼시세끼를 챙겨 주었는데 얼마나 더 고생을 시켜야 직성이 풀리느냐. 이제는 점심식사 신경 쓰지 않고 배우고 싶은 것도 배우고 친구들 모임도 나가고 싶다. 그동안 할 만큼 하지 않았나? 30년 세월을 그렇게 살았다고 하면서 아내는 눈물을 흘렸다.

그러자 남편은 "그럼, 나는 누구에게 하소연하지? 당신만 고생한 게 아니라 나도 엄청 고생했는데…"라고 하였다. 허탈해하는 남편의 모습에서 분노와 적개심은 느껴지지 않았다. 상담 말미에 아내에게 남편이 아내의 고생을 잘 알고 있고 그 점을 인정하는 것 같다는 피드백을 해 주자 아내는 고개를 끄덕였다. 다행이었다.

그 다음 회기에서 나는 부부들을 진심으로 위로하고 격려하였다. 아내가 새벽밥에 삼시세끼를 차려 주는 일을 자그마치 30년간 해 왔다는 것은 누구나 할 수 있는 일이 아니다. 남편이 30년 무사고 운전을 해서 표창장을 받은 것 역시 아무나 할 수 없다. 정말 두 분 모두 잘 살아왔고 집 두 채에 경제적으로도 안정되었다 하니 앞으로 무탈하게 편안한 여생을 보낼 것이라고 강조하였다. 장차 아들이 결혼하여 며느리와 손주들에게 효도를 받으면 얼마나 행복하겠는가?

이런 이야기를 듣는 그들의 표정이 한결 부드러워졌다. 이때 "그동안 잘 몰랐는데 선생님 말씀을 들으니 우리에게 좋은 일도 많았고 감사하네요. 앞으로도 좋을 것 같고…."라고 남편이 말했다. 나는 그 말에 적극적으로 동의하며, 못한 것보다 잘한 것에 비중을 두면 훨씬 기운이 난다고 격려하였다.

이전 회기에서 아내에게 당신이 얼마나 더 자유로워야 되냐고 했던 남편의 말이 떠올라 남편에게 "혹시 아내분에게 바라는 것이 있나요?"라고 물었다. 삼시세끼 식사를 챙긴다는 것은 아내가 남편에게 올인한다는 표시인데 어떤 불만이 있을까? 옷가지를 쌓아 놓고 정리정돈을 하지 않는다는 불만 그것뿐일까? 한참 말없이 앉아 있던 남편은 "집사람은 나를 방치해 두고 저녁에 교회를 가요."라고 하였는데, 나는 '방치'라는 말에 이상한 느낌을 받았다. 방치라니, 아내가 홀로 외출하는 것이 남편을 방치

하는 것인가? 어린아이 돌보듯 하란 말인가?

언젠가 전철 출입구 기기 앞에서 표를 찍기 위해 줄을 서서 기다리던 중 새치기로 앞장서는 중장년 남자를 보며 뒤에 서 있던 비슷한 또래의 다른 남자가 "저러니까 맨날 마누라한테 혼나지."라고 하여 속으로 쓴웃음을 지었던 생각이 났다. 그들의 부부 생활 장면들이 연상되었는데, 아마도 그들은 아내에게서 모성을 기대하는 것은 아니었을까?

자신에 대한 남편의 불만에 대해 불평을 거침없이 쏟아내던 아내는 끝내 숨이 막혀 못살겠다고 하였다. 그나마 교회도 못 가게 하면 이혼하고 싶다. 점심식사를 차려야 하니 낮 시간은 없고 저녁 시간밖에 낼 수 없는 것 아니냐? 함께 교회에 다니자고 여러 번 시도해 보았지만 남편이 싫어하니까 결국 안 되더라. 직장도 오래 다니면 퇴직하는데 이제 나도 퇴직하고 싶다.

작은아이가 대학에 들어가고부터 나도 자유를 찾겠다고 결심했다고 큰소리로 말하던 아내는 끝내 "당신 어머니가 살아 계셨다 해도 이제는 돌아가실 나이인데 언제까지 내가 엄마 역할 해 주기를 바라요? 그만 꿈 좀 깨시지. 어려서 엄마 잃은 게 불쌍해서 잘해 주었더니 한도 끝도 없네."라고 하였다. 이런 아내의 호소를 들으면서, 나는 남편의 어쩐지 기운 없어 보이는 표정과 혼자 말하듯 중얼거리는 말투의 근거를 알아차릴 수 있었다.

네 살 때 어머니와 사별했다면 그때 아이는 온 세상을 잃어버린 것 아닌가? 아무 말 없이 멍하니 앉아 있는 남편에게 나는 어려운 환경에서 엇

나가지 않고 참 잘 살아왔다고 칭찬해 주었다. 그게 쉬운 일이 아닌데…. 그리고 좋은 아내를 만나 자수성가하도록 열심히 내조했으니 그 공을 인정하면 어떻겠냐고 물었다. 그러자 떨리는 목소리로 "집사람이 나를 떼어 놓고 도망갈까 봐 두려워요."라고 말하며 아내를 쳐다보는 남편의 눈시울이 젖어 있었다.

그때 나는 이 남편이 아내를 괴롭히는 잔소리의 실체는 불안과 두려움이라는 것을 알았다. 엄마처럼 믿고 의지하는 아내가 엄마가 떠나듯 어느 날 갑자기 떠날 것 같아 그녀를 불신하고 있었던 것이다. 60세가 다 된 어른의 마음속에는 아직도 울고 있는 어린아이가 있구나.

"왜 사람을 못 믿고 그래요? 이제껏 살아왔는데 나를 그렇게 모르겠어요?"

좀 전과는 다르게 조용히 말하는 아내의 목소리도 젖어 있었다. 부부가 마음을 열고 진솔한 만남을 나누는 순간이었다.

그때 이후 상담은 잘 풀렸고 좋은 성과를 거두며 종결하였다. 남편의 지나친 잔소리와 명령조의 말투가 실제로는 두려움과 불안의 결과물이었다는 것을 알고는 아내의 불만이 줄어들었다. 자신의 약점(정리정돈 부족)만이 문제라고 알고 있던 아내가 남편의 심리적 갈등이 문제의 본질임을 알게 된 것이 상담의 가장 큰 소득이라고 하였다.

나는 아내에게 오래전부터 남편의 입장을 이해하고 의연하게 그를 감싸 준 점에 대해 아낌없이 칭찬해 주었다. 속 좁은 아내였다면 이만큼 잘 살아오지 못했을 것이라고 하니 그녀는 눈물을 흘렸다. 특히 아내가 일찍 어머니를 잃은 남편에 대한 연민을 갖고 돌아가신 어머니의 역할을 의식하면서 살아온 점이 훌륭하다는 것을 남편이 꼭 알아주면 좋겠다고 하였다. 이때 남편은 작은 목소리로 "네, 그렇죠."라고 하며 고개를 끄덕였다. 상담에서 보람을 느낀 소중한 순간이었다.

부부는 서로 양보를 주고받았다. 아내의 저녁 시간 교회 예배는 남편의 출근 날로 정하고 비번 날에는 남편과 함께 집에 머물기로 합의하였다. 남편의 출근 날 점심식사는 매식하는 것으로 변경하여 아내의 자유 시간을 늘리도록 하였다. 가장 중요한 것은 남편이 아내에게 잔소리를 줄이기로 약속한 것이었다. 장롱 속의 아내 옷가지 정리는 이제껏 해 오던 대로 해도 좋겠다고 말하면서 마주 보며 웃는 그들이 내내 행복하기를 빌었다.

☕ 서로 다른 점을 틀린 것이라고 지적하지 않는다

해마다 11월이 되면 나는 을씨년스럽고 서글픈 기분을 느낀다. 과일과 곡식이 열매 맺는 풍성한 가을이 다 지나가고 밤은 길어지는데, 흰 눈 내리는 겨울은 아직 오지 않아 왠지 모르는 망설임과 회한이 찾아오는 것 같다. 그런 11월 말에 나는 N씨의 전화를 받고 깊은 근심에 빠졌다.

차라리 분해서 화를 내면 나으련만 그녀는 차분한 목소리로 이혼을 결정했는데 마지막으로 나를 한 번 만나고 나서 끝내려고 한다고 했다. 몇 년 전에 부부간 성격 차이로 상담을 받고 호전되어 지금은 잘 지낼 거라고 생각했던 터라 당황스러웠다. 남편이 외도를 했다며 방문하여 자세하게 얘기하겠다고 했다.

내가 그녀를 또렷하게 기억하는 것은 그녀의 성격유형검사(MBTI) 결과 중 판단기능(T/F)에서 T(사고형) 점수가 질문항 1개의 차이로 만점에서 벗어난 매우 드문 경우라서였다. 즉 F(감정형)에 속하는 질문항을 단 1개 선택했는데 이는 그녀가 매우 논리적이며 정서적인 면이 취약하다는 점을 시사했다.

반면에 그녀의 남편은 매우 높은 점수의 감정형이었다. 그녀는 외향형, 남편은 내향형이고 판단 기능에서도 상반되었지만, 다른 2가지 척도(인식 기능, 행동 및 생활양식)에서 같은 것으로 나타나 부부 생활 적응에 도움이 된다고 얘기해 주었던 기억이 났다.

성격유형검사 결과를 근거로 평가할 때 사람들을 결정적으로 구분하는 것은 인식 기능(S/N)의 차이인데, 두 사람의 인식 기능이 같은 형으로 나타나 이는 매우 좋은 징조라고 강조했다. 그때 나는 두 사람이 서로 다른 점을 틀린 것이라고 탓하지 말고, 그냥 다르다고 보면서 타협하기 위해 노력하면 행복해진다고 격려하였다. 그리고 부부가 모든 일에서 한결같이 일치해야만 행복한 것은 아니라고 알려 주었다.

몇 년 전 자료에서 N씨의 기록지를 찾아 읽으면서 그들의 일상생활 장면들을 그려 보았다. 그 당시 호소 문제는 두 아이의 육아에 대한 부부간 의견 차이 갈등으로 싸움이 빈번하고 확대되어 도무지 화해가 어렵다는 것이었다. 지금쯤 큰아이는 초등학생, 둘째 아이는 유치원생이 될 만큼

자라서 큰 고비는 넘겼을 텐데 어떤 어려움이 생겼을까 궁금하였다.

그들은 부부가 된 내력이 특이하였다. 같은 대학교 같은 과였고 남편은 아내의 3년 후배였다. 그 당시 남편은 아내를 누나라고 부르며 쫓아다녔고, 도서관의 좋은 자리를 잡아 주고 매점 심부름도 해 주던 사이가 되었다. 아내는 국가고시 공부에 매달려 졸업 후 2년째까지 대학 도서관에 다니며 둘이 마주칠 기회가 있었고, 졸업 3년 후 합격하여 공무원으로 재직하고 있었다.

남편은 재학 중 군 복무를 마치고 복학한 후 다른 분야의 자격을 취득하여 대기업에 들어갔다. 아내가 직장 초년생으로 바빴고 남편이 군대에 있으면서 두 사람은 연락이 끊겼다. 이후 남편의 직장 일이 아내의 업무와 관련되어 재회하게 되었다.

그들은 가끔 만나 데이트를 하면서 함께 했던 학창 시절 이야기를 나누며 즐거웠고, 남매간처럼 만만한 느낌과 상대를 편안한 존재로 인식하게 된 점이 두 사람을 맺어 준 것 같다고 하였다. 연인 사이의 가슴 뛰는 사랑은 아니었고 익숙한 친밀감으로 행복했다고 하였다. 그즈음 아내는 30세를 넘겨 부모님에게 결혼을 재촉받고 있었고, 오래전에 이혼했던 남편의 어머니는 아들의 대학 입학 후에 재혼하였기에 이들의 결혼은 자연스럽게 이루어졌다.

남편이 식기세척기에 그릇을 정리하지 않은 채 돌려서 애들 숟가락에 음식물이 남아 있거나 젖병 소독을 제대로 하지 못하여 청결하지 않으며, 아이를 안아 주는 모습이 거칠다는 등 사소한 것들이 부부 싸움의 빌미가 되었다. 그 당시 남편은 아이들을 데리고 애들 방에서 잠을 자는 아내를 찾아와 그녀 곁에 누워 뒤에서 아내를 안으며, 자기도 안아 달라고 보채는 행동을 하여 그녀가 질색했다는 일화도 있었다.

이런 장면들을 그려 보면서 나는 외동으로 태어난 남편이 부모님의 이혼으로 외롭고 힘든 경험이 많았을 것 같았다. 그러다 보니 연상의 아내에게 기대하는 사랑 또한 유별나지 않았을까 추측해 보았다.

☕ 남편은 왜 외도하였을까

몇 년 만에 만난 N씨는 세월의 흐름을 짐작할 수 있을 정도로 한결 의젓해지고 세련된 직장인의 모습이었다. 겉으로는 아무런 걱정거리 없이 안정되어 보이는 그녀가 속으로는 이혼을 생각할 만큼 지옥 같은 심정이겠다는 생각에 많이 안타까웠다.

나는 허브차를 권하며 천천히 얘기하자고 하였고, N씨는 차를 반쯤 마신 후 침착한 태도였으나 가늘게 떨리는 목소리로 말했다.

"반드시 이혼해야겠다고 결심했는데 아이들 모습을 보면 그게 무너지고, 하루에도 몇 번씩 왔다 갔다 해요. 갈피를 잡을 수가 없네요."

나는 당연하다고 그게 쉽게 될 일이냐고 그녀의 말에 동조하면서 얼마나 힘이 드냐고 위로하였다. 나는 이혼 여부를 결정하는 것은 단박에 해야 하는 급한 일은 아니니, 우선 N씨 자신과 가족을 위해 하루하루를 어떻게 지내야 좀 편안해질지 살펴보자고 하였다. 다음은 그녀의 이야기를 요약한 내용이다.

그동안 N씨 가족에게는 많은 변화가 있었다. 남편이 승진하면서 지사 발령을 받아 지방으로 내려가 주말부부가 된 지 2년이 넘었다. 큰아이가 초등 2년생이고 작은아이는 내년에 초등생이 될 예정이다. 급할 때는 큰 애가 딸이어서 제법 남동생을 챙겨 주는 게 도움이 되기도 하여 양육 스트레스가 좀 줄어들었다.

그런 대로 지낼 만하다고 생각했는데, 지난주에 남편이 살고 있는 지방의 원룸에 내려가 너무나 놀라 그 자리에 털썩 주저앉아 버렸다. 충격을 받아 다리가 떨려 서 있을 수가 없었다. 당시 남편은 1주일 간 해외 출장 중으로 내가 내려간 다음 날 귀국할 예정이었는데 남편이 침대에 누워 세상모르고 잠에 빠져 있었다.

환절기에 모처럼 남편을 위한답시고 두꺼운 이부자리랑 갈아입을 겨울용 옷가지와 밑반찬들을 갖다 놓고, 대청소도 해 놓고, 다음 날 서울 집에서 애들과 함께 반갑게 만날 작정이었다. 그 순간 나는 오만 가지 생각으로 머리가 터질 지경이었다. 이게 도대체 무슨 일일까? 나를 언제부터 얼마나 속이고 이렇게 기만한 것일까?

한참을 그렇게 앉아 있던 내 시야에 침대 옆 테이블에 놓인 그의 휴대폰이 들어왔다. 이것저것 바꾸어 가며 겨우 비번을 풀고 휴대폰을 확인하고는 대경실색했다. 몸이 떨리고 귀에서는 왕왕거리는 소음이 들려왔다. 망치로 앞머리를 한 대 맞은 것마냥 아프고 어지러웠다. 그녀와 주고받은 다정한 카톡 문자가 메아리처럼 귓가에 맴돌았다.

간신히 일어나 물을 한 컵 마시고 정신을 차렸다. 창밖으로 해가 저물어 가고 방안이 어슴푸레 희미해진 가운데 남편이 기지개를 켜며 침대에서 몸을 일으키다가 벽에 기댄 채 방바닥에 두 다리를 뻗고 앉아 있는 나를 보고 소스라치게 놀랐다.

웬일로 여기에 있느냐고 묻는 남편에게 나는 당신이야말로 지금 여기에 있는 것이 웬일이냐고 반문했다. 모든 사연을 다 알고 있으니 구차하게 여러 말 하지 말고 그런 일이 생긴 이유와 앞으로 어떻게 할 건지 계획을 말해 보라고 하였다.

남편은 내 앞에 무릎을 꿇고 한 번만 용서해 달라고 빌었다. 나는 용서로 넘어갈 일이 아니라고 소리 지르며 그의 얼굴을 두 손으로 마구 때렸다. 실루엣만 보일 뿐 환하게 모습이 드러나지 않는 방안의 어두움이 안성맞춤이었다.

분이 풀린 건 아니었으나 팔이 아파 때리던 동작을 멈추고, 그 여자의 정체가 무엇이고 불륜을 저지른 이유는 무엇인지 말해 보라고 하였다. 휴대폰 사진에서 본 그녀는 옷차림이 촌스럽고 생긴 모습도 가꾸지 않은 민낯에 초라하기 짝이 없어 나는 자존심이 상했다.

도대체 무엇을 하는 여자와 어떻게 만났는지 감이 잡히지 않았다. 특히 처자식에게 해외 일정을 이틀이나 속이고 먼저 귀국하여 그녀와 무엇을 했는지 솔직하게 말하라고 다그쳤다.

남편은 일정을 속이려던 것은 아니었다. 재혼한 어머니가 남편과 별거 중인데 교통사고가 났다는 연락을 받았다. 마침 회사 일을 마무리하던 중이어서 비행기를 바꿔 타고 일찍 귀국했고, 오늘 새벽 수술을 마친 어머니를 보고 돌아와 잠을 자던 중이었다. 어머니는 아직 마취에서 깨어나지 못한 상태라고 하였다.

너무 피곤하여 한숨 자고 일어나 나에게 귀국했다는 전화를 하려고 했다. 고속도로에서 버스 추돌사고가 크게 발생한 거라 매스컴을 통해서도 확인할 수 있으니 믿어 달라고 했다. 남편은 일찍 귀국한 것과 그녀와는 관련이 없다고 했으나 내게는 변명으로 들렸다.

결국 나는 그날 밤에 혼자 서울로 돌아왔고, 남편에게는 꼴도 보기 싫으니 아예 집에 오지도 말고 연락도 하지 말라고 했다. 이게 지난주에 있었던 일인데, 사실 말이 그렇지 어떻게 만나지도 않고 연락도 없이 살아갈 수 있겠는가? 이혼을 하더라도 애들이 있어서 완전히 끊어 버리지 못하는 게 현실인데…. 아무리 고민을 해도 대책이 없다.

내가 그후 남편의 태도가 어떤지 물으니, N씨는 그가 매일 아침저녁으로 문자를 보내며 용서를 청하는데 그게 무슨 소용인가? 이제는 어떤 말을 해도 믿을 수가 없다고 하였다. 내가 믿기는 어렵지만 용서를 청한다니 그나마 다행이라고 위로하니 N씨는 "그런다고 현실이 달라지나요?"라고 물으며 허탈하게 웃었다.

그때 N씨가 전해 준 남편의 바람 이야기는 다음과 같다. 남편의 상대녀는 직장의 같은 부서 팀장이다. 남편은 승진은 하였으나 업무가 생소하여 처음 1년간 일이 순조롭게 진행되지 못했는데 팀장이 음으로 양으로 많은 도움을 주었고, 그 덕분에 남편은 그 자리를 감당할 수 있었다.

외모와 달리 그녀는 박사학위를 가진 해외 유학파로 그 분야의 실력과 전문성을 갖춘 에이스였다.

퇴근 후 그들은 저녁식사를 함께 하는 기회가 많아졌고 점점 속 깊은 얘기를 나누게 되었다. N씨의 남편보다 4년 연상인 그녀는 부부 갈등이 심각하여 이혼을 고려하는 중이라고 털어놓았다. 남편도 부부간 성격 차이로 고민이 많았는데 주말부부로 떨어져서 다행스러운 점이 있다고 했다. 이 대목에서 N씨는 남편이 뭐라고 나를 비방했을지 생각하면 뚜껑이 열리고 분을 참지 못하겠다고 하면서, 반드시 복수해 줄 거니까 기다리라고 통보했다고 하였다.

만남이 빈번해지면서 그들은 서로 동병상련의 입장으로 이해가 깊어졌다. 그 지방 근교의 문화 행사에 직장에서 단체로 참가하고 돌아오는 날, 귀갓길이 같은 방향이라 동행하게 되었고 성관계를 갖게 되었다. 이 얘기를 하면서 N씨는 매우 고통스럽고 억울한 표정을 지으며, 남편이 일이 많아 주말에도 바쁘다고 하면서 집에 오지 않았던 적이 있는데, 그게 그녀와 만나느라 자신을 속인 것이라고 분개하였다.

아내는 어린아이를 둘이나 기르며 직장에 다니면서 고생하는데, 남편은 처자식에게는 관심도 없이 강 건너 불구경 하듯 하고 멀리서 자기 한 몸만 위하고 있었다니…. 이건 너무 불공평하지 않은가? 나는 N씨의 처지가 매우 안타깝고 그 남편에게 화가 났다. 괘씸한 사람 같으니….

섭섭하고 외로운 감정은 내 것, 외부에서 대안을 찾지 말고 자기중심을 잡는다

상담 말미에 나는 N씨를 달래며 남편을 한 번 만나보게 해 달라고 하였다. 이미 구면이니 어려울 건 없을 것 같았다. 그리고 내가 그녀의 인성과 능력을 믿는데, 현재의 어려움도 잘 버티어 낼 수 있으리라고 확신한다고 격려해 주었다.

그로부터 2주 후 연말이 다가와 바쁘고 분주한 시기에 N씨의 남편이 나를 찾아왔다. 해를 넘기지 않아 다행이었다. 그는 입이 마르는지 연신 차를 마시며 말이 없었다. "어떻게 지내세요. 참 힘들지요?"라고 내가 말문을 열자 그는 무슨 말을 먼저 꺼낼지 몰라 망설이는 듯 보였다.

연이어 "어머니는 수술 후 좀 어떠세요?"라고 물으니 그는 단박에 눈물을 글썽이며 간신히 장애는 면하셨는데 골반 뼈를 많이 다쳐 장기간 입원해야 한다고 하였다. 대형 사고인데 그나마 운이 좋으셨다고 하니 그는 어머니가 불쌍하다고 하면서 계속 눈물을 흘렸다.

시골 농가에 돈벌이를 다녀오다 사고당한 어머니 인생이 고달파 보여 가슴이 아프다. 초등학교 때 이혼하고 어머니는 나만 바라보고 살아오셨고, 나는 열심히 공부하여 어머니를 호강시켜 드리고 싶었다. 세상 일이 뜻대로 되지 않는데 앞으로 얼마나 더 살아야 내가 잘 살고 있다고 안도할 수 있을지, 그런 기회가 나에게 오는지 답답하고 서글프다고 했다.

나는 그에게 좋은 기회가 이미 와 있는데 그것을 알아차리지 못하고 스스로 불행하다고 느끼며 안도하지 못한다니 참 안타깝다고 얘기해 주었다. 그는 놀란 표정으로 "좋은 기회가 이미 와 있다고요?"라고 물었다.

그때 나는 N씨 남편에게 이제껏 살아오면서 자신의 소망이 이루어진, 좋은 일이 생긴 것을 찾아보자고 제안하였다. 그는 천천히 여러 가지 이야기를 하였다. 고등학교 때 공부한 만큼 성적이 나와 원하던 일류 대학에 들어갔고 어려운 자격증을 따서 좋은 직장에 취직했고, 선배와 결혼하여 건강하고 귀여운 아이를 둘이나 두었고…. 여기까지 얘기를 하고 나서 그는 잠시 말을 멈추었다. 내가 말을 꺼내었다.

"지금 얘기한 그런 일들이 모두 남편분이 잘 살았다고 안도할 수 있을 만한 좋은 기회 아닌가요? 그렇게 이미 기회가 왔었는데요."

이 말을 듣자 그는 다시 매우 뜻밖이라는 표정으로 말했다.

"저는 단 한 번도 제 소망이 이루어져서 기쁘다거나 행복하다는 생각을 한 적이 없었어요."

나는 소망하는 대학에 입학하고 소망하는 직장에 들어가고 소망하는 배우자와 결혼하여 소중한 아이들을 낳고 이렇게 중요한 일을 4가지나 성취하면, 혹시 그중 한 가지만 이루었더라도 다른 사람들은 매우 기쁘고 행복하다고 느낀다고 말해 주었다. 한참 후 그가 물었다.

"그런데 저는 별로 기쁘거나 행복하다거나 그런 생각 없이 매사에 그저 그랬거든요. 신나는 일이 없었어요."

그러면 그렇게 좋은 일이 생겼을 때 어떤 느낌이 들었는지 묻자, 그는 한참 뜸을 들이더니 "아, 한시름 놓았다. 한 고비 넘어 갔구나." 하는 식으로 생각한 것 같다고 하였다. 그러고는 이렇게 말했다.

"지금 선생님 말씀을 들으니 다른 사람들은 기쁘고 행복하다고 할 일을, 저는 왜 그런 생각을 못하고 맥없이 그럭저럭 살아왔을까요? 저는 제가 운이 없고 불행한 사람이라고 생각했거든요."

이 얘기를 들으면서 나는 그가 매우 가엽게 느껴졌다. 맛있는 음식을 먹으면서도 그 맛을 못 느낀다면 얼마나 안타까운 일인가?

N씨 남편은 한동안 멍한 표정으로 앉아 있었다. 나는 그에게 언제부터 스스로 운이 없고 불행한 사람이라고 생각했는지 물었다. 예상했던 대로 그는 초등학교 3학년 때 부모님이 이혼한 후부터인 것 같다고 하였다. 내가 몇 년 전 부부 갈등으로 상담에 처음 왔던 그때는 그런 느낌이 훨씬 증폭되어 자신의 불행이 최고조에 달했을 거라고 말하니 그는 얼른 수긍하였다.

그 말을 하면서 그는 그래도 그때는 지금보다 나았다고 하면서, 기어들어가는 목소리로 요즈음은 죽지 못해 사는 거라고 하였다. 인생을 뒤로 돌아가서 다시 살아 볼 수도 없고…. 정말 답답하고 안타까웠다. 어떻게 하면 이 젊은이에게 용기와 희망을 줄 수 있을까?

나는 그에게 그 팀장과 교제하여 좋았던 게 무엇인지 물었다. 그는 지금 모든 게 뒤죽박죽이라 잘 모르겠고, 처음 가서 일이 서투를 때 도움 받았던 것은 인정한다고 하였다. 그때 나는 같은 부서 직원이니까 그녀가 팀장으로서 도와주는 것은 특별한 게 아니라 당연한 것 아니냐고 물었다. 한 팀으로 같이 평가를 받으니까 돕는 게 그녀 스스로를 위한 것이라고 강조하였다.

그 이야기를 들으면서 그는 그렇다면 결국 좋은 것은 하나도 없었다, 환상이었다고 대답하였다. 그 일은 완전히 자신의 착각으로 자기는 죽일 놈이라고 자책하였다. 한 달이 지났고 해가 바뀌건만 아이들을 못 만나니 몹시 보고 싶고 아내에게도 용서를 비는 문자를 보냈으나 전혀 응답이 없다고 하였다.

N씨 남편의 두 번째 상담은 3주 후에 이루어졌다. 전보다 안정되어 보이는 그의 눈빛을 마주하며 나는 3주가 아니라 3개월 정도는 된 것 같은 느낌을 받았다. 나는 새해가 되었으니 새롭게 시작해 보자고 덕담을 하였다. 이 말에 그는 반가운 기색으로 대뜸 나를 만나서 자신의 인생을 다시 살아 볼 용기를 얻었다고 하였다. 다음은 그가 했던 이야기를 요약한 것이다.

"그때 제 소망을 이룬 것을 물어보셨을 때 저는 놀랐어요. 한 번도 그런 의문을 가진 적이 없었거든요. 그동안 곰곰이 생각해 보니 선생님 말씀대로 다른 사람들은 그중 한 가지라도 이루었다면 정말 행복해했을 거였어요. 그런데 저는 왜 그럭저럭 별 관심 없이 살아왔을까 고민해 봤어요. 늘 상처받고 우울하게 생각하고 느끼며 살다 보니 그 연장선 상에서 당연히 그런 식으로 살았던 것 같아요."

이 말을 들으면서 정말 나는 깜짝 놀랐다. 이 젊은이가 그 사이에 어떻게 이런 자기통찰을 했단 말인가? "그 연장선 상에서 당연히 그런 식으로 살았던 게 어떻게 하는 거지요?"라고 물으니 "별 생각 없이 자동적으로 그러지 않았을까요?"라고 말했다. 내가 너무 반가워 큰소리로 말했다.

"맞아요. 습관이에요. 음식이나 행동에 습관이 있듯이 사람들이 감정을 느끼고 생각하고 말하는 것에도 오래 반복하다 보면 습관이 생겨요. 내가 남편분에게 해 주고 싶은 말을 이렇게 직접 해 주니 고마워요."

나는 그들에게 갖고 있던 걱정이 연기처럼 사라져 버리는 느낌을 받았다. 다음은 그날 내가 했던 이야기를 요약한 것이다.

"감정과 생각의 습관에 젖어 우울하게 살아왔다는 자각을 했으니 이제 새로운 삶의 역사가 시작된 겁니다. 훌륭해요. 몇 년 전 성격 차이로 상담했을 때, 아이들 양육에 대한 의견 차이 때문이라고 했는데 그 기저에는 아내분 원가족과의 관계에서 어려움이 있었지요?

처가를 방문했을 때 장모님이 남편분보다 두 살 위인 처남에게는 시키지 않고 남편분에게 두 집 아이들을 돌보라고 해서 섭섭했다는 일 기억나시죠? 처남의 아내는 주방일을 하고 있고, 처남에게는 할머니 집에 뭐 갖다드리고 올 때 할머니를 모시고 오라는 심부름을 시키려고 오히려 사위를 배려하는 것이었잖아요?

사실은 장모님이 사위를 배려하는 것이었는데, 그와 같이 쉽게 상처받고 우울한 감정에 사로잡히니 매사가 그렇게 느껴지는 거예요. 기쁜 일도 기쁘게 느끼지 못하는 거죠. 마치 혀가 마비되어 미각을 잃어버리면 아무리 맛있는 음식도 그 맛을 느끼지 못하듯이 말이죠.

그 팀장과의 일도 마찬가지예요. 힘들더라도 자기중심을 꼭 붙잡고 버티었더라면 어땠을까요? 그곳에 부임하기 전에 아이 양육과 직장 생활을 병행하는 현실을 인정하고 아내에게 애쓴다고 느끼며 처자식을 응원했더라면 그런 일이 생기지 않았을 것 같아요."

이전에 상담한 이후 좋아지긴 했어도 아내분이 아이들에게만 관심을 쏟아서 좀 섭섭하고 외로웠겠다고 그를 위로하였다. 그 섭섭하고 외로운 감정을 꼭 붙잡고 버티는 것이 자기중심을 잡는 것이고, 섭섭하고 외로운 나머지 다른 것에 마음을 주면 흔들려서 손해를 본다고 말해 주었다. 그리고 이 현실은 금방 달라지지 않으며 자신과 배우자(두 사람 사이에서 비롯하였으므로)만 해결할 수 있다. 노력이 필요한 일이라 쉽지 않은데 혹시 좀 편안해지려고 대안을 찾는다면, 그것은 나를 파멸시킨다는 점을 알아야 한다고 자세히 설명해 주었다.

"두 집안의 격차가 큰 것이 불편하다고 하기 전에 그런 생각을 하는 자신을 객관화시켜 단점과 장점을 통합적으로 살펴보면 흔들리지 않고 자기중심을 잡을 수 있어요. 격차가 느껴질 때 감정적으로는 유쾌하지 않겠지만 장인, 장모님이 집 장만에도 도움을 주시고 아이들에게도 든든하잖아요? 이제는 남편분이 잘해 나갈 수 있게 되어 나도 안심이 돼요. 조금만 더 참고 기다리면 반드시 좋은 일이 생길 거예요."

나는 이런 말을 하면서 그를 격려하였다. 그날 그는 팀장과의 일을 정리하였고, 팀장은 그를 서울 본사로 보내기 위해 서두르고 있으며, 그 내용을 아내도 알고 있다고 하였다. 나는 정말 잘했다고 그를 지지하면서 틈을 내어 N씨를 만나보겠다고 약속하였다. 그는 머지않아 어머니가 퇴원할 예정이며 건강을 회복하는 중이라고 하였다. 어머니한테는 아드님만 계시니 부디 잘해 드리고 힘들더라도 기운을 내라고 격려해 주었다.

불안과 두려움을 전제하지 않는다

내가 N씨에게 전화를 하니 그녀 역시 나를 만나고 싶었다고 하면서 여유로운 시간을 택하여 토요일 오후에 내방하였다. 그녀는 침착하고 단호한 어조로 자신의 피해 사실을 그냥 넘길 수 없다고 강조하며, 그 팀장에게 민사로 위자료 청구소송을 낼 거라고 하였다. 남편의 급여는 모두 자신의 통장으로 입금되어 그 부분에서는 할 게 없고…. 아무리 보아도 복수할 게 그것밖에 없다는 것도 한심하다고 했다.

일단 남편의 휴대폰 번호를 바꾸고 비번을 공유하는데 그 정도로는 어림없다고 하였다. 이혼 결정을 하지는 않았지만 계속 별거 중이라고 했다. 우선 나는 그녀에게 위로의 말을 건네며, 두 사람이 결혼하는 과정에서 서로 매력을 느낀 점이 무엇이었는지 물었다. 그녀는 그들이 상반된 부분에서 끌렸다고 했다. 남편이 순수하고 착하며 자신이 요구하는 것을 잘 받아 주고 배려해 주는 점이 좋았고, 남편은 자신의 논리적이고 당찬 점이 든든하고 의존할 수 있을 것 같아서일 거라고 하였다.

나는 그녀가 당차고 의존할 만한 대상으로 보였다면, 남편분은 거기에서 더 나아가 아내에게 모성적인 것을 기대하지 않았을까라고 하였다. 그 순간 그녀는 나지막하면서도 강한 어조로 "근데 선생님, 저는 그 사람의 아내이지 어머니가 아니잖아요?"라고 말했다. 그 말의 뉘앙스로 볼 때, 아내도 남편의 속마음을 짐작하고 있으며 그 점에 대해 매우 힘들어하고 있다고 느껴졌다. 그녀가 안되어 보였고, 내가 너무 앞서 나간 것일까 싶어 당연히 어머니가 아니라 아내라고 그 말에 맞장구를 쳤다.

N씨 입장에서 보면 남편이 외도를 하여 이혼을 고려하는 마당에 믿고 찾아온 상담선생님이 그런 말을 하니 섭섭하겠지만, 이 부부가 화해하려면 아내는 남편의 미성숙한 기대를, 남편은 아내의 정서적 부족을 인정하고 받아들여야 했다. 혹시 그녀가 이런 점을 간파하고 그게 어려워서 이혼으로 종결하려는 것은 아닐까?

나는 그녀에게 이혼 결정을 하는 데 가장 어려운 점이 무엇인지 물어보니 아이들이고, 그보다 더 중요한 것은 인생 실패를 인정하는 것이라고 하였다. 두 사람 모두 상대가 첫사랑인데, 이 점이 애틋한 느낌이 들어 참 아쉽다고 했다. 나는 두 분의 인연이 정말 소중하고 귀하다고 적극 동조하면서, 시어머니 건강은 어떠시냐고 물었다. 그녀는 기다렸다는 듯 이야기를 꺼내었다.

다음 달 즈음 퇴원 예정인데 당분간은 보상금도 나오고 지낼 만하나 앞으로는 생활 대책이 막막하다. 재혼하면 잘 사시지 또 배신을 당하다니 그분의 삶이 참 피곤하고 짜증난다. 그동안 남편은 자신의 용돈과 시간외 수당에서 조금씩 떼어서 어머니를 도왔는데 장기적으로 대책을 세워야 할 상황이라 걱정이다. 나는 미리 이렇게 계획을 세우려는 모습을 보니 그녀가 좋은 며느리라고 칭찬하며, 남편 상담에서 나왔던 이야기를 전해 주었다.

남편분이 자기중심을 못 잡고 흔들려서 현실을 일탈하여 실수했는데, 이는 어릴 때부터 상처받고 우울한 감정으로 생활하는 습관 때문이라고 스스로 파악하였다. 감정과 생각에도 지속적이고 일관된 습관이 생기는데 특히 남편분은 타인과 자기 자신에 대한 신뢰 경험이 부족하여 쉽사리 감정에 흔들린다. 이런 자신의 특성을 자각하고, 앞으로는 그런 일이 없을 것이라고 단단히 결심했으니 남편분을 한 번만 용서해 주면 어떨까라고 조언하였다.

N씨는 이혼만을 고집하는 것은 아니지만, 앞으로 나쁜 일이 계속될 바에야 차라리 지금 끝장을 내는 것이 낫겠다고 생각했다. 혹시 최근에 나쁜 일이 또 생겼느냐고 물으니, 그녀는 그렇지는 않다고 하면서 의심을 지울 수가 없어서 자신도 불안하고 두렵다고 하였다.

나는 그 불안과 두려움을 스스로 인생 실패라고 일컫는 이혼으로 막아 내려고 한다면, 이는 지나친 과소비가 아닌가라고 물었다. 게다가 지금은 불안과 두려움의 근거가 없는데, 그것을 미리 전제하고 이유로 삼아 일을 결정짓는 것은 어리석은 일이라고 강조하였다.

그녀는 두 눈에 힘을 주고 "그럼 선생님은 무엇을 기준으로 남편이 절대 그따위 짓을 안 할 거라고 말씀하시나요?"라고 물었다. 나는 기준은 없지만 불행한 일이 장차 생길 것을 전제하고, 좋지 않은 일을 미리 결정한다면 필경 후회할 것 같으니 이혼을 하더라도 천천히 더 고민해 보는 게 좋겠다고 말했다.

어렵더라도 일단 3개월을 버티어 보자고 하며 그녀를 달래었다. 내 경험으로 보면 이와 유사한 사례에서 보통 3개월이 고비였다. 그날 나는 이렇게 힘든 상황을 잘 견디고 있으니 N씨가 참 믿음직스럽다고 격려하면서 마음이 좀 가라앉으면 남편분과 함께 만나보자고 권유하였다.

현실을 인식하고 감당하는 힘은 남편보다 그녀가 더 강하고 끈질길 것 같아서 부탁하며 내 입장을 이해해 주기 바란다고 사족 같은 말을 덧붙였다. 자신이 피해자인데 내가 남편의 편을 든다고 섭섭해하지 않을까 신경이 쓰였다. 그때 그녀는 아무리 힘들어도 자신이 판단을 제대로 하지 못하겠느냐고 하면서, 염려 마시라며 나를 안심시켰다.

상담 말미에 그녀는 그 팀장을 한 번 만나서 그 일을 분명하게 정리했는지 확인하고, 위자료 청구소송을 제기할 수도 있다는 소신을 밝히고 남편과 거리를 둘 것을 약속받는 게 어떤지 물었다. 나는 그렇게 하는 게 필요하다고 지지해 주었다. N씨는 나에게 추운 날씨에 건강 조심하라는 인사말까지 남기며 상담실을 나갔다. 예감이 좋았다.

☕ 파트너의 혼외 관계는 상대 파트너에게도 책임이 있다

N씨가 다녀간 바로 그 주에 그녀에게서 예약을 원하는 전화를 받았다. 시어머니가 전화하여 두 사람이 화해하라고 간곡히 부탁했다. 아들을 잘못 기른 탓으로 자신이 사과하니 받아 주고, 며느리가 힘들다면 앞으로 어머니는 안 보고 살아도 괜찮다고 했다고 한다. 그 말에 조금 마음이 풀려 내가 권유했던 부부 합동 상담을 받아 보겠다고 하였다. 정말 다행이었다. 토요일 오후로 예약하면서 나는 다음 달 초 음력설 연휴에는 이들이 함께 집에서 지내게 되기를 염원하였다.

두 사람을 상담실에서 마주했을 때는 N씨가 그 일을 알게 된 지 두 달이 지나서였다. 만남이 내가 예상했던 것보다 앞당겨졌고 남편이 두 달 만에 어제 늦게 집에 들어와 아이들과 함께 밥을 먹고 잠을 자고 왔다는 소식에 감사하였다. 내 일처럼 반갑고 기뻤다. 그들의 표정이 편안해 보이는 것도 다행이었다. 마음이 놓였다. 나는 N씨에게 큰일을 했다고 칭찬하며 그동안 고생 많았다고 격려하였다.

그녀는 상담실에 오기 전에 두 사람의 추억이 깃든 카페에 가서 여러 가지 대화를 나누고 왔다고 하면서, 오래된 곳인데 아직도 그대로 있는 게 참 신기하다고 하였다. 음악도 옛날 것이 나오더라고 했다. 아마도 그곳이 두 분을 기다렸나 보다고 하면서 내가 웃으니 그들도 따라 웃었다. 겨울철 상담실의 차가운 기운이 따스해지는 것 같았다.

그녀는 아직 다 끝난 건 아니라고 강조하며, 일단 이혼을 좀 미루고 더 살펴보겠다고 하였다. 두 사람은 몇 가지 합의를 하였다. 남편의 본사 발령은 서두르지 않고 회사 방침에 따르며 그때까지 한 달에 두 번만 집에 온다. 아내가 위자료 건으로 소송을 거는 대신 아파트 공동명의를 아내 단독명의로 바꾼다. 혹시 불륜이 또 생긴다면 단독명의는 유지하고 소송을 걸겠다.

남편이 극구 말렸지만 아내는 기어이 그 팀장을 만나 자신의 소신을 밝히고 그런 일이 다시는 일어나지 않을 것을 약속받았다. 그리고 아파트 대출금 월 납입액수를 줄여서 어머니 생활비를 정기적으로 드리기로 합의했다고 했다. 나는 참 잘했다고 칭찬하며 그들이 상담 모범생이라 그 약속을 잘 지키리라 믿는다면서 다음 이야기를 해 주었다.

파트너의 혼외 관계는 행위자뿐 아니라 상대 파트너에게도 책임이 있다고 한다. 이는 여러 문헌에서 입증되었다. 이와 관련된 기승전결에 대해 두 분은 이미 잘 파악하고 있을 것이다. 다만 머리로는 알지만 가슴으로 내려와 실행이 안 되어 사람들이 고역을 치르며 살아가는 것이다.

그러자 N씨는 사람들이 힘들다고 모두 외도를 하지는 않지 않느냐고 물었다. 나는 그 말에 동의하면서 개인 차이가 많고, 이성과 감성을 분리하는 것이 다르며, 본능적으로 한계가 있다고 알려 주었다.

중요한 또 한 가지는, 한 개인의 특성 때문에 그런 일이 생겼다고 판단하지 않아야 한다는 것이다. 몸에 밴 습관 때문이며, 어떤 특성이 이유가 되지는 않는다.

해외 논문에서 263쌍의 커플을 대상으로 각각 지난 한 달간 성관계 횟수를 질문한 결과, 두 사람이 일치한 답변보다 일치하지 않은 답변이 더 많았고, 이는 통계적으로 유의미하였다. 같은 생활 사건을 경험했더라도 각 파트너마다 다르게 인지한다는 매우 시사점이 많은 결과가 아닌가?

이 결과의 의미가 무엇인지 두 분은 이해할 테니 서로 다른 점에 대해 다투지 말고 지속적으로 대화하고 타협하면서 지내라고 당부하였다. 서로 눈을 마주 보고 악수를 나누며 나는 그들의 앞날에 좋은 일만 있기를 빌었다.

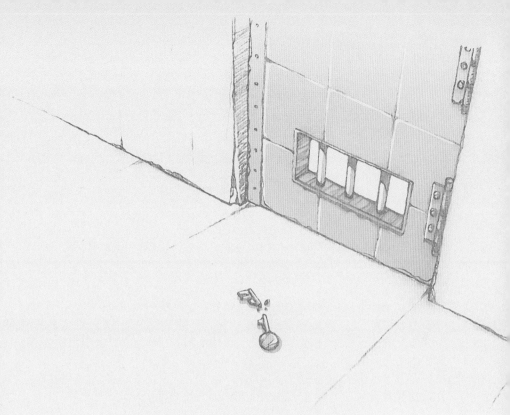

혼인이라는 감옥에 갇힌 죄수

부모의 애착과 성격 형성

．．．．

'판박이'라거나 '붕어빵'이라는 말은 자식이 부모를 닮았다는 재미있는 표현이다. 사람들은 외모뿐 아니라 체질, 식성, 성격 등 여러 면에서 부모를 닮고, 이는 다음 세대로 전수된다. 알코올 중독자 아버지의 아들이 자신은 아버지를 닮지 않겠다고 굳게 결심하고 건전하게 성장한 모습도 그 아버지의 영향이라고 볼 수 있다. 내가 이 점에 주목하는 것은 내담자들의 특성이 아동기 경험에서 분리되지 않았거나, 현재도 부모와 관련되는 경우 개선이 어렵다는 점을 알려 주고 싶어서이다.

누가 나를 건드려 화가 날 때 상대가 내게 하듯 똑같이 되갚아 주는 사람이 있다. 반면에 어떤 사람은 같은 상황에서 그것을 갚아 주기보다 그냥 덮고 넘어간다. 사소한 행동이지만 이는 당사자도 의식하지 못한 사이에 이루어지는 축적된 경험, 습관의 일면이다.

부모와의 애착 경험이 성격 형성의 토대를 이룬다

볼비(J. Bowlby)는 어린 시절에 받은 관심과 사랑의 정도에 따라 미래 대인 관계 패턴이 형성된다는 애착 이론을 정립하였다. 주 양육자의 따뜻한 보살핌은 안정된 애착 관계, 나아가 적응적 대인 관계의 기초가 되고, 상반된 경우 아이는 불안해하거나 회피적 대인 관계를 나타낸다.

이러한 대인 관계 형성은 한 개인이 자기 자신을 어떤 사람으로 인식하는가에서 시작한다. 사랑은 받은 만큼 준다는 말과 같이 자기를 긍정적 존재로 믿으면 타인을 긍정적으로 대하며, 아닌 경우 타인을 믿고 존중하는 것이 어렵게 된다. 이러한 경험들이 개인의 성장과 더불어 축적되어 그 사람의 성격으로 자리를 잡는다. 성격은 애착 관계 형성의 결과물이다.

아동기 정서 발달을 단계적으로 연구한 말러(M. Mahler)는 심리 개별화 이론에서 인간이 애착 관계를 형성하고 애착으로부터 벗어나는 과정을 인간의 심리적 탄생이라고 하였다. 그리고 애착의 결핍은 성장을 저하시키고, 부모와의 애착 경험이 성격 형성의 토대를 이룬다고 하였다.

갓 태어난 신생아는 양육자의 도움으로 생존한다. 의사를 표현하지 못하나 호불호를 감지하며 이 결과가 축적되는 가운데 주변 환경을 경험한다. 젖을 먹고 기분이 좋은 순간, 기저귀가 젖어 불쾌하거나 몸에 열이 나 아픈 순간들, 즉 양육자의 돌봄에 따라 이곳이 편안한지 불편한지를 느끼고 알아 간다. 백일이 지나면 아기는 엄마와 눈을 맞추며 웃고, 두 돌 즈음에는 엄마가 보이지 않아도 옆방에 있다고 믿는다. 좋은 애착 관계를 경험한 아이는 나와 너를 신뢰하며 자신을 소중하게 여기는 자아존중감이 생긴다.

그렇다면 아동기 경험이 취약한 사람은 좋은 성격을 갖지 못한다는 말인가? 처음부터 부모로 태어난 사람은 없기에 자녀 양육에 완벽한 부모는 없으며 결점이 없는 성격은 없다. 여러 시행착오를 겪으며, 아이가 성장함에 따라 아이와 함께 부모도 성숙해 간다.

프로이트는 사람의 마음이 원초아, 자아, 초자아로 구성된다는 구조적 이론을 창안하였다. 그리고 교류 분석 이론을 고안한 번(E. Bern)은 현실적 기능을 수행하는 성인자아(자아)가 본능적 기능을 시도하는 어린이자아(원초아)와 의무와 도덕을 우선하는 부모자아(초자아) 간의 균형을 잡아 주어 적응적 생활을 수행할 수 있다고 하였다.

교류 분석은 사람이 건강하게 살아가는 한 가지 전략이며, 바람직한 배우자 역할도 이에 기반을 둔다. 원인 없는 결과는 없기에 결과를 개선하려면 원인을 바로잡아야 한다는 인과론을 주장한 프로이트의 구조적 이론에 접근한 것이다. 이는 마음의 3가지 기능이 서로 타협하도록 함으로써 적응적 성격 유지의 가능성을 보여 준다.

신생아로부터 만 3세까지의 애착 형성이 대인 관계 패턴을 만들고 이를 바탕으로 성격이 이루어진다. 유아기, 아동기 경험이 성인기까지 지속되어 개인의 성격적 특성을 나타내기에 이는 선천적이고, 성격은 고쳐서 쓰는 게 아니라고도 하지만 나는 이에 동의하지 않는다.

우리는 대체로 성격을 바꾸는 것이 어렵다는 점을 인정한다. 자신의 특성을 잘 알면서도 개선하지 못한 채 살아가니 자연스럽게 대물림된다. 머리로는 알겠는데 가슴으로는 잘 안 된다는 말은 이 점을 반영한다. 어떤 교정적 정서 체험을 하거나 결정적인 전환점을 맞이하여 미해결 정서

나 사건이 해소된다면 개선을 이루는데, 이에는 심리 상담의 도움이 필요하다. 상담 의뢰 시에 어려움이 발생하면 조속한 접근이 중요하다는 점을 강조하고 싶다. 다음은 이와 관련한 매우 안타까운 사례이다.

☕ 본질보다 겉으로 보이는 형식을 우선으로 하다

아내와 대화가 안 되어 여러 가지로 노력했으나 결국 이혼밖에는 방법이 없다고 생각한 남편이 이혼 소송을 제기하였다. 외국 유학 시절 한인 교회에서 만나 결혼한 부부는 신앙심이 독실하여 모든 것이 순탄할 줄 알았다. 아내는 하느님 앞에서 맹세한 결혼이니 무슨 일이 있더라도 흔들리지 않고 당당하게 살아야 한다고 주장하였다.

사소한 일로 의견이 다를 때 타협을 거부하는 아내는 고집불통이었다. 자신의 의견을 끝까지 관철시키고자 사실을 왜곡하였다. 남편이 "당신을 대하면 철벽에 부딪히는 느낌이다."라고 하자, 아내는 "너는 너를 몰라. 너는 행복하고 속으로는 나를 좋아하고 있잖아?"라고 했다. 이럴 때 남편은 아내가 사이비 종교의 교주같이 보였다고 했다.

남편은 독일에서 박사 학위를 받고 연구원으로 근무하며 생활하던 결혼 4년차 즈음부터 이혼을 고려하다가, 중학생이 된 두 아이를 그곳에서 아내와 함께 살게 하고 한국 기업에 취업하여 혼자 귀국하였다. 남편으로서는 아이들과 떨어져 살더라도 선진기술을 보급하여 조국에 기여한다는 명분이 있었고, 이혼을 준비할 수 있는 기회라고 생각했다.

결혼 26년차가 된 지금 딸은 독일에서 대학 졸업 후 취업하였고, 아들은 한국에서 군 복무 중이다. 아내는 3년 전에 영구 귀국하였고, 남편은 아내에게 아파트를 사 주고 생활비도 대 주고 있다.

남편이 협의이혼을 요청했으나 아내가 거부하여 소송을 제기하였다. 남편은 첫 소송에 패소하여 다시 항소한 상태이다. 아내가 마음을 바꾸어 이혼에 동의하도록 하기 위해 상담을 신청했다고 했다.

남편은 이혼하더라도 금전적인 어려움이 없도록 아내를 지원해 줄 거라고 하였다. 이런 점은 이혼을 원하는 다른 남편들과 사뭇 달랐다. 아내는 남편의 배려에 흡족한 상황인데 이혼에 동의할 리가 없지 않는가?

서울에서 대기업의 책임자로 근무하는 남편은 자녀 관계에 소홀함이 없도록 2개월에 한 번씩 독일에 가서 가족과 함께 휴가를 보내거나 여행을 다녔다. 여행지에서 아내와 한방을 사용하면서도 성관계가 없었으며, 혹시 아내의 피부가 팔에 닿으면 뱀처럼 싸늘하고 무서운 느낌이 들었다. 이혼을 원하는 중요한 이유는 자신도 다른 여성과 성을 나누고 싶다는 것이었다. 아내와 버젓이 결혼 생활을 하면서도 다른 여자와 혼외 관계를 갖는 남편들과는 판이하게 다른 모습이었다.

모든 것을 갖춘 교양 있고 체격 좋고 인물 좋은 중년 남자의 속내가 의외로 초라한 것은 무엇 때문일까? 겉으로는 멀쩡해 보이는 이 남편이 아내에게 자신의 솔직한 의사를 전달하거나 아내를 설득시키지 못하는 것은 어떤 내면적 어려움이 있어서일까?

눈에 띄게 빼어난 미인형 얼굴과 몸매에 품위 있게 잘 차려입고 선한 인상을 풍기는 아내는 남편이 소송을 걸었지만 반드시 돌아올 거라고 하였다. 새 아파트에 입주할 때도 남편이 인테리어, 가구 등을 챙겨 주며 명의도 자신의 것으로 해 주었는데, 돌아올 거니까 그렇게 한 것이라고 했다. 남편은 자상하고 아이들에게 최고의 아버지로 정기적으로 독일에 와서 1주일씩 함께 지내는 처자식밖에 모르는 사람이라고 했다.

아내의 이야기를 듣다 보면 남편이 오래전부터 절실히 이혼을 소망한다는 사실을 모르고 말하는 것 같았다. 그런데 이들은 지금 이혼 항소심 과정에 있지 않은가? 남편의 의지를 정말 모르는 것일까, 혹은 알고 싶지 않은 것일까? 3년 이상 재판이 진행되고 있는데 이혼을 하지 않으려면 남편이 왜 이혼을 하려고 하는지, 무엇을 어떻게 하여 그 요구를 물리칠 수 있을지에 대해 집중해야 할 텐데, 아내는 그런 점에 대해서는 무관심하였다. 이상한 느낌이 들었다.

나는 애정 없는 결혼 생활은 아내에게도 의미가 없음을 알려 주었다. 독일에서 거주할 때부터 10년 이상 별거 중인데 실제로는 이혼한 것과 다른 게 없지 않은가? 그녀는 한사코 이혼은 안 되며, 법적인 혼인 유지와 대외적 체면이 중요할 뿐 실제로는 어떻든 괜찮다고 하였다. 나는 비현실적인 주장의 근거가 궁금하였고, 그녀가 뭔가에 경도되어 마음의 문이 닫혀 있다는 느낌이 들었다.

이혼 여부와 상관없이 자신의 존재를 확인하도록 도와주고 싶었다. 나는 그녀가 남편의 주장에 공감하고 적극적으로 그의 의견을 경청하며, 이혼에 동의하는 양 존중하고 남편의 불만을 조금이나마 해소하도록 한다면 화해할 수 있다고 하였다. 그런데 "하느님이 더 좋은 것을 주시려고 이렇게 단련시키는 중이에요."라는 답변을 듣자, 이 아내는 본질이 아니라 형식이 우선이구나 싶었다. 상대의 의견에 아랑곳하지 않는 그녀의 모습을 보면서 아내가 사람을 질리게 한다던 남편의 말이 떠올랐다.

그녀는 남편이 이혼을 원하는 것은 시부모님의 부부 갈등이 심각했기 때문이라고 하였다. 전기도 안 들어오는 산골 출신 시부님이 홀로 상경하여 서울에서 고학으로 대학 교수가 되었고, 결혼하여 여동생 한 명과 외아들인 남편을 두었다. 남편이 마음씨 착한 일류 대학 출신이건만 시부님은 늘 아들에 대해 불만이 많고 꾸지람하는 말씀을 입에 달고 살았다.

남편은 자신이 매우 어리석고 못난 사람이라고 자책하며 아이들은 아빠를 닮지 않아야 한다고 아이들 눈치를 많이 본다. 추호의 부족함이 없도록 모든 것에서 완벽함을 추구하는 시부님은 시모님에게도 잔소리가 많으며, 시모님이 시부님에게 모든 것을 맞추어 주기를 강요하였다. 눈곱만큼도 자유가 없다고 한탄하는 시모님에게 남편은 무한한 연민과 고마움을 마음속 깊이 새기고 있으며, 어머니가 원한다면 목숨이라도 내어놓을 아들이라고 하였다.

그 후 심리 검사 결과 나타난 남편의 여성성에 대한 무한한 지지는 그의 어머니로부터 비롯한 것으로 보이며, 이를 아내에게 투사하는 것으로 사료되었다. 실제로 남편은 사춘기 시절에 아버지의 강압에 견딜 수 없어 가출하고 싶었지만 어머니가 불쌍하여 포기하였다.

남편은 모범적이었으나 어릴 때부터 주눅이 들어 위축된 마음으로 살아와서 자신의 감정과 말이나 행동이 부합하지 않는 이중적이고, 자신감과 주장성이 부족한 성격적 결함을 스스로 알고 있었다. 그리고 오래전에 심리 상담을 받은 적이 있다고 하였다.

나는 남편의 어려움에 맞추어 살아오느라 힘들었겠다고 아내를 위로하며 그런 경험과 관련된 일화를 얘기해 달라고 하였다. 그런데 아내의 대답은 질문의 초점을 벗어나 남편이 얼마나 자신을 위해 주는지를 설명하였다. 마치 남편 자랑을 하듯이….

부부가 서울과 독일에서 별거하면서도 남편은 잊지 않고 기념일에 고가의 선물을 보냈다. 아내는 그가 페미니스트라 싫어할 여자가 없을 거라고 했다. 아내는 서로 좋아하는 정도를 따지자면 남편이 나를 좋아하는 것보다 내가 남편을 좋아하는 것이 훨씬 더 클 거라고 했다.

나는 아내의 이런 마음을 남편이 알고 있는지 물었다. 그와 같이 지극한 아내의 애정을 거부하기는 어렵지 않을까? 노년기에 접어드는 남자에게 이혼만이 살길인가? 그녀는 그가 어렴풋이 알고는 있겠지만, 남편에 대한 자신의 애정 때문에 남편이 이혼 의사를 포기하지는 않을 거라고 답변하였다. 이렇게 알고 있으면서도 남편의 소망을 모른 체하는 아내의 속셈은 도대체 무엇일까? 아내가 자신의 생각을 존중하기는커녕 무시하고 왜곡한다고 좌절하는 남편이 아내의 애정을 느끼기는 어려울 것 같았다. 그런데 아내는 남편의 이런 속마음을 헤아려 보기나 했을까?

나는 대화의 초점을 바꾸어, 그녀에게 남편의 이중적 특성으로 힘들었던 얘기를 들려 달라고 하였다. 간간이 미소를 지으며 얘기를 풀어 가던 아내는 긴장된 표정으로 이런 얘기를 하였다.

남편이 정말 이혼을 원한다면 재판기일에 법원에 나와야 하는데, 변호사만 보내는 것을 보면 진정성을 알 수 없다. 귀국 후 소송 중에 자존심 상하는 피고인 입장에서도 시부모님 간병과 제사를 챙기면서 며느리 역할을 다 해 왔다. 내가 싫으면 시댁에서 마주쳤을 때 진작 오지 말라고 했어야 하는 것 아닌가?

지난달에 이 상담을 시작한 후 시누이 생일에 만났을 때에야 이제는 올 필요 없다고 말하더라. 아들 면회 가는 것도 앞으로는 함께 가지 않겠다고 하더라. 남편은 결혼 생활 내내 이중적인 모습만 보여 주었으니, 어디에 기준을 두고 맞출 수 있었겠느냐고 했다.

참 힘들었겠다고 그녀를 위로해 주며, 나는 남편이 자신의 진심을 분명하게 표현하지 못하는 이유를 그녀가 이해하는지 물었다. 오래전에 남편이 심리 상담을 받았음을 알고 있으니 그의 성격적 결핍을 이해하고, 역지사지로 남편을 공감하고 수용한다면 문제가 풀리지 않았을까?

아내는 "남편이 그렇게 이중적이니까 이혼 요구를 물리치는 게 당연하지 않나요? 남편은 자신의 선택에 확신이 없고, 언젠가 다시 돌아올지 모르니까, 후회할 수도 있으니까요."라고 하였다. 이는 나름대로 일리가 있어 보였다.

이혼 사유가 소통이 안 되는 것이라는데, 나야말로 남편과 소통이 안되어 오래전에 포기하고 살았다. 나는 괜찮다고 하는데 남편은 이기적이라서 못 산다고 하니 판사님이 내 편을 들어 준 것 아닌가? 이제 시댁에 오지 말라고 하고 아들 면회도 동행하지 않겠다고 하니 이혼 의지가 분명한 것 같기는 하다고 했다. 그런데 남편과 소통하지 않아도 괜찮다고 하는 이 아내의 특성은 과연 어떤 것일까?

아내는 남편이 박사학위 논문을 쓰느라 계속 밤샘하여 눈병이 나서 한국에 들어와 입원 치료를 받은 적이 있다. 그때 내가 한 번도 들여다보지 않은 것에 대해 남편이 유감을 갖고 있다. 독일에서 아이들을 돌보아야 했기 때문이라 남편도 인정했지만, 나에게 무정하다는 말을 딱 한 번 한 적이 있다. 그런데 인정했으면 됐지, 그런 말을 왜 하나 이상하더라.

그때 남편이 실명할 정도로 아팠다고 하면서도 민망한 기색 없이 무표정하게 남의 말 하듯 얘기하는 모습에서 아내의 단단한 경계선이 보이는 듯했다. 그 말이 안타깝게 느껴지지 않은 것은 느낌이 없는 말뿐이었기 때문이리라.

 ## 내일 죽는다 해도 오늘 이혼은 반드시 하고 싶다

다음은 이후 남편과의 상담에서 들은 이야기이다.

나는 어린 시절에 아버지의 기대에 맞추는 것이 너무 어려웠고, 늘 무섭고 주눅이 들어 아버지를 피해 다녔다. 아버지는 일찍 일어나 운동·학업 등에서 근면·성실·정직한 생활습관을 기르도록 훈계하셨고, 흐트러진 모습은 허용하지 않았다. 나는 열심히 생활하면서도 항상 잘못하고 있거나, 무엇인지 부족하다는 심정이었고 제대로 내 생각을 표현하지 못한 채 남 앞에서 쩔쩔매는 모습을 드러내곤 했다.

아버지는 어머니를 하대하여 어머니의 결혼 생활은 정말 비참했다. 어머니는 하루라도 내 멋대로 살아 보는 게 꿈이라고 하소연했다. 나는 어머니만 안 계셨다면 집을 뛰쳐나갔을 것이다. 나라도 옆에서 어머니를 지켜 드려야 한다는 사명감이 이제 와서 보면 나 자신을 지켜 준 것 같다.

얘기를 듣고 나는 정말 난감하였다. 이렇게 준수한 사람의 내면이 이토록 허름하며, 그 이유가 아버지의 훈육 때문이라는 점이 믿기지 않았다. 인생살이에 왕도는 없다는 말인가?

고등학교 때는 교회의 주일학교 선생님이나 친구들과 어울리며 운동하는 것이 즐거웠다. 대학원 유학 시절 기독교 모임에서 아내를 만났고, 그녀의 적극적이고 활동적인 모습에 끌렸다. 기도만 하면 모든 일이 잘될 거라는 확신에 찬 그녀의 믿음에 위안을 얻었으며 점점 위축감에서 해방되는 것 같았다. 무슨 일이나 적극적으로 대처하고 흔들리지 않는 그녀를 보면서, 그녀와 결혼하면 나도 그렇게 당당하게 살아갈 수 있겠거니 생각했다.

그 시절 아내를 보면 시원하고 편안한 느낌이 들었다. 그런데 아내가 남편인 자신에게도 그와 같이 안하무인 식으로 자기주장만 내세우며, 내 말을 인정하지 않고 거부하거나 부정하자 당황스러웠다. 너는 모르고 나는 안다는 식으로 대하는 일이 반복되면서 아내에 대한 답답함과 위축감이 더 커졌고, 이런 느낌을 얘기하면 아내는 내 기도가 부족하여 그런 말을 한다고 나무랐다. 그 무렵 아내는 가사와 어린아이들을 돌보느라 바빠 서로 함께하는 시간이 없어서 갈등은 줄었으나 거리감은 더욱 깊고 커졌다.

아이들이 초등학생일 때 아내에게 애들이 크면 이혼하고 싶다고 말했고, 그 후 내가 서울로 이주하여 별거해 왔으니 일찍부터 아내도 이혼에 대해 알고 있었다. 3년 전 서울에 아내 명의로 아파트를 해 줄 때 이혼 조건이라고 분명히 못을 박았다. 아내가 원한다면 전 재산을 주고라도 이혼은 꼭 하고 싶다.

이혼을 한다면 어떤 행복이 올 것인지 묻는 나에게, 그는 내일 죽는다 해도 오늘 이혼은 반드시 하고 싶다고 하였다. 이혼하지 못한 상태로 할 수 없는 일은 결혼뿐이라 혹시 다른 상대가 있는지 물으니, 전에 외로워서 2년 정도 교제했던 여자가 있었지만, 나중에 보니 순수하지 않았고 자신이 아니라 자신의 재산과 지위를 좋아하는 것 같아 정리했다고 하였다. 그는 자신이 유부남인 입장에서 적법하지 않게 혼외 관계를 유지한다는 것이 정말 마음에 걸리는 못할 짓이었다고 하였다.

이 일을 알게 된 아내는 내가 그런 말을 한 적이 전혀 없음에도 자기를 사랑하기 때문에 그녀와 헤어졌다고 하였다. 내가 잠시나마 다른 여자와 가까이 지낸 것에 대해서는 조금이라도 시샘이나 질투가 없이 태연했다. 그런 인물이 왜 이혼을 거부하는지 이상하지 않은가?

아내는 내가 아이들을 만나러 독일에 가는 것을 두고 자기를 사랑해서 그렇게 한다고 주변 지인들에게 자랑하였다. 아내는 가장하는 심리적 기제가 너무 강하고 사사건건 자기중심적이다. 괴물 같다. 아내가 죽었으면 좋겠다. 아니 죽이고 싶다. 저주스럽고 내 인생이 너무 억울하다.

상대를 죽이고 싶다는 마음을 품고 법적인 혼인 관계에 묶여 살아간다는 것은 얼마나 끔찍한 고역인가? 남편의 마음을 짐작하면서도 이를 외면하는 아내에게는 어떤 사연이 있는 걸까? 남편은 이토록 무서운 적개심을 속으로만 삼킬 뿐 아내에게 알리지 못했을 것이다. 알릴 용기가 없었을 것이다.

오히려 친절하게 우대해 주니, 아내가 이혼을 거부하며 남편이 돌아오리라고 믿는 것은 당연하지 않은가? 나는 남편이 아파트도 해 주고 그녀를 배려하니 그 진정성을 의심하고 필경 재결합하게 될 것이라고 생각한다는 아내의 말을 전했다. 그리고 남편이 아내에 대한 분노와 적개심을 조금이나마 표현한다면 서로를 이해하여 개선할 수 있는 단초가 될 거라고 하였다.

아내에게 살의를 느낀다는 부부 관계에서 고통의 극단적 단면을 언제까지 마음속에 품고 살아야 할까? 서로 간의 이해가 절실히 필요한데 이들은 나의 주장을 알아 달라고만 할 뿐 내가 상대를 이해할 마음은 전혀 없는 것 같았다. 우선 나를 표현하고 전달해야 상대가 나를 이해할 수 있지 않을까?

남편은 자신이 이혼을 원하는 원고이고, 아내는 돈벌이 능력이 없으니까 그냥 베풀어 주는 것이다. 아내를 혐오하는 것과 애들 엄마니까 우대하는 것은 분리할 수 있다고 했다. 나는 또다시 아내는 남편분의 배려를 애정으로 보고, 언젠가 돌아올 것이므로 이혼을 거부한다더라고 전해 주었다. 그리고 아내의 주장에 대해 다시 한 번 고민해 보면서 진심으로 자신이 원하는 게 무엇인지 스스로에게 물어 보라고 하였다.

남편은 고뇌에 찬 표정으로 눈을 크게 뜨고 이마에 깊은 주름을 지으며 말했다.

"아내는 평생토록 제 요청을 거부할 겁니다. 선생님이 우리 부부를 도와주려고 애쓰시는 게 정말 죄송하군요. 저는 평생토록 이혼을 주장할 것이고 아내는 계속 거부할 테니까요."

아내가 죽을 때까지 거부할 것임을 알면서도 이혼 주장을 포기할 수 없다니 안타깝고 답답하였다. 나는 진정으로 이혼을 원한다면 이제는 아내에게 좋은 배우자 역할을 멈추고, 남편이 진짜로 이혼을 소망한다는 것을 아내가 실제로 느끼도록 하는 게 좋을 거라고 하였다. 이혼하자면서 좋은 남편 역할을 계속하면 아내가 헷갈리지 않겠는가? 이혼을 원하는 다른 사람들은 자신의 생각과 행동 그리고 상대에 대한 부정적 입장을 솔직하게 상대방에게 전달한다고 얘기해 주었다. 남편은 고개를 숙인 채 깊은 생각에 몰두하며 침묵 속에 앉아 있었다.

개별 상담에서 아내는 눈물을 흘리며 말했다.

"남편은 나를 이기려고 이혼을 주장해요. 남편이 안 바뀌면 나도 안 바뀌요. 내가 자존심, 사회적 위상, 금전도 포기하고 그냥 산다는데 혼인 관계까지 포기하라고 하니 내가 뭘 믿고 어떻게 살 수 있겠어요?"

본질은 놓치고 법적 관계나마 붙잡으려는 아내의 집념이 오히려 나약해 보여 한없이 측은하였다. 재산 분할과 이혼 후 생계를 책임진다는 남편의 약속, 미안하다는 사과의 메시지를 전하면서 나는 당혹스러웠다.

상대방은 생존의 조건으로, 그리고 자신의 정체성을 회복하고자 하는 일념으로 반드시 하고야 말리라는 절대 목표인 이혼을, 아내는 남편에게 지는 것이므로, 확신하지 못하므로 동의할 수 없다고 한다. 이혼 여부를 놓고 대립하는 부부가 지향하는 목표의 비중이 더 무거운 쪽으로 결정이 된다면 어떨까? 남편은 평생의 숙원으로 이혼을 주장하고, 아내는 안정된 것으로 보이는 삶의 방식을 위해 이혼을 거부한다. 이들이 이런 차이를 진솔하게 타협하고 서로 간에 이해를 구하기가 그토록 어려운가?

나 자신에게 소중한 것은 무엇인가

그렇다면 이들은 지금 행복한가? 행복이 어떤 것인지 묻는 나에게 아내는 신앙 생활을 열심히 하는 것이라고, 하느님이 더 좋은 것을 주시려고 지금 단련을 시키는 것이니 남편은 돌아올 거라고 대답하였다. 안타까워하는 나의 표정을 읽었는지 그녀는 이렇게 말했다.

"내가 그렇게 많이 사과했으니 자기가 마음 한 번 바꾸어 먹으면 될 일, 그게 뭐 그리 어렵단 말인가요? 간단히 그저 마음 한 번 바꾸어 먹으면 되잖아요."

남편의 마음 깊은 곳에 잠재된 분노와 적개심에 대해서는 전혀 관심이 없는 아내의 모습을 보면서 나는 출구가 없는 막다른 골목에 서 있는 느낌이 들었다. 자, 어디로 가면 좋을까?

나는 부부 관계를 이기고 지는 대결 구도로 이해했다면 그동안 몹시 힘들었겠다고 그녀를 위로하였다. 정말로 그녀가 안되어 보였고, 철벽같이 닫힌 마음의 문 안에 가두어 놓아 움직이지 않는, 박제된 표본 같은 그들 부부의 모습이 연상되었다. 20년 이상 남편과 거리를 두고 소통하지 않아도 괜찮다고 살아온 그녀의 마음은 단단히 얼어붙었으리라.

그녀의 마음을 이렇게 경직되게 만들어 온 그들 부부의 삶의 면면이 파노라마처럼 스쳐 갔다.

"이혼을 하자는 남편과 오랜 세월 살아오느라 얼마나 고생이 많았어요? 이혼하면 불행해질까 봐 불안하고 두렵지요? 그래서 남편과 소통하지 않아도 괜찮다 하고, 그러니까 지금도 행복하진 않은 거네요."

그 순간, 나는 부디 그녀가 마음의 문을 열어서 현실을 직시하고 참으로 나 자신에게 소중한 것이 무엇인지 통찰하기를 바랐다. 그때 아내는 애써 눈물을 참으며 다음과 같은 이야기를 들려주었다.

아내의 외할아버지가 일본 유학 후, 고향에서 유대가 깊었던 두 집안 부모님의 뜻에 따라 외할머니와 결혼하여 딸 둘을 낳았다(맏딸이 아내의 어머니). 법관 재직 중에 정계 우두머리의 권유로 국회의원이 된 외할아버지는 재선에 성공했으나, 세 번째 도전에서 정적의 모략으로 좌익이라는 낙인이 찍혀 실패하고 말았다.

불운은 끝나지 않았다. 일본 유학 때 절친했던 친구가 간첩으로 구속되고, 비서가 외할아버지에게 불리한 증언을 하여 결국 외할아버지가 투

옥되었다. 이는 두 집안을 몰락시키는 계기가 되었다. 비서가 정적에게 매수된 사실이 밝혀졌으나, 이미 옥고를 치르고 나온 외할아버지는 사망한 후였다.

양장점을 운영하여 두 딸을 기른 외할머니는 말끝마다 사람이 무섭다고 하면서 딸들을 단속하였다. 함부로 사람을 사귀지 말고 아무한테나 마음을 열어서는 안 된다, 초지일관 주관을 지켜야 한다고 가르쳤다. 배신이 뼈에 사무쳤던 것이다.

남을 경계하라는 외할머니의 가르침에 따라 불안과 두려움 속에서 살아온 어머니는 다행히 법관의 아들로 기독교인인 따뜻한 성품의 아버지를 만나 결혼하여 딸 셋(맏딸이 아내)을 낳고 화목한 가정을 꾸렸다. 어머니는 오로지 하느님만 믿을 뿐 사람은 절대 믿으면 안 된다고 가르쳤다.

독일 유학도 신앙심이 깊고 독신으로 생활하는 고모님 집에서 살면서 가까운 학교를 다닐 수 있어서 가까스로 부모님이 허락했다고 한다. 어머니는 친정의 비극은 아버지(아내의 외할아버지)가 사람을 잘못 사귄 탓이라고 보고, 매사를 배타적으로 생각하며 사람을 경계해야 한다고 가르쳤다. 고생만 하며 살다간 어머니(아내의 외할머니)에 대한 연민이 되살아날 때는 어김없이, 남들에게 넘어가면 큰일 난다고 딸들을 다그쳤다. 아내는 조심해서 나쁠 건 없으니까 자신도 어머니를 닮게 되었다고 하였다.

"결혼은 부부간 약속보다 하느님 앞에서 맹세한 결혼서약이 더 중요하죠. 그건 깨면 안 되는 거잖아요. 이혼하면 내 장래가 불투명해져요. 앞날은 한 치도 내다볼 수 없고, 저는 정말 이렇게 비관적인 미래를 감당할 자신이 없어요."

아내의 이야기를 들으면서 나는 아내의 마음이 철벽과 같다는 남편의 말이 생각났고 이해되었다. 남의 말에 넘어가면 안 된다고 미리 방어하며 살아왔으니 타인을 이해하고 공감하는 것이 불가능했으리라. 그리고 어머니의 심리, 불안과 공포가 그대로 딸에게 전수되었으리라는 이론적 해석이 떠올랐다.

애착 관계가 대물림된다

오랫동안 부부 상담 일을 해 왔지만 이토록 안타까운 일은 없었다. 학력, 인성, 외모, 재력 등 부족함이 없는 부부가 자기 자신과 배우자에게 노력하면서도 이렇게 서로에게 고통을 줄 수밖에 없단 말인가? 그야말로 알 수 없는 일이었다. 더구나 이 두려움과 공포는 어머니의 것이고 자신에게는 실재하는 원인이 없는 결과인데….

어릴 적부터 습득된 아내의 방어기제 심리는 마치 갑옷과 같이 단단하게 아내를 감싸고 있어 누구와도 상호적 소통이 어려웠으리라. 조금이나마 자신의 공포감을 유발시킬 상황이 되면 자동적으로 거부하며 자신에게 유리하게 판을 바꾸어 버릴 것이다. 이중적 특성을 나타내는 남편과의 상호 작용에서는 더욱 그런 경우가 빈번하고 수월할 것으로 보였다. 그런 결과를 남편은 수용하기 어려웠을 테고, 감당하기 힘들어서 끈질기게 이혼을 시도해 왔을 것이다.

나는 그녀가 남편이 이혼을 요청하는 현실적 두려움과 불안, 그녀의 미래에 대한 불안, 그리고 어머니의 과거사에서 전수된 두려움과 불안, 이 3가지로 각각 나누어서 면밀하게 살펴보도록 상담을 진행하였다.

그 후 시행된 심리 검사에서 남편은 이성의 역할에 동조하는 경향이 매우 높게 나타나 분노를 간직한 채 아내를 배려하는 행위가 설명되었고, 이는 어머니에 대한 동일시를 시사해 주었다. 아내의 높은 수준의 두려움과 공포는 설명 요인이 발견되지 않았는데, 다른 피검사자의 경우 이와 같은 결과(높은 수준의 두려움과 공포)에는 높은 수준의 우울, 불안, 강박이 선행되는 것과 비교하면 매우 다른 현상이었다.

우울, 불안 척도가 안정된 상태로 나타난 것으로 보아 아내의 심각한 두려움과 공포는 실체가 없는 가상의 것이며, 이를 느끼지 않으므로 남편의 힘든 상태를 감지하지 못했을 것이다. "머리로는 알겠는데 마음으로 내려오지 않아요."라는 그녀의 진술이 해명되는 대목이었다.

높게 나타난 아내의 방어 기능은 수긍하기 어려운 호소를 하는 남편을 거부하고 좌절시켰다. 반면에 자기비하감이 높고 나약한 남편은 자신을 보호하는 방어 기능이 매우 낮아 번번이 아내로부터 거절당하고 자기 패배감에 빠져 들었을 것이다.

방어 기능에서의 현격한 차이가 두 배우자 간 소통에 큰 걸림돌이 되었음이 분명했다. 자존감과 주장성이 매우 낮은 남편은 이혼이라는 과제 달성으로 간수 같은 아내(자신은 죄수, 아내는 간수라는 남편의 비유)를 이겨 냄으로써 자존감과 자기주장성을 증진하고자 하고, 아내는 결혼을 담보함으로써 비관적일 것 같은 자신의 미래에 대한 안정을 보장하고자 했다.

일상생활 기능 수준은 높으나 위축되고 자존감이 취약한 남편은 아버지로부터, 비현실적인 공포와 두려움으로 미래를 불신하는 아내는 어머니로부터 전수된 특성의 영향임을 볼 때 애착 관계의 대물림을 확인하게 된다. 이 부부의 이혼에 대한 줄 당기기는 자기 성장과 방어를 도모하는 인간의 눈물겨운 투쟁과도 같아 매우 놀랍고 측은하였다.

과거의 경험 세계를 벗어나는 것이 쉽지 않다

배우자 개별로 진행된 상담이 3개월이 지나고 어느덧 가을이 되었다. 늦가을의 청명한 기운은 사람들이 마음을 비우기에 적합해 보였다. 욕심을 내려놓기에 어울리는 날씨였다. 아내를 만나지 않겠다고 하는 남편에게 나는 합동 상담을 권유하며, 계약을 어기는 쪽은 남편이니 본인이 직접 아내에게 사과하고 간곡히 이혼을 허락해 달라고 간청하기를 당부하였다. 당사자의 진정 어린 부탁이 아내의 마음의 문을 두드릴 수 있지 않을까?

첫 번째 합동 상담에서 남편은 고개를 숙이고 아내에게 눈길도 주지 않은 채 자신의 입장을 설명하였다.

"결혼 초부터 소통이 안 되는 고통을 극복하려고 노력했어. 마음을 다 잡으려고 둘째를 낳았는데 그 역시 나 스스로를 속이는 거였어. 결혼을 통해서 나는 내가 아닌 이상한 사람이 되어 가더라. 당신의 이혼 거부가 타인의 시각, 아이들이 받을 상처 때문이라고 하는데 그것이 내 여생보다 더 중요한가? 이혼 얘기 꺼낸 지 15년이 되었는데 아직도 내 소원을 못 믿는 건가? 애들을 위해, 당신을 위해 나는 할 만큼 했어. 아직도 거부한다면 나를 죽이는 것이야. 언제까지 같은 이야기를 해야 할까?"

그때 아내는 남편의 언급에 대한 답변 없이 잠자코 있다가 그냥 맡기겠다고 하였다. 내가 맡긴다는 것이 어떻게 하는 것인지 묻자, "하느님이요."라고 짧게 말하며 의자에서 일어나 서둘러 상담실을 나갔다.

두 번째 합동 상담에서 아내가 "유책 이유가 모두 내게 있다는 남편의 주장은 인정하지 못하겠네요."라고 말하는 순간, 남편은 의자에서 일어나 아내 앞에 무릎을 꿇고 "내 잘못이니 용서하고 이혼해 줘!" 하며 빌었고, 아내는 어떤 반응도 보이지 않았다. 그때 남편은 갑자기 아내의 발을 두 손으로 붙잡고 고개를 숙인 채 "제발 이혼해 줘! 이혼해 달라고⋯." 하며 큰소리로 울며 애원했다. 몇 분이 지나 "○○아빠, 그러지 마. 일어나." 라는 아내의 말에 남편은 천천히 일어나 물을 마신 후 잠시 앉아 있다가 먼저 귀가했다.

순식간에 일어난 이런 광경을 나는 처음 보았고 몹시 놀랐다. 부부가 큰소리로 언쟁을 하며 폭발적인 분노를 삭이지 못하고 싸우는 경우는 있었지만, 두 배우자가 한 사람은 갑이고 한 사람은 을인 양 자연스럽게 수직적인 태도를 취하는데, 내면적으로는 전혀 상반된 심리로 기능하는 경우는 처음이었다. 이러한 모순이 현실에서 나타나다니⋯. 결혼은 그야

말로 미스터리다.

남편이 자리를 떠난 후 아내는, 남편은 누가 옆에 있으면 저렇게 더 흥분하고 과장한다고 별 일 아니라면서 예사롭게 얘기했다. 이에 나는 또다시 놀라움을 감출 수 없었다. 어찌 그 모습이 별 일이 아니란 말인가?

마지막 회기 때 일찍 귀가한 남편은 나에게, 아내와 싸우지 않고 속 깊은 이야기를 할 수 있었고 자신을 정리하게 되어 고맙다는 감사의 메일을 보내 왔다. 이제 이혼을 위해 자신이 할 수 있는 일은 다했으니 판사님의 결정만 기다리겠다는 내용도 덧붙였다.

그날 남편이 먼저 귀가한 후 아내는, 남편이 이혼해 달라고 애원하면서도 자신의 발을 꼭 붙잡고 있었던 것은 남편이 이중적인 사람이라는 증표라고 하였다. 나는 이전 상담에서 하느님께 순종하는 것만이 인간 최고의 덕목이라고 강조하던 아내에게 창세기의 야곱 이야기를 예로 든 적이 있다. 속임수로 형 에사오의 축복을 가로채었으나 결국 야곱의 후손으로 그리스도교 신앙의 원조를 삼은 하느님의 섭리는 인간의 본능적 욕구를 보듬어 준 것이 아닌가라고 반론을 제시한 것이다.

아내는 내게 그때 일을 상기시키며 내가 그 예시를 언급한 것은 남편이 자신의 발을 붙잡고 있었던 행위(겉으로는 이혼을 요청하면서도 실은 자신의 이혼 거부에 남편이 동조한다고 생각하는 듯했다. 그러나 남편 입장에서 본다면 어떻게든 자신의 소망을 이루고자 하는 끈질긴 시도로 해석할 수 있다.)와 관련되기에 그 의미가 매우 크다고 하였다. 특히 야곱이라는 이름이 발목을 붙잡는다는 뜻이므로 더욱 그렇다고 하며 내게 감사하다고 하였다.

나는 하느님을 향한 인간의 순종이 은총임과 더불어 포기하지 않고 지속적으로 이혼을 촉구하는 남편이, 야곱이 규율을 어기면서까지 자신의 목표를 이루고자 했던 것처럼 아내와의 약속을 어겨서라도 자신의 소망대로 살고 싶어 하는 남편의 진솔한 욕구에 대해 그녀의 관심을 촉구하고자 한 것이라는 얘기를 하고 싶었으나, 끝내 그 말을 할 수 없었다. 말하려는 순간 아내가 "남편은 언젠가 반드시 돌아올 것이에요."라고 확신에 차서 말했기 때문이다. 그녀의 분절된 논리에 당혹스러웠고 매우 놀라웠다.

성서 이야기를 자신의 입장에 유리하게 각색하여 논리에 맞지 않게 풀어내는 아내의 태도에 '아전인수(我田引水)'라는 말이 생각났다. 그녀는 이렇게 판을 바꾸는 것을 자신에게 유익한 것으로 알고 살아온 것일까? 그녀가 매우 측은하게 느껴졌다.

그 후로 몇 달이 지난 이듬해 어느 봄날, 이혼 판결이 났다는 남편의 전화를 받았다.

"이제 내일 죽더라도 오늘은 마음 편하게 살게 되었습니다. 진정한 나로 살게 되어 고맙습니다."

그때 내 머릿속에는 아내의 모습이 떠올랐다. 그녀를 통해 과거의 경험 세계를 벗어나는 것이 무척 어렵다는 것을 배울 수 있었다. 나는 그 아내가 편안하게 잘 살아가기를 간절히 빌었다. 자신의 것도 아닌 불안과 두려움의 옷을 입고 고생했던 그녀를 생각하며 나의 미진함을 돌아보았다. 그 옷을 벗겨 줬어야 했는데….

☕ 부모와의 애착 관계가 자녀의 성격 특성에 영향을 끼치다

이와 유사한 사례가 또 있었다. 종갓집 맏며느리가 식당 알바로 취업하였다. 제사와 명절 음식을 너무 많이 준비하여 낭비가 심하다며, 손이 크다고 꾸짖는 시어머니의 잔소리에 지쳐 나도 돈을 좀 벌어 보겠다고 작심하였다.

어느 날 식당의 중년 남성 단골손님이 교통사고를 당한 딸아이의 수술비가 없다고 울면서 하소연하여 갖고 있던 돈을 꾸어 주었다. 그 돈을 돌려받기도 전에 그 사람이 또 부도난 빚을 갚고 사업을 재기하도록 도와달라고 간청하여, 지인들에게서 꽤 많은 돈을 융통하여 꾸어 주었다. 그런데 그 남자는 종적을 감추었고 꾸어 준 돈은 떼이고 말았다.

그녀의 남편은 아버지로부터 물려받은 땅을 팔아 지인들 빚을 갚아 주고는 억울하다고 하면서 가출하였다. 도로 공사 사업을 하는 남편은 본인도 급전이 필요할 때 사채를 쓸망정 빚 얻어 오라고 아내를 귀찮게 하지 않았는데 엉뚱한 놈한테 사기를 당했으니 돈만 꾸어 주었느냐고 아내를 몰아붙였다. 도시 근교에서 농사를 크게 짓는 종가 집안의 장손인 남편은 아내에게 살림만 시켰고 궂은 농사일은 손도 못 대게 하면서 그녀를 아끼고 사랑했던 것이 허무하다고 하며 술만 마셨다. 결국 남편은 마음 붙일 곳이 없다고 한탄하며 사업도 집어치우고 집을 나가 여기저기 떠돌아다니는 중이라고 하였다.

아내는 "네가 돈 한 푼 벌어 오냐?", "그렇게 살림하다가 집안 다 들어 먹겠다."고 하루건너 야단치는 시어머니가 무서웠고 몹시 억울하였다. 나 혼자 먹는 것도 아니고 제사에 오는 친척들이 집에 갈 때 싸 주려고 음식 준비를 넉넉하게 하였고, 그것은 어머니께 보고 배운 것인데…. 막내아들이 중학교 입학만 하면 돈 벌러 나가겠다고 벼르고 별렀다. 말끝마다 되풀이하는 "그렇게 하다가 집안 다 들어 먹겠다."는 시어머니의 꾸지람이 항상 귓전을 맴돌며 그녀를 괴롭혔다. 늘 두렵고 불안하였다.

집안이 가난했던 아내는 초등학교 2학년 때 부자 친척집에 양녀로 들어가 그 집에서 여고를 졸업하고 중매 결혼하였다. 언니와 오빠가 있었지만 나이 차이가 많아서 어울리지 못했고, 양부모는 부유했으나 엄격하고 무서워서 못 올 곳에 와 있는 양 항상 조마조마하고 불안하였다. 가끔 친부모님이라면 사랑으로 대해 주었을 텐데 하는 아쉬움과 섭섭함이 슬픔으로 쌓였다. 친부모라고 하여 혼내지 않고 매사에 따뜻이 대해 줄 리 없는데도 단지 양부모라는 입장이 그녀에게는 그분들이 매정하게 보이도록 하는 빌미가 되었다는 점을 그때는 알지 못했다.

그 남자가 딸아이의 수술비를 꾸어 달라고 울면서 호소했던 모습이 그녀의 마음을 사로잡았다. 늘 ○○엄마, ○○댁으로 불리는 그녀에게 그 남자가 ○○씨라고 불러 주자 자신을 매우 소중하게 존중해 주는 모습으로 다가왔다. 자신을 그 딸아이 자리에 대입시키고 딸을 위해 울며 호소하는 그 남자로부터 그녀는 아버지의 정을 느꼈던 것일까? 가난했더라도 친부모와 살았더라면 그녀의 말마따나 '항상 허전하고 부질없이 그리운' 마음은 없었으련만…. 그랬더라면 모른 체 외면하지 못하고 쉽게 마음이 동하여 큰돈을 꾸어 주지는 않았을 텐데….

한 가지 놀라운 사실은, 별세한 아내의 시아버지도 선대에서 물려받은 전답을 팔아 시어머니의 빚을 갚아 주었다는 것이다. 동네 부인네들과 함께 하는 계의 계원 한 사람이 미리 받은 곗돈을 갖고 야반도주를 하여 계주를 맡은 시어머니가 책임을 져야 했다고 한다. 결국 "그렇게 하다가 집안 다 들어 먹겠다."는 꾸지람은 시어머니가 자신에게 하는 말 아니었던가?

시어머니가 오래전에 겪은 악몽과 같았던 사건을 경계하여 며느리를 가르치려 했던 시도였으나, 되풀이되는 가족사의 인연이 참으로 끈질기고 모질었다. "내 아들 데리고 들어오기 전에는 집에 못 들어온다."고 시모님에게서 쫓겨난 그녀는 그 후 소식이 끊겼다. 무소식이 희소식이라고, 남편의 사랑이 극진했으니 잘 살고 있겠지.

부모와의 애착 관계가 자녀 세대에 이르러 당사자의 성격 특성에 영향을 끼치고 그것이 인생살이의 여러 국면을 좌우하는 것을 보면, 그 장면 하나 하나가 말 그대로 파란만장하지 않은가? 놀랍기만 하다.

TV에 나가 모두 까발리고 싶었다

가족 관계의 부부 관계 전수

••••

이 글을 쓰면서 나는 부부 갈등과 가족 갈등 중 어느 것을 앞세울까 잠시 망설였다. 닭이 먼저냐 달걀이 먼저냐 같은 말이지만 제목에 글의 메시지를 담고 싶었다. 부부 생활 부적응이 심각해져 부모 자녀 갈등으로 번지고, 이것이 만성화하여 가족 갈등으로 확대되는 것이 일반적이므로 부부가 먼저라고 생각되었다. 그러나 이 이야기는 부모의 부부 갈등 그리고 자식에 대한 어머니의 편애가 자식들의 부부 관계와 밀접하게 관련되기에 가족 갈등을 먼저 기술하였다.

결혼 만족을 주제로 학위 논문을 준비하면서 그 요인을 찾기 위해 상담 전문가를 대상으로 예비조사를 하였다. 중요도 4위까지의 요인을 중심으로 논문을 완성하였는데, 1위는 부부 대화, 2위는 부부 관계(성관계를 포함한 부부 상호 작용), 3위는 (자신의) 원가족 관계, 4위는 자아 분화(감성과 이성을 분리하는 기능)였다.

이 4가지 요인이 만족스러운 결혼 생활과 관련이 크다는 결론을 얻은 본 논문에서 원가족 관계는 부부 대화나 부부 관계보다 상관계수가 낮았고, 문제 유형별 상담 의뢰 빈도수도 낮았다. 그러나 부모의 부적응적 부부 관계 특성이 자녀의 부부 관계에 영향을 미치고, 그 결과가 다음 세대로 전수되기 때문에 이 현상은 신속히 개선되어야 한다. 그리고 고부 갈등이나 장서 갈등, 즉 배우자의 원가족과 문제를 경험하는 사람들은 대부분 자신의 원가족 관계에서 어려움이 있었다. 이 글에서는 가족 갈등이 부부 갈등으로 이어지는 과정과 그 결과를 살펴보려 한다.

☕ 가족 간에 서로 편을 갈라 싸우다

소한을 며칠 앞둔 추운 겨울날, 패딩 코트에 모직 숄을 두른 여자가 젊은 여자의 팔을 붙잡고 상담실로 들어왔다. 소파에 앉으며 코트를 벗으니 그녀는 매우 작고 체격이 왜소했다. 그녀는 동행한 사람이 둘째아들과 이혼한 전 며느리라고 소개했다.

잔주름이 많았지만 예쁘장한 편인 그녀는 큰 눈으로 나를 쏘아보듯 주시하며, 억울한 일이 얼마나 많으면 이렇게 함께 왔겠느냐고 하였다. 자신은 조선시대 노비처럼 살아왔다며 한이 맺혀 TV 토크쇼에 나가서 모두 다 까발릴 것이라고 했다. 반드시 이혼해야 하며 이제는 정리만 남았다, 아니면 칼부림이 날 수 있다고 하면서 울었다.

전 며느리는 아이 양육을 도와줄 사람이 없는데 어머니가 다섯 살 된 아들을 길러 주니 잘해 드리고 싶다. 결혼 전부터 계속 공무원으로 재직해 왔고, 2년 전 이혼한 후 혼자 살고 있다. 전 시댁은 자식이 부모 앞에서 대놓고 욕설을 하는 이상한 집안이라고 하였다.

남편보다 두 살 많은 60대 중반의 아내는 2남을 두었는데 두 아들 모두 이혼했다. 아내는 남편의 외도를 더 이상 못 참겠고 재산이 없어지기 전에 내 몫을 챙겨야 노후 보장이 될 것이라 소송을 걸었다. 도매 시장에서 의류를 제작하는 남편은 돈을 많이 벌어 아파트와 상가 여러 채를 갖고 있는데, 소송 제기 후 생활비로 주던 푼돈마저 끊었다. 그 분풀이로 아내는 아파트 난방 밸브를 모두 잠그고 (손자에게는 전기장판을 깔아 주고) 한파 속에서 고생하면서 살고 있었다.

아버지로부터 받은 아파트를 임대 준 큰아들은 월세 받는 것도 있건만 집에 들어와 살면서 생활비를 한 푼도 안 내고 있고, 작은아들은 형보다 못한 아파트를 받았다고 불평하는데 그것도 사업 실패로 날리고 이혼한 후 아이를 데리고 부모 집에서 살고 있었다. 40대 초반의 두 아들과 손자 그리고 부부가 복잡한 스트레스를 가슴속에 품은 채 모두 한집에서 살며 두 편으로 갈라져 싸우는 상황이 벌어지고 있었다.

아버지와 큰아들 그리고 어머니와 작은아들이 편을 나누어 서로 말을 하지 않고 지낸 지 두 달이 넘었다. 작은아들은 어머니 방문에 '누구든지 난방 밸브를 열면 피를 볼 줄 알아라.'라는 문구를 써 붙였다. 법원 조사관의 상담의뢰서를 보고 대략 알고 있었지만, 실제 얘기를 들으니 보통 심각한 일이 아니었다. 가족이 서로 피를 볼 정도로 싸우는 게 진짜란 말인가? 참 난감하였다.

☕ 자식이 부모의 이혼을 부추기다

한동네에서 만나 잠시 사귀었던 20대 청춘 남녀가 갑작스런 임신으로 부부가 되었다. 아내는 "너는 이제 그 집 귀신이 되어야 한다."고 쫓아내듯 나를 시댁으로 보낸 어머니를, 저세상에 가면 꼭 만나서 이유를 따지겠다고 하였다. 아내는 시어머니가 자신을 홀대하고 한집에 사는 아랫동서만 편애하여 상처받은 소외감과 분노 그리고 밖으로만 나도는 남편의 무관심이 뼈에 사무쳤다.

장손으로 첫아들을 낳아 공을 세웠다고 생각했던 아내는 시어머니의 냉대에 지쳐 아이들의 공부에 매달렸다. 자식들이 공부를 잘하면 큰며느리 대접을 받을 것 같았다. 아이들의 학교 성적이 뛰어나지 않아 성에 차지 않았던 아내는 아이들에게 매질을 하며 높은 점수를 재촉하였다. 회초리가 몽둥이가 되고 주먹질까지 하여 아이들은 팔뼈가 부러지고 종아리에서 피가 났다.

"지금은 달걀이 별거 아니지만 그 시절에는 귀하였다. 짚으로 만든 꾸러미에 넣은 달걀 10개는 큰 선물이었다. 그때 시어머니는 삶은 달걀을 수돗가 대야물에 잔뜩 담가 놓고 우리 애들은 근처에 가지도 못하게 하고 동서네 애들만 먹였다. 나는 우리 애들이 홀대받을수록 애들을 더 때렸다."

나는 고생했다고 아내를 위로하며, 고통 속에서도 포기하지 않고 가정을 지키며 살아온 것은 참 잘한 일이라고 칭찬해 주었다. 남편에 대해 원망이 많지만 그래도 그가 잘한 것이 있는지 물으니, 아내는 "젊고 철없을 때 아무것도 모르는 사람이 갑자기 가장이 되어 먹고사는 책임을 지느라 고생한 것은 인정한다. 본디 나쁜 사람이 아닌데 남한테는 잘해 주고 나에게는 못되게 하니 욕을 퍼붓고 살았다."고 말했다.

나는 이들이 개선할 생각을 하지 않은 채 40년이 넘도록 어려움을 지속한 것이 놀랍고도 측은하였다. 부적응적 관계에서 작용하는 에너지와 그 시간이 아까웠다.

작은아들은 가족에 대해 이렇게 말했다.

"우리 형제는 죽지 않을 만큼 어머니한테 매를 맞으며 자랐고, 아버지는 결혼을 날로 먹으려 한다. 똑같이 매를 맞았는데 형은 미국 유학 등록금과 결혼 비용에, 부모님이 비행기 타고 식장에 가느라 돈이란 돈은 깡그리 써 버린 주제에 지금 백수로 지낸다. 결혼을 했으면 잘 살기나 하지 와이프를 때려 가정폭력으로 감방에 갇혀 변호사 비용, 보석금 등 나보다 몇 배나 많은 재산을 축냈다.

그런 사람이 어머니가 손자를 때렸다고 아동학대로 고소하다니 기가 막힌다. 원래 이기적인데 생김새가 아버지를 닮아서 그런지 형은 아버지 편이다. 어머니가 피고소인이 되면 이혼 소송에서 불리해지니까 그 점을 노리고 한 짓거리다. 이혼한 전처와 내가 할머니가 아이 공부시키려고 하다가 생긴 일이라고 증언하여 고소를 취하했지만, 콩가루 집안에서나 있을 일 아닌가? 이미 콩가루이긴 하지만….

심지어 아버지와 통화하는 얘기를 들으니 형은 그 내연녀를 두둔하더라. 그건 어머니를 배신하는 것 아닌가? 아버지는 어머니가 정신병자라고 하는데, 나는 아버지가 이상해 보인다. 아버지는 위선적이며 실속도 없이 남에게 좋게 보이는 식으로만 산다. 부모님은 화해할 수 없으니 갈라서야 한다."

이혼 사유가 남편의 외도라고 했고 앞서 듣지 못했던 내연녀 얘기가 나와서 남편한테 누가 있는 거냐고 물었다. 그러자 아내가 그러니까 외도했다고 하는 거 아니냐고 큰소리로 말했는데, 그 순간 나는 그녀가 내 말을 가로막는다는 느낌을 받았다.

작은아들은 대학을 나와 무역회사에 다녔는데 자기가 회사에 벌어 준 수입을 따져 보니 엄청 많아 직접 사업을 하면 큰돈을 벌겠다고 생각해서 개업했다. 그런데 사업이 실패하는 바람에 아버지에게 받은 아파트도 날리고 이혼한 상태였다. 이혼한 아내는 전 남편이 낭비가 심해서 버는 것보다 쓰는 것이 많으니 부도가 나지 않으면 이상한 일이라고 했다.

이혼 후 어머니의 재산 분할에서 한몫 받으려고 승소를 원하는 작은아들은, 외도라는 어머니의 말을 곧이듣고 그 증거를 수집하고자 아버지의 카톡을 뒤지곤 하였는데, 이는 매우 안타까운 모습이었다. 타협은 외면한 채 사리에 어두워 갈피를 잡지 못하고 헤매는 이 가족의 모습이 기구하였다.

이러한 사연으로 아버지는 큰아들 그리고 어머니는 작은아들과 연합하여 두 편으로 갈라지게 되었다. 이혼 여부를 떠나 이 가족은 삶을 어떻게 살아가야 할까? 나는 이들을 어떻게 도와야 할지 걱정스러웠다.

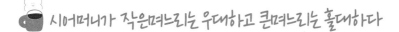# 시어머니가 작은며느리는 우대하고 큰며느리는 홀대하다

상담실에 온 남편은 그 나이 대에 비하여 키가 크고 얼굴 윤곽이 뚜렷한 미남형이었다. 그는 패션 감각이 돋보이는 옷차림을 했는데 젊어 보였으나 마치 아들 것을 빌려 입은 듯 어울리지 않았다. 아내가 남편은 탤런트처럼 차리고 다닌다고 했던 말이 생각났다.

헤어스타일이나 옷차림새가 자신의 나이보다 젊어 보이도록 연출하는 사람들은 남녀를 불문하고 아동기나 청소년기의 욕구 불충족 상태인 경우가 많다. 만약 이 남편의 외도 사건이 이혼의 사유가 될 정도로 심각한 것이라면 청소년기의 좌절, 갑작스러운 결혼이 빌미가 되지 않았을까? 실제로 그는 얼결에 남편이 되고 아빠가 되어 불안하고 두려웠다고 호소하였다.

남편은 대학 입시에 실패하고 재수하던 중에 예기치 않은 임신으로 처자식이 생기자 생계가 막막했다고 하였다. 아버지가 운영하는 메리야스 속옷 제조 공장에서 잡일을 돕고 급료를 조금 받았는데, 어머니가 한집에서 먹고사는데 무슨 돈이 필요하냐고 하며 빼앗아 갔다고 했다.

"어머니는 내 아들이 아깝다고 기를 쓰고 결혼을 반대했으나 장모님이 찾아오고 계속 쫓아다니면서 식은 안 올려도 좋다고, 배부른 내 딸을 어떻게 할 거냐고 하며 아내를 우리 집에 밀어 넣었다. 아내가 가난한 집안 출신이라고 어머니는 평생 아내를 핍박하였다. 그 시절 아내는 발그레한 두 볼이 잘 익은 복숭아처럼 예뻐서 호주머니에 넣어 다니고 싶을 정도였다. 게다가 임신 중이니 거절할 도리가 없지 않은가?"

창밖 먼 산을 내다보며 과거를 회상하는 남편의 말이 계속 이어졌다.

"어머니는 원래 씀씀이가 헤프고 수중에 가진 돈이 넉넉해야 마음이 놓이는 분이라 아버지가 돈을 줄 때까지 돈 내놓으라고 큰소리로 들볶았다. 결혼을 반대했던 며느리를 맞이하여 눈꼴시다고 늘 푸념하면서 대놓고 아내를 홀대하였다. 하루하루를 고통 속에서 살아가는 아내를 내가 보호해야 했다는 것을 이제는 알았지만, 그때는 철이 없어서 나 역시 집이 싫고 어머니 잔소리가 짜증나 공장 일만 마치면 밖으로 나가 친구들과 어울려 다녔다. 갓 태어난 아들이 귀한지 예쁜지도 몰랐다. 할 수만 있다면 내가 아빠란 사실을 외면하고 내 인생을 물리고 싶었다."

남동생이 결혼하면서 둘째 며느리가 부잣집 딸이라 넉넉한 혼수와 예단을 가져와 어머니는 흡족해했고, 매사에 제수씨를 두둔하고 아내를 트집 잡으며 닦달했다. 무엇을 해도 아내는 인정받지 못했다. 어머니가 아내를 야단치면 아내는 나한테 신경질을 부리다가 아이들을 때리고 집안을 온통 난장판으로 만들었다.

참다못한 아버지가 조용히 나를 불러, 공장과 집이 한 울 안에 있어서 일도 안 된다고, 어머니 몰래 돈을 해 줄 테니 분가하라고 하였다. 장남 입장에서 부모님 곁에 있어야 할 것 같아 동생을 분가시키면 어떻겠냐고 했더니, 아버지는 어머니가 작은며느리와는 사이가 괜찮으니 조용히 살고 싶다. 너희 어머니는 아무도 못 말린다. 그 성질은 죽어야 없어지니까 나는 포기하고 산다고 하였다.

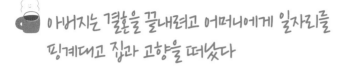
아버지는 결혼을 끝내려고 어머니에게 일자리를 핑계대고 집과 고향을 떠났다

남편은 그때 아버지가 처음으로 고백한 사연을 듣고 매우 놀랐다. 이런 얘기였다.

이북이 고향인 아버지는 어려서 부모님을 잃고 삼촌댁에서 성장하였다. 먼 친척이 어머니가 부잣집 딸이라고 중매했다는데, 너무 고집이 세어 모든 것을 자기 뜻대로만 해야 직성이 풀렸다. 어른들 앞에서는 다소 곳하지만 못마땅한 일이 있으면 아무도 몰래 아버지를 꼬집고 욕하고 때리며 분풀이를 하였다.

견디다 못한 아버지는 삼팔선이 막히기 전에 서울에서 일자리를 구한다는 핑계로 집과 고향을 떠났다. 무던한 성품의 아버지는 아이도 없으니 그렇게 말없이 결혼을 정리할 작정이었다고 한다.

아버지는 서울에서 기술을 배우며 자리 잡은 3년간 고생이 말이 아니었지만 살맛이 났다고 하였다. 겨우 단칸방에 세를 얻어 지내던 무렵 어느 날 갑자기 어머니가 나타났다. 동네에서 우연히 만난 고향 사람이 소식을 전한 것이다. 그때 어머니가 가져온 패물을 팔고 빚을 좀 보태어 공장을 차렸는데 아버지의 기술이 뛰어나 사업은 더욱 번창하였다.

남편이 놀랐던 것은 아버지가 어머니와 헤어지려고 기술을 배운다고 하면서 다시는 돌아오지 않을 결심을 하고 고향을 떠났다는 것이었다. 어머니 성격이 불같아서 가끔 공장 종업원에게 행패를 부리는 모습은 보았지만, 아버지가 일찍이 결혼을 포기할 정도였을 줄은 몰랐다.

어머니는 아버지의 속마음을 눈치 채고 자신을 떼어 놓고 몰래 도망쳤다고 구박이 심했는데, 자식들이 태어나고 돈 쓰는 재미에 빠져 그럭저럭 지냈던 것 같다. 부모님은 2남 1녀를 두었는데, 남동생은 집을 사서 분가시켰고 여동생이 미국 이민 갈 때는 크게 한밑천 해 주었다. 아버지가 60세 넘어 퇴직한 후에 부모님은 해외에 나가 호강하면서 살고 싶다고 딸의 초청으로 미국으로 건너갔다.

미국 여동생 집 근처의 노인 아파트에서 살다가 아버지는 10여 년 전 별세하였고, 거기서 혼자 살던 어머니가 뇌졸중으로 쓰러졌다는 소식을 들었다. 그런데 어느 날, 휠체어에 앉은 어머니가 갑자기 가게 앞에 홀로 나타났다. 그 놀람은 말로 표현할 수가 없을 정도였다. 재수 없이 어느 장애인이 공연히 남의 가게 앞을 가로막고 있나 하며 화가 나서 쫓아 버리려고 문을 열었는데 그 사람이 내 어머니라니 그야말로 충격이었다.

아버지는 미국에 묻혔는데, 한국에 가서 죽고 싶다고 하는 어머니 고집을 거역하지 못해 여동생이 남동생에게 연락하고 휠체어에 태워 어머니를 한국으로 보낸 것이었다. 어머니는 결단코 작은아들과 함께 살고 싶다고 하면서 큰아들에게는 알리지도 말라고 했다고 한다. 공항에서 어머니를 찾아온 작은아들은 집에 모시기는커녕 그 길로 어머니를 형의 가게 앞에 버려두고 뺑소니를 쳤다.

내가 "동생이 형에게 그런 자초지종을 알리지 못할 만큼 형제간 사이가 좋지 않은가요? 어머니를 모시기 어려웠다면 미리 의논해야 하지 않았을까요?"라고 물으니, 남편은 기가 막히다는 표정으로 "동생이 돈 내놓으라고 소송까지 걸었어요."라고 하였다.

 분가하면서 그나마 하던 공장 일도 하지 못하고 아무 능력 없이 처자
식 먹이고 교육시키느라 정말 힘들었다. 사람이 죽으라는 법은 없는지,
처음에는 아버지 물건을 시장에 내다가 소매로 팔았는데, 장사가 잘되어
다양한 의류를 직접 만들어 팔아 이제는 밥걱정 안 하며 살고 있다.

 부동산 몇 채 장만한 걸 가지고 큰 부자가 되었다는 소문이 나서, 동생
이 내가 부모님 재산을 더 많이 받아 성공했으니 돌려 달라며 소송을 걸
었다. 결국 소송에서 이겼지만, 동생이 자신의 사업 실패를 그런 식으로
만회해 보려고 한 것 같다. 재산 상속으로 말하자면 동생이 더 많이 받았
는데 소송까지 걸다니 어처구니가 없다고 하였다.

☕ 배우자와 적대 관계가 돼도 나의 것을 주장하는 것이 중요한가

 나는 3대에 걸친 그들 가족사의 장면 장면이 정말 기구하다는 느낌이
들어 안타까웠다. 수십 년 동안 어떤 한순간에 가족원 중 한 사람이라도
지나친 행동을 멈출 수는 없었을까? 자신을 통찰하여 깨닫고 개선할 수
없었을까?

 시아버지가 부부 갈등 해소를 포기하고 속마음을 밝히지 않은 채 아내
를 떼어 놓고 남쪽으로 도망치던 순간, 시어머니가 큰며느리를 홀대하던
순간, 남편이 아내를 배려하지 않고 홀로 놀러 다니던 순간, 아내가 자식

들에게 욕설을 퍼부으며 피가 나도록 때리던 순간, 동생이 소송으로 형의 재산을 가로채려던 순간에 왜 이들은 좀 순하게 어려움을 풀어내려고 하지 않았을까?

이들의 과거 행적이 나름대로는 잘해 보려고 한 시도였다는 점은 그렇다 하더라도, 그 결과가 자신들에게 이롭지 않았음을 아직도 알지 못하고 과거와 다름없이 지내는 모습이 정말 답답하였다. 그들 나름대로의 노력이 역효과를 나타냈다는 것을 알려 줄 필요가 있었다.

미국에서 아버지 장례식을 치른 후 10여 년간 못 본 어머니를 그렇게 갑자기 만난 남편은 말문이 막혔다. 맘대로 거동을 못하여 병색에 찌든 어머니 모습에 눈물이 났다. 싫다고 거절하는 어머니를 일단 집으로 모시고 가서 지낸 시간은 딱 1주일이었다. 그것도 길었다. 어머니는 반신불수로 매사를 혼자 할 수 없으니 누가 옆에 붙어서 수발을 해야 하는데 할 사람이 없었다.

어머니도, 아내도 모두 싫다고 했다. 어머니를 모텔에 옮기고 간병인을 붙여 1주일 지내는 동안 요양원을 물색하여 지금은 서울 근교 공기 좋은 곳에 모셨다. 비용은 자신이 부담하고 큰아들과 번갈아 한 달에 두 번 방문한다. 어머니가 요양원에 가신 그 다음 주에 아내가 이혼 소송을 걸었는데, 어머니를 돌보아야 하는 며느리 역할을 안 했다는 약점으로 공격을 받을까 봐 미리 선수를 친 것 같다고 했다.

나는 어머니가 먼저 큰 며느리와 지내는 것은 싫다고 했으니 그런 부담은 없을 것이다. 그보다는 아내가 남편의 외도를 이혼 사유라고 주장하니까 그 문제를 살펴보자고 하였다.

남편은 "우리 부부는 말만 하면 싸워요. 상대방 말을 들으면 큰 손해를 보는 줄 압니다. 왜 그러는지 모르겠어요."라고 말했다. 내가 "아마 부부 간에 애정을 주고받은 경험이 부족하니 상대에 대한 믿음이 약해져서가 아닐까요?"라고 대답하니, 바로 그렇다는 표정으로 "그래서 아내는 저를 의심하여 외도했다고 과장하는 것 같아요."라고 하였다.

나는 "아내분이 남편분을 의심한다니 섭섭하고 힘들겠어요. 그런데 진짜로 아내에게 애정과 믿음을 준 적이 없었는가요?"라고 물었다. 남편은 "절대로 그렇지 않아요. 술, 담배는 입에도 안 대고 오로지 생계에만 몰두하여 근검절약하면서 처자식을 부양해 왔어요."라고 했다.

상담실에 온 남편들이 이런 호소를 할 때마다 나는 어처구니가 없다. 그들은 처자식을 사랑하니까 피땀을 바쳐 돈을 벌어다 주는데, 아내는 그런 속마음을 알아주기는커녕 나쁜 쪽으로 의심을 한다는 것이다. 배우자 간의 이러한 입장 차이는 어디에서 오는 것일까?

한 가지 사건에 대한 서로 다른 견해와 그 결과의 차이가 오해와 다툼을 일으킨다. 행복하게 잘 살고 싶은 점에서 부부는 같은 편인데, 내 의견을 거부한다는 이유로 상대를 원망하고 비난하며 싸우다가 끝내 배우자와 반대편에 서서 적이 된다. 이 상태가 지속되면 원수가 되기도 한다.

배우자와 적대 관계가 되어도 좋을 만큼 나의 것을 주장하는 것이 이득이 되고 중요한가? 무엇이 나를 행복하게 해 줄까? 나는 이런 얘기를 남편에게 알기 쉽게 설명해 주고 싶었다.

나는 남편에게 3가지 중요한 이야기를 하였다. 우선, 남자와 여자의 타고난 차이, 즉 남편은 목표 지향적이고 아내는 관계 지향적이다. 사랑을 여자는 정서적 소통으로 보고 남자는 과제 수행으로 본다. 남편이 좋은 역할을 해 주더라도 그 행위에 아내를 존중한다는 마음이 깔려 있을 때 만족하며, 그 과정을 통해 남편에 대한 믿음이 생긴다. 남편의 좋은 역할 안에 아내에 대한 애정이 없다고 보이면 그것을 인정하지 않는다.

상담 중인 어떤 남편이 "사랑한다는 말을 하면 내가 지는 것 아닌가요?"라고 말했다. 남편들은 처자식 부양을 사랑의 증표로 여기며, 그런 것은 말하지 않아도 아내가 다 알고 있으리라 생각한다. 사랑하지 않는다면 그렇게 고생할 이유가 없다고 말한다. 남편이 속으로는 아내를 사랑하고 있으면서도 표현하지 않는 것은 유교적 가족 문화에 길들여진 습관 때문일 것이다.

그런데 남편들은 습관이란 것에 대해 인식조차 없는 데다 사랑 표현에 관심이 없으므로 이기고 지는 삶의 패턴으로 둘러댄다. 그 시각으로 보더라도 남편이 아내에게 사랑한다고 말하여 그녀의 믿음을 충족시키고 아내도 함께 노력하면서 원만한 결혼을 유지한다면 성공적인 인생을 영위하고 두 사람 모두 승자가 될 것이다.

또 한 가지는 직장의 스트레스를 쏟아내는 남편을 아내가 이해하더라도 이 태도가 오래 지속되면 결혼 유지가 어려워진다. 남편 입장에서는 사랑의 증표로 돈을 벌어다 주니 자신의 부정적인 속내를 풀어내도 괜찮을 거라고 생각하지만, 아내가 한계에 부딪히면 지탱할 수가 없다.

10년 넘도록 불안하고 강박적인 남편의 히스테리를 감당했던 어떤 의사의 아내는 이혼을 결심하고 마지막 과정으로 상담에 왔다. 물이 끓는 온도로 예를 들면, 99°C까지는 끓지 않고 100°C가 되어야 물이 끓는다. 내게 투사하는 상대의 스트레스를 참는 것도 임계점이 있어서, 예컨대 99까지는 참지만 100이 되면 마치 물이 끓듯이 참지 못하게 된다. 이 한계를 넘어가면 하고 싶어도 할 수가 없다. 몸이 말을 듣지 않는다.

 ## 의도했다고 과장하는 것은 나를 사랑해 달라는 역설적인 주장이다

아내는 40년 넘게 여러 가지 한계를 감당하지 못하여 고달픈 인생을 살아왔다. 아이들을 때리는 등 남편의 불만이 많겠지만, 아내 나름으로는 그나마 노력을 하면서 살아온 모습이다. 매일 소주 두 병을 마시는 중독자가 그 이상 마시지 않고 두 병으로 끝내는 것은 노력의 결과이다. 나는 남편에게 아내분이 그 이상 나빠지지 않았다는 것을 인정해 주면 좋겠다고 부탁하였다.

그 다음으로는, 남편의 역할을 잘하는 것이 처자식을 위해서라고 생각하지만 남편 자신의 인생 성공을 위한 선택도 포함된다. 어떤 남편들은 처자식만을 위해 희생하여 억울하다고 하는데 과연 그런지 의문이 든다. 자신의 역할을 거부하지 않고 이행하며 살아갈 때 그 힘든 과정을 거치며 인간적인 성숙을 이루게 된다. 남편분도 어린 나이에 가장이 되어 고생이 많았고 시행착오도 겪었지만, 그 역할을 회피하지 않고 지속해 온 것은 칭찬받을 일 아닌가? 가족은 서로를 성장시키는 필요한 존재들이다.

얼굴을 옆으로 돌리고 간간이 한숨을 쉬며 얘기를 듣던 남편은 후회스럽다는 표정을 지으며, 오래전에 이 말씀을 들었다면 좋았을 텐데 참 아쉽다고 하였다. 그가 내 의견에 동조해 주어 기뻤다. 내가 고맙다고 하면서 노력하는 방법을 이제는 알았으니 지금부터 시작해도 되는데 무엇을 염려하는지 물었다. 그랬더니 남편은 해도 안 될 것 같다고 했다.

아내가 집안 살림 때려 부수는 건 예사인 데다 자식들 앞에서는 욕을 해도 며느리가 있으면 조심할 줄 알았는데 마찬가지라고 했다. 아내가 고생한 것 인정하고 재산의 반은 줄 생각이지만 지금은 안 된다. 아이들이 가져가서 제대로 쓰지도 못하고 허사가 될 것이다. 소송을 취하하면 상가 하나를 아내 명의로 돌려서 세 받아 쓰라 하고 생활비도 목돈으로 줄 계획이다.

큰애가 엄마를 고소한 것은 몰랐다. 내 잘못은 아내의 성향에 맞추어 주지 못한 것이지만 아내의 말 30% 정도는 오해이다. 큰애가 엄마는 안 된다고 다른 여자와 살라고 한 적이 있는데 그때도 나는 아들을 야단쳤다. 혼외 관계는 절대 없다.

혼외 관계는 나중에 알아보더라도 30% 정도 오해라는 말을 들으며 나는 그가 문제를 인식하고 있는 것 같아 그나마 다행이라는 느낌이 들었다. 아내는 이혼만이 살길이라고 하는데 남편은 소송을 먼저 취하하면 잘해 주겠다는 점이 마음에 걸렸다. 나는 잘못을 인정하는 남편에게 공감하고, 해도 안 될 것 같다는 말을 지지하면서 안 되더라도 뭘 바라지 말고 그냥 아내에게 사과하면 어떨까 하고 권유하였다.

이혼으로 법적 관계가 끝나더라도 살아가는 한 최소한의 안정은 필요하다. 어머니가 갑자기 미국에서 왔을 때 아들 역할을 하지 않을 수 없었던 것처럼 가족과 어떤 일로 마주치게 될지 아무도 모른다. 이대로 가다가는 가족이 아니라 원수가 되지 않을까? 나는 부부와 자식들, 손자에게까지 가슴 아픈 가족 스토리가 이어지는 것이 정말 안타깝다고 하였다.

나는 남편에게 말했다.

"재산의 반을 준다 하며 아내를 인정하는 남편분의 모습이 좋아 보여요. 상가 명의도 해 주고 생활비를 목돈으로 준다고 하니 참 다행인데 소송 취하를 전제하지 마시고 그냥 해 주면 어떨까요?"

그리고 이전 상담에서 아내가 "남편이 가족들 먹여 살리느라 애쓴 점은 인정한다. 본디 나쁜 사람은 아니고 착하다."고 했던 말을 전했다. 이와 같이 서로 인정하면서도 끝내 풀지 못하는 원망과 분노가 두 분을 좌절시키니 남편분이 먼저 사과하고 아내의 용서를 구하여 다시 시작하면 좋겠다고 부탁하였다.

그러자 남편은 말을 안 하고 사니 요즈음 들볶이지 않아 편하다. 몇 년 전에 이성 관계를 솔직히 말하라고 내 목에 칼을 들이대고 협박하여 각서를 써 주었다. 그건 외도를 인정한 게 아니라 가장 역할을 잘하겠다고 한 것인데 그것이 외도의 증거라고 판사님 앞에서 억지를 쓴다고 했다.

각서를 써 준 후에 무엇을 개선했는지 물으니, 남편은 생활비를 목돈으로 주었더니 조용해졌다고 하였다. 그렇다면 칼을 들이대고 외도라고 하는 것이 오해 때문이라는 말씀인데, 결국 아내가 남편에 대한 애정과 믿음의 부족을 그런 식으로 과장하는 것 같다. 외도했다고 과장하는 것은 남편에게 나를 사랑해 달라는 역설적인 주장이라고 설명해 주었다.

두 사람이 말없이 들볶이지 않고 사는 것이 편하다지만, 문제의 본질을 덮어 둔 채 한 사람은 과장하고 한 사람은 돈을 제공하는 식으로 언제까지 갈 수 있을까? 그때 남편은 아내가 돈 씀씀이가 헤퍼서 절제가 안 되며 늘 과장하고 자기 식으로 왜곡하여 대화를 할 수 없었다고 했다.

내가 남편에게 "돈 씀씀이가 헤픈 것은 시어머님을 닮은 것 같아요. 옛날에 어머님은 아버님이 자초지종을 말하지 않고 혼자만의 생각으로 결혼을 정리하고자 남쪽으로 도망친 일로 남편의 애정 불충족을 경험하였고, 이후로도 개선하지 못하여 돈에 집착했는데, 지금 아내분도 그와 같지 않을까요? 돈도 중요하지만 아내는 틀림없이 남편분의 애정을 더 기대하고 있을 거예요."라고 말했다.

이때 남편은 매우 심각한 표정을 지었는데, 나는 그가 '아내가 어머니를 닮아서 그렇다면 어떻게 해도 안 되겠구나.'라고 느껴서 포기하지 않을까 걱정되었다. 그 순간 나는 '지금 뭐하는 거지? 상담을 제대로 하고 있는 거야?'라는 생각이 들며 당황스러웠다. 남편에 대한 아내의 애정 불충족을 강조하고자 한 얘기인데….

다행히 남편은 그에 대해서는 별말 하지 않았다. 그는 아내가 소송한 이유가 내가 외도한 것이라고 하는데 그 역시 아내의 오해이다. 가게에서 일하는 실장과 내가 새 제품 샘플을 만들려고 의논하고 매장에 함께 다니는 것을 아내가 수상하다고 의심하며 외도한다고 억지를 부린다. 실장이 유부녀인데 아내가 이렇게 난리를 치니 무섭다고 가게에 안 나오겠다고 한다. 그 실장이 히트 상품을 많이 만들어서 월급을 많이 주고 고용한 것인데 도와주지는 못할망정 피해를 주고 있다.

나는 아내분이 그토록 심각하게 남편분을 불신하니 그 점을 해소하도록 노력이 필요하겠다. 혹시 옛날에 아내의 의심을 살 만한 일이 있었는지 물으니, 그는 젊었을 때 바람을 몇 번 피워 아내를 속 썩인 적이 있었다고 하였다. 한 번도 아니고 몇 번이라니⋯. 나는 아내가 그 일을 과거사가 아니라 현재 진행으로 느끼는 거라고 말해 주었다.

아내가 얼마나 고통스러웠을까 그녀 입장에서 고민해 보고, 예전에 서로 좋아했던 기억을 되살려 남편분이 우호적으로 다가가면 일이 풀릴 수 있으니 용기를 내라고 격려하였다. 내가 아내는 과거의 일을 현재 진행으로 느낀다고 얘기했을 때 드러난 남편의 멍한 표정은 그가 여태껏 아내의 존재와 입장에 전혀 관심이 없었다는 점을 보여 주었다.

그날 상담 말미에 남편은 생활비를 목돈으로 지급하여 즉각 난방 밸브를 열도록 하겠다고 하였다. 어른들이 싸우는 바람에 그동안 난방을 하지 못해 손자는 감기로 입원했다고 하고, 연중 가장 추운 음력설이 다가오던 때여서 그 말이 매우 반가웠다. 나는 난방 밸브를 열도록 한다니 정말 잘됐는데 아내분이 남편의 애정이 남아 있는지 진정한 마음을 알고 싶어 한다, 이 점이 돈보다 더 중요하다고 말했다. 그러자 남편은 아내에게 사과하라고 했던 말을 신중하게 생각해 보고 알려 주겠다고 하였다.

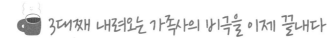

3대째 내려오는 가족사의 비극을 이제 끝내다

그 가족의 큰 아들은 아버지를 그대로 닮았다. 외모는 물론 말할 때의
제스처와 상대를 의식하여 자기를 잘 보이려고 하는 방어적 특성이 유사
했다. 그는 미국 생활을 해서인지 세련된 매너를 갖추고 있었다. 어려서
부터 어머니의 폭력으로 고생이 많았다고 위로하니, 그는 어머니의 폭력
도 무서웠지만 "나가 뒈져라. 죽어라. ○○새끼…." 같은 과격한 언사는
아직도 생각나면 두렵다고 했다.

그런데 요즈음 어머니는 다섯 살짜리 조카한테도 "너 그렇게 하면 엄
마에게 보낸다. 다 네가 잘못했다. 할머니 원망하지 마라."고 한다. 가족
모두에게 항상 어머니가 먼저 건드리고 공격한다. 어머니를 고소한 것은
조카도 불쌍하지만 3대째 내려오는 가족사의 비극을 이제는 끝내고 싶
었기 때문이다.

어머니는 늘 아버지에게 돈 내놓으라고 욕설을 하는데, 옛날에 할머니
가 할아버지께 하던 모습과 흡사하다. 어머니가 월 250만 원 내는 보험
에 가입하려는 것을 자신이 막아서 해약했다. 어머니는 피해 인생의 대
표자같이 자신의 피해만을 강조한다. 큰아들은 영화 「패션 오브 크라이
스트(The Passion Of The Christ)」에서 예수의 수난을 보고 그동안 맺혔던
한을 풀었다고 했다. 나는 그게 쉬운 일이 아닌데 참 잘했다고 그를 격려

해 주었다.

큰아들은 동생이 어머니가 이혼을 망설이면 "입 닥치고 가만히 있어
라. 난방을 켜면 우리가 지는 것이다."라며 윽박지른다고 했다. 인생이
맘대로 안 되니까 그 복수심을 가족에게 풀려고 하는 것 같다. 이 사건이
끝나면 ○○(조카)를 데리고 조용한 시골에 가서 함께 살고 싶다고 했다.

나는 조카가 할머니께 야단맞는 것을 볼 때 큰아들이 자신의 어린 시
절이 떠올라 측은해하는 심정에 공감하면서, 그렇게 하면 3대의 비극을
끝내는 것이 아니라 다시 재연하는 것이라고 말해 주었다. 부모가 있는
조카를 큰아빠가 키우면 비극은 더 확대된다. 큰아들은 조카가 놀이치료
를 받는 중이라고 하며, 이런 상황에서 동생은 아들에게 관심이 없고 벤
츠를 새로 사서 폼 내는 짓만 하고 다닌다고 비난하였다.

아버지 형제가 돈 문제로 다투었던 것처럼 이 형제들 역시 돈과 관련
한 갈등을 갖고 있었다. 나는 큰아들에게 혹시 분가할 계획이 있는지 물
었다. 그는 부모님 이혼 사건이 끝나면 나갈 것인데, 이혼을 반대한다고
하였다. 가족치료 원리대로 3대에 걸친 체계적 정서가 할아버지, 아버
지, 손자와 증손자에게까지 전수되고 있었다. 안타깝다는 표현으로는 부
족한 어떤 절실한 느낌이 내 마음속에서 올라오고 있었다.

☕ 아직도 과거 일이 끝나지 않고 그대로 있어 보상받고 싶다

구정이 지나 봄이 오는 듯 햇살이 따스해진 오후, 아내 상담 회기에 작

은아들이 함께 왔다. 자리에 앉자마자 그는 "부모님은 반대를 위한 반대를 한다. 너무나 오래 그렇게 살아와 이제는 풀 수가 없으니 헤어져야 한다. 나쁜 피는 제거해야 한다. 내 이혼에 부모님의 영향이 크다."고 했다. 나는 그 영향이 어떤 것인지 상세히 얘기해 달라고 하였다.

젊은 시절 아버지의 혼외 관계가 밝혀져 어머니와 싸움이 벌어졌을 때 할머니가 이혼하라고 아버지를 부추겼다고 한다. 그때의 좌절을 어머니가 이혼 사유로 소장에 올린 것을 보았고, 이를 알게 된 전 아내가 자신이 이혼을 참 잘했다고 했다. 그렇다면 그 사건을 알게 된 시기는 이혼한 후인데 이혼에 부모님의 영향이 크다고 하는 것이 적합할까 물으니, 그는 얼굴을 붉히며 대답이 없었다.

나는 이와 같이 자기 일에 가족 탓을 하는 것은 가족분 모두 그렇게 살아와 익숙해진 습관 때문인 것 같다. 나의 일을 개선하려면 남이 아니라 내가 스스로 노력해야 하는데 방향이 다르니 효과가 없다. 이런 습관이 대를 이어와 역효과를 가져왔고, 그래서 가족분 모두 고생하고 있으니, 부모님의 이혼 여부를 떠나 가족 관계를 조금이나마 개선하도록 작은 아드님이 노력해 주기를 바란다고 부탁하였다.

이때 그는 나에게 대답을 하는 둥 마는 둥 바삐 일어서며 급한 연락 때문에 먼저 간다면서 상담실을 나갔다. 옆에서 아무 말 없이 얘기를 듣고 있던 아내(어머니)는 한참 고개를 숙이고 깊은 생각에 잠겼다.

작은아들이 돌아간 후 아내는 남편이 생활비 400만 원을 주었는데, 소장님이 말을 잘해서 그런 것 같아 감사하다고 하였다. 난방 밸브를 열었는지 물으니 지난주에 열었다, 그래도 이혼은 꼭 해야 한다고 하였다. 나는 밸브를 연 것이 어머니의 이혼 의지를 약화시킬 것 같아 작은아들이 상담소에 온 것 같은데, 아내분 자신이 정말 이혼을 원하는지 물었다.

아내는 자신이 거지 동냥하듯 생활비 몇 푼씩 받아 식모살이를 했고 남편은 왕자처럼 호강했다. 이제는 보상받고 싶다. 자식들에게 똑같이 해 주고 싶은데 작은아들에게 해 준 것이 큰아들보다 훨씬 적다. 이혼해서 재산을 받으면 작은아들에게 아파트 하나 사 주고 자신의 노후 대책을 세우겠다고 하였다.

내가 아들들이 재산 관리를 잘 하는지가 중요하다고 하니, 그녀는 작은아들이 로스쿨 공부할 거니까 위험은 없다고 했다. 나는 재산 분배는 이혼보다 두 분이 화해한다면 더 잘 풀릴 수 있다. 아내분이 고생 많았고 언제라도 재산의 반은 나누어 주겠다던 남편의 얘기를 전했다.

오랫동안 서로 비난하고 원망하며 살아왔기에 화해가 어렵게 보이지만, 나는 상담을 통하여 노력하면 가능하다고 알려 주었다. 남편이 아내에게 사과할 생각이 있다는 얘기도 해 주었다. 그 순간 그녀는 남편의 말은 믿지 못한다고 잘라 말했다. 남편이 사과한다는 말은 진심이 아니라고 하였다. 한 손을 내젓는 그녀의 두 눈에 노기가 잔뜩 서려 있었다.

남편을 처음 만났을 때 그는 재수 중이면서 K대 다닌다고 나를 속였다. 시어머니는 아이를 지워야 한다고 나를 끌고 갔는데 도중에 내가 도망을 쳤다. 생명을 죽이는 일인데 아무리 생각해도 양심에 찔렸다. 그 집 식구들은 진실과 도덕이 없으니 믿을 수가 없다고 했다.

☕ 용서를 청하는 순간 소망은 새로운 길로 가게 된다

시어머니는 남들 다 보는 데서 시아버지한테 욕하는 것이 보통이고, 자기 멋대로 집안을 휘둘러야 직성이 풀렸다. 그런 집안에서 쫓겨나지 않으려고 발버둥 치며 악착같이 내 자리를 지켰다. 그런데 뒤돌아보니 내가 괴물 같은 생각이 들었다. 아이들을 개 패듯 때린 것을 4년 전에 애들 앞에서 사과하고 용서를 청했다.

그때 그녀는 갑자기 "내가 나를 용서해야 하나?"라고 하면서 울음을 터뜨렸고 어깨를 들썩이며 점점 더 크게 울었다. 울음소리에 그녀 인생살이의 회한이 가득 담겨 있었다. 자신이 낳은 아이들을 개 패듯 때리면서 몸부림친 그녀의 고달팠던 삶에 나도 눈물이 났다. 얼마나 아팠을까? 매를 맞은 아이들도, 때린 엄마의 마음도 모두 아팠으리라. 나는 가슴이 먹먹해진 느낌으로 말없이 앉아 있었다.

이윽고 그녀의 울음이 멈춘 후 내가 아이들에게 용서를 청했다니 참 잘하였다고 위로하였다. 어머니가 용서를 청했으니 이제는 아이들에게 그 일이 과거가 되었고, 어머니도 그 일로부터 벗어났다고 하였다. 그리고 방금 "내가 나를 용서해야 하나?"고 하셨으니 용서를 한 것이다. 고통 속에서도 포기하지 않고 살아온 것은 참 잘한 것이라고 격려하였다.

잠자코 말을 듣고 있던 그녀는 "그렇다면 내가 어떤 말을 하면 그 말이 그대로 된다는 것이냐?"고 물었다. 내가 "말을 함으로써 그 말이 그대로 이루어지는 방향을 잡게 된 겁니다. 지금 '내가 나를 용서해야 하나?'라고 말씀했는데, 만약 그 말을 하지 않았다면 그 소망이 이루어지는 방향을 잡지 못하고 시작도 못하는 것이죠. 어머니가 용서를 청하여 아드님들이 과거 일을 비로소 과거로 보낼 수 있게 되었답니다."라고 대답했다.

그러자 그녀가 한숨을 크게 쉬며 걱정하였다.

"그런데 애들이 아직도 저를 대놓고 비난하고 원망해요. 아직도 과거 일이 끝나지 않고 그대로 있어요."

"그렇군요. 아직도 과거가 그대로 있네요. 그런데 4년 전에 아드님들에게 용서를 청했을 때 그 일을 모두 묻어 버리고 이제는 다른 모습으로 살고 싶었지요? 어머니가 먼저 다르게 살아가는 모습을 보여 주면 자식들도 그렇게 된답니다. 용서를 청하는 말씀을 하셨던 그때 그 순간, 어머니의 소망은 새로운 방향을 잡았고 새로운 길로 가게 되었어요. 그때 새롭게 시작된 그 길로 한 걸음씩이라도 그 길을 가려고 노력할 때 진짜가 돼요. 소망이 이루어진다고요.

이제껏 살아온 방향과 달라서 어렵겠지만, 아내분은 잘하실 것 같아요. 그동안 더 어려운 환경을 감당해 온 끈기와 힘을 갖고 있으니까요. 방향만 바꾸면 되거든요. 그동안 시어머니께 핍박받았던 기억, 남편에게 무시당했던 기억, 이런 일들을 모두 옛날로 날려 보내고 지금은 옛날과 다르다는 것을 바탕으로 삼고 생활하면 달라집니다."

내가 이렇게 얘기하자 그녀가 다시 물었다.

"옛날과 다르다는 것을 바탕으로 하는 것이 어떤 거예요? 나는 TV에 나가 모두 까발리고 싶었거든요."

그녀의 질문을 들으며 나는 매우 놀랐고 기뻤다. 이 아내가 내 말의 의미를 눈치채고 긍정적인 동기를 드러내는 것이 큰 보람으로 다가왔다.

"시어머니의 핍박은 40여 년 전 옛일이고, 남편의 무시도 지금은 아니죠? 남편이 아내분에게 재산 분할해 드린다고, 고생 많았다고 인정했어요. 핍박받지 않고 무시당하지 않는 현재의 나로 나를 자리매김하고, 긍정적으로 생각하고 말하는 겁니다. 이렇게 하는 것이 옛날과 다르다는 것을 바탕으로 실행하는 것이에요. 나를 피해자로 전제하니까 자식과 남편에게 욕하고 가해하게 돼요.

과거의 나는 피해자였지만 현재의 나는 피해자가 아니잖아요? 아내분이 과거의 입장을 벗어나지 못하면 앞으로도 영원히 피해자로 살게 돼요. 아드님들까지요. 남편분이 이제는 아내분을 인정하고 있어요. 소중한 사람이 되었다고요. 혹시 앞으로도 피해자로 살고 싶은 건 아니죠?"

내 얼굴을 주시하며 이야기를 듣던 아내는 남편과 마찬가지로 이런 말을 좀 더 일찍 들었더라면 좋았을 거라고 하였다. 그러나 남편의 외도는 그냥 넘어갈 수 없다고 하였다. 나는 외도 증거가 현재는 없으니 그것도 과거 아닌가, 믿지 못하더라도 남편의 사과를 받는 것은 해롭지 않다고 설명하였다. 아내는 한 번 생각해 보겠다고 하였다.

한동안 침묵이 흐른 후 나는 아내에게 남편분과 상담실에서 만나보면 어떻겠냐고 물었다. 그녀가 만나더라도 이혼을 안 하겠다는 것은 아니라고 했다. 내가 그 말에 맞장구를 치면서 남편분에게 상담 시간을 알리겠다고 하니 그녀는 대답이 없었다. 그날 상담을 마치고 방을 나가던 그녀는 고개를 돌려 나를 쏘아보며 상담박사가 남편 편을 들어 두둔하면 가

만히 있지 않을 거라고 큰소리로 말했다.

남편과의 만남을 완강히 거절할 줄 알았는데 그러지 않고 나를 쏘아보며 남편에 대한 적개심을 투사하는 모습이 불쾌하다기보다는 그나마 다행으로 느껴졌다. 나는 남편에게 아내와의 상담 날짜와 시간을 알리며 10분쯤 늦게 도착해 달라고 전화했다. 이는 아내에게 사과하고 싶으니 상담실에서 만나게 해 달라는 남편의 간청 때문이었다.

 ## 사랑의 반대말은 미움이 아니다

정월대보름이 지나고 이슬비가 안개처럼 내린 날 오후, 아내가 치즈케이크와 커피를 사 왔다. 그녀는 더 큰 선물을 하고 싶은데, 소장님이 거절할 것 같아서 그냥 먹는 걸 가져왔다고 했다. 법원 상담이라 선물을 받으면 내가 다치는데 그걸 잘 알아 참 다행이라고 칭찬하니, 그녀는 자기가 부녀회장을 했고 잘해서 구청장상도 받았다고 자랑하며 웃었다.

상을 받았다니 좋은 일을 많이 한 모양이라고 격려하며, 이렇게 웃으니 기분이 좋은데 ○○씨 기분은 어떤가 물었다. 그녀는 단박에 기분이 좋고 소장님에게 감사하다고 답하였다. 자녀들과 얘기할 때도 이와 같이 그들의 단점보다 장점을 강조하면 서로 기분이 좋아진다. 그들도 자신의 단점을 잘 알고 있는데 엄마가 자꾸 야단치면 역효과가 생긴다. 그리고 이렇게 하는 것이 이전 상담에서 얘기했던 '옛날과 다르다는 것을 바탕으로 삼고 생활하는 것'이라고 설명해 주었다. 이때 남편이 상담실 방문

앞에 선 채 들어오지 못하고 머뭇거리고 있었다.

내가 방으로 들어오라고 남편에게 얘기하니, 아내는 앉았던 자리를 소파 끝부분으로 옮겨 공간을 만들며 자세를 옆으로 돌리고 남편을 외면하였다. 남편에 대한 무언의 저항을 보이면서도, 다른 의자도 있건만 이 소파에 앉으라는 의미로 보여 나는 속으로 웃음이 났다. 남편은 엉거주춤 소파에 걸터앉았다. 잠시 어색한 침묵이 흐른 후 내가 말을 꺼냈다.

"두 분이 모두 고생 많이 하셨고 그런 중에도 가정을 깨지 않고 지켜온 것은 기적입니다. 오랜 세월 힘드셨지만 두 분이 서로 고생한 점을 인정하고 두 분 모두 상대가 본심은 좋은 사람이라고 하시더군요. 마침 남편 분이 아내분에게 꼭 사과하고 싶다고 하셔서 오늘 만남을 주선했습니다. 아내분이 거절하지 않아서 정말 고맙고요."

내가 얘기를 마치자 그녀는 남편을 향해 돌아앉으며 쏜살같이 빠른 말투로 "내가 입원했을 때 왜 안 왔어?"라고 소리쳤다. 남편은 말문이 막힌 양 대꾸를 못하고 멍하니 앉아 있다가 작은 목소리로 겨우 "언제 입원을 했는데? 몰랐지."라고 하였다.

남편은 고개를 숙인 채 천천히 얘기를 꺼내었다. 결혼 초에 철이 없어서 남편, 아빠 구실을 제대로 하지 못하고 밖으로 놀러 다녀 아내를 속 썩이며 상처를 주었다. 어머니가 아내를 구박했는데 막아 주지 못해서 정말 미안했고, 말하는 재주가 없어서 아내가 여러 가지 오해하는 것을 풀어 주지 못했다. 특히 말만 하면 싸움을 하니 말하지 않고 그냥 넘어가는 게 상책이라고 생각했던 것이 오해가 커졌고, 오해가 오해를 만들어 부부 사이가 원수처럼 된 것이 가장 마음에 걸린다고 하였다.

남편은 외도는 다 잊어버린 먼 옛날 일이고, 40대 이후에는 비슷한 일도 없었다고 하며, 그저 먹고살고 애들 가르치고 재산 불리는 일에만 열중했다. 자신이 용기가 없고 융통성도 없어서 마음에 드는 여자가 있더라도 근처에도 못 간다고 하였다.

상담을 받아 보니 아내의 성향에 맞추어 주지 못한 것이 큰 잘못이라는 것을 알게 되었고 정말 후회스럽다. 남편은 아내에게 과거는 모두 자신의 잘못이므로 진심으로 사과하며 용서를 빈다. 외도는 없었으니 제발 믿어 달라. 이제 다시 잘 살아 보자고 하였다. 이때 내가 잘 살아 보는 청사진을 아내분에게 설명해 주라고 부탁하자 남편은 이런 얘기를 하였다.

"당신이 고생한 것 인정하며 언제라도 재산의 반은 당신 명의로 해 줄 것인데 지금은 어려워. 두 아들을 집에서 내보내고 소송을 취하하면 상가 한 채 당신 이름으로 돌리고 임대료도 직접 받게 할 생각이야."

내가 아내분은 반드시 이혼해야 한다고 하는데 소송 취하를 조건으로 걸면 어렵겠다. 조건은 제쳐 두고, 일단 두 분이 부부 사이의 장벽을 허물어 보면 좋겠다고 하였다. 눈물을 흘리며 남편의 말을 듣고 있던 아내는 "나도 40이 넘은 아들을 둘씩이나 데리고 살고 싶겠냐. 대책이 없으니까 할 수 없어서 그런 거다. 큰애는 집은 있는데 직장이 없고, 작은애는 직장은 있는데 집이 없고…."라고 하며 크게 흐느꼈다. 자식들을 때리고 욕설을 퍼붓고 살아온 엄마가 속으로는 이렇게 살뜰하게 자식들을 챙기고 있었다니 미스터리 아닌가?

사랑의 반대말은 미움이 아니라는 것이 정말이구나 싶었다. 나는 이렇게나마 두 사람의 대화의 장이 열렸으니 이제는 되었다는 느낌이 들었다. 혹시 이혼을 하더라도 살아가는 동안에는 인연이 계속되니 가족 간 갈등을 조금이라도 줄이면 좋겠다. 고생을 하면서도 가정을 지킨 것을 보면 댁의 가족분들은 모두 헤어지지 않는 끈기와 힘을 가졌다. 그 힘으로 새로운 길을 잘 열어 갈 수 있다고 얘기하는 내 얼굴을 바라보는 그들의 눈에서 생기가 돌았다.

그날은 15회기 차 상담으로, 법원에서 정해진 10회에 5회 추가로 종결하는 회기였다. 가족 모두의 상담이 필요하다고 인정하여 법원에서 5회를 더 승인하였다. 나는 법원에 제출한 보고서에 이 가족이 부모의 이혼 여부를 떠나 가족 관계의 중요성을 인식하고 새로운 부부 관계를 만들어 보도록 시간 여유가 필요하다는 상담자의 소감을 전달하였다.

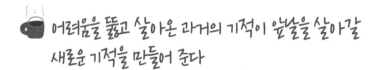
어려움을 뚫고 살아온 과거의 기적이 앞날을 살아갈 새로운 기적을 만들어 준다

"말씀드린 대로 오늘 상담을 종결합니다. 상담에 참여하는 게 참 어려운 일인데 그동안 가족분들 모두 애쓰셨고 도중에 포기하지 않아 참 다행입니다. 두 분과 아드님들의 삶이 이제 새로운 길로 접어들었어요. 앞으로 아내분은 자신이 피해자라는 생각을 버리고 자신을 소중한 존재로 보고, 가족을 때리고 욕하는 대신 천천히 이야기로 풀어 가세요.

남편분은 아내와 가족들이 이해할 수 있도록 무슨 일이든지 자세히 설명해 주세요. 그냥 넘어가고 말하지 않으니까 가족분들은 이를 감추거나 속이는 것으로 생각하여 오해가 생깁니다. 이 점을 꼭 기억해 주세요.

그리고 현재 두 분은 아드님들의 분가에 대해 고민하고 계시는데요. 아내분도 아들들과 함께 사는 걸 원하지 않는데 남편분은 아내분이 아들들을 끼고 살려고 한다고 생각했지요? 오늘 두 분이 얘기하면서 이 오해가 풀렸잖아요? 이렇게 대화가 중요한 거니까 앞으로도 오해가 생기지 않도록 두 분이 자주 소통하시기 바랍니다."

그들은 진지한 표정으로 내 말을 경청하였다. 그 얘기를 하면서 나는 이혼 사유로 아내가 제기한 남편의 외도 문제가 생각났다. 아내가 남편의 외도를 매우 심각한 사건으로 언급했지만 내가 보기에는 과거에 있었던 일을 과장하는 것 같았고 남편 자신도 그 일을 부인하였다. 만약 그 일이 사실이라면 아내와 작은아들이 벼르고 있기에 오래가지 않아 밝혀질 것이다. 나는 이렇게 말하며 상담을 마무리하였다.

"아내분이 가장 중요하게 호소한 외도 문제는 앞으로 두 분이 서로 대화하면서 생활하다 보면 반드시 진실이 밝혀질 겁니다. 그보다 중요한 것은 두 분의 이혼 여부와 상관없이 가족들이 그동안 얽힌 관계를 서로 풀어야 하지 않겠어요? 그런 일은 없겠지만 혹시 이혼을 하더라도 삶은 계속되니까 가족 관계 안에서 접촉하면서 주고받는 일들이 생긴답니다. 갑자기 미국에서 오신 어머니를 아들 입장에서 거부하지 못하고 보살펴 드리는 경우를 보면, 가족은 피와 살을 나눈 운명적 관계라서 그 역할을 외면할 때 스스로 마음이 아파 못 견디는 거예요.”

그때 남편이 고개를 끄덕이며 내 말에 동의한다는 태도를 보여 주었다. 다행이었다. 나는 계속 얘기를 이어갔다.

“그동안 가족분들 모두 고생하면서도 헤어지지 않고 어려움을 뚫고 살아오셨어요. 그렇게 살아온 과거의 기적이 앞날을 살아갈 새로운 기적을 만들어 줍니다. 두 분이 잘하실 거라고 믿어요. 제가 응원합니다.”

이 말을 하면서 내 마음이 벅차오르고 눈물이 났다. 나는 그동안 이 부부가 도중에 상담을 중단하여 이런 얘기를 전달할 기회가 오지 않으리라고 생각했다. 하느님께 감사하였다. 아마도 오랫동안 이들을 위해 기도를 올릴 것 같았다. 간절한 마음으로 그들의 행운을 빌었다.

☕ 에필로그

상담 종결 후 계절이 두 번 바뀐 늦가을 어느 날 아침, 그 아내의 전화를 받았다. 소송을 취하하였고, 남편이 아들들의 학비를 댄다고 약속하여 작은아들은 로스쿨 입시 학원, 큰아들은 공무원 시험 학원에 등록했다. 약간 들뜬 목소리로 그녀는 생활비를 목돈으로 받는다고 하였다.

아들들의 사이가 좋아졌는데 그것은 남편의 태도가 많이 달라져 우리가 싸우지 않고 지내는 것을 보고 배운 것 같다. 참 다행이라고 하면서 내가 아들들의 분가 계획은 없는지 물었을 때, 그녀가 고맙다는 말과 함께 놀라운 소식을 전했다.

시어머니가 별세했는데 돌아가시기 며칠 전에 큰아들(남편)과 두 손자를 불러 평생 둘째 아들만 위했다고 용서를 청했다. 그러고는 아무도 몰래 숨겨 놓았던 꽤 많은 비상금을 손자들에게 주셨다고 했다. 이 얘기를 들으면서 나는 묵은 체증이 내려가는 것 같았다. 정말 후련하였다. 이 가족들의 싸움은 이제 끝이 났구나. 원인(원한)이 없어졌으니 결과(미움)도 없어질 것이다. 브라보!

생각해 보면 고인의 인생도 안타까웠다. 남편과는 정이 없었고 큰아들은 어린 나이에 혼인도 안 하고 아이를 낳아 처자식을 만들어 엄마를 떠나니, 둘째에게 정을 쏟고 살았다. 딸도 있고 화려할 줄 알았던 미국 생활도 허전하여 둘째가 있는 고향으로 돌아와 생을 마감하려 했지만 그는 엄마를 배신하였고, 큰아들이 있어 마지막을 의탁하며 그녀는 자신의 과거를 반성한 것이다.

나는 그 아내에게 남편이 어머니를 끝까지 모시며 장남 역할을 했기에 화해할 수 있었다. 참 잘되었다. 앞으로는 좋은 일만 생길 거라고 격려하며 진심으로 고인의 명복을 빌었다.

국가 대표 인생 선수들

아내의 부부 관계 증진

••••

가끔 배우자 홀로 상담에 임하는 경우가 있다. 내가 상담심리 전문가가 되어 일을 시작했던 2000년대 초에는 부부 상담 의뢰인은 대부분 아내였다. 요즈음은 남편들도 혼자 부부 상담에 오는 사례가 늘어나 아내 개별 상담과 거의 맞먹는 수준이 되었다. 반갑고 다행스럽다.

각기 사유는 다르더라도 함께 살아온 내력에 접근하는 일이라 부부 합동 상담이 효율적이긴 하지만, 개별 상담에서도 성과를 거두는 경우가 많다. 결혼 이후 두 사람이 공유하는 생각과 행동(언어, 태도 등)의 상호 작용이 문제의 발단이 되고, 아동기·청소년기에서의 경험이 당사자의 특성·입장의 기초가 되기에 배우자 개별 상담을 통하여 효과를 얻는 부분이 있다. 따라서 당사자의 개선이 부부 상호 작용의 적응 수준을 증진하여 상대의 개선을 유도하므로 부부 모두의 행복에 기여하게 된다.

반드시 함께 해야 한다고 주장하며 큰일이라도 날 듯이 개별 부부 상담을 거부하는 배우자와 달리, 혼자라도 노력하며 결혼 생활 개선에 집중하는 사람들을 '삶의 달인'이라고 부르고 싶다. 이런 사람들에게 마라톤 선수, 탁구 선수 같은 인생 선수라는 호칭을 붙여 주겠다. 상대가 외면하더라도 나는 상담을 통해 더 나은 삶을 추구하겠다는 자각, 포기하지 않고 꾸준히 노력하겠다는 자세, 소중한 내 인생이니 상대에게 핑계 대지 않고 내가 내 인생의 주인공이 되어 성공하겠다는 자존감, 이 3가지를 높이 평가하여 인생 선수라고 부를 만하지 않는가?

국가 대표 선수가 올림픽 메달리스트가 되려면 얼마나 많은 땀과 노력과 시간을 들여 연습하는가? 그보다 더한 연습을 해서라도 한 쌍의 부부와 그 가족의 행복을 구할 수 있다면, 그것은 올림픽에서 금메달을 따는 것보다도 더 값진 일이 아닐까? 나는 이들을 국가 대표 인생 선수라고 부르고 싶다.

위축되지 않고 자존감을 유지한다

이 글에 등장하는 국가 대표 인생 선수는 30대 중반으로 6세·7세 딸을 둔 아내 U씨, 3세·4세 아들을 둔 아내 E씨 그리고 대학 재학생 딸 둘을 둔 50대 아내 O씨 세 명이다. 이들은 모두 나와 만나기 전에 다른 상담소에서 부부 상담을 받은 적이 있다고 하였다. 이는 그들이 꾸준히 노력하며 살았다는 점을 시사해 준다.

30대 아내 둘은 모두 연년생 아이들을 두었고 육아에 지쳐 있었다. 대학생 때 만나 연애결혼을 했고, 자영업자인 U씨 남편은 사업 확장으로 눈코 뜰 새 없이 바빴고, E씨의 변호사 남편은 개업 준비로 일에 빠져 지낸다는 공통점이 있었다. 이들은 남편을 일에 빼앗겼다고 호소하였다. 연년생 아이들에 대한 육아 분담 얘기를 건넬 수 없을 정도로 두 남편은 일에 집중하였고, 막중한 스트레스를 감당하고 있었다. 두 아내는 아이들을 도우미에게 맡기고 1주일에 한 번 상담소에 들르는 것으로 우울증에서 벗어나는 돌파구를 찾는다고 하였다.

각기 다른 시기에 진행된 사례로 U씨와 E씨는 여러 면에서 공통점을 갖고 있었는데, 상담 의뢰 경위가 아이들과의 관계가 어렵다는 것이었다. 아이들이 엄마의 말을 안 듣고 고집을 부리거나 형제간에 싸움을 할 때, '왜 나를 괴롭히지?', '너희들 엄마한테 왜 그래. 왜 나를 못살게 굴어.', '너희들도 당해 봐야 해.'라는 생각으로 아이들에게 짜증을 내고 화풀이를 하였다.

매번 그러는 건 아니지만 1주일쯤 꾹꾹 참았다가 대가를 치르게 해 주겠다는 심정이 올라와 폭발적으로 그런 태도가 나타난다고 했다. 심지어 눈물이 나서 아이들을 붙잡고 펑펑 울면서 엄마를 괴롭히지 말라고 했다. 이들은 아이들이 일부러 엄마를 괴롭히려고 말을 안 듣거나 싸움을 하는 것이 아니라는 것도 알고 있었다. 철없는 아이들이 커 가는 과정에서 보여 주는 자연스런 모습인데, 그렇게 반응하는 것은 스스로 엄마의 능력이 부족하기 때문이라고 고백하였다.

나는 엄마 역할 부족을 얘기하는 이들을 위로하였다. 다른 사람들은 자신이 하는 행동이 어떤 것인지 알지도 못하고 무작정 살아가는데, 이에 비하면 이들은 자각하고 있으니 반드시 개선할 수 있다고 격려하였다. 이런 장면에서 한 사례가 떠올랐다.

극단적인 부부 갈등으로 대립하던 아내가 울면서 안아 달라고 엄마에게 다가오는 두 살짜리 딸아이를 일부러 넘어뜨리고, 아이가 엉덩방아 찧고 주저앉아 소리 높여 우는 모습을 동영상으로 찍어서 남편에게 보낸 적이 있었다. 출산 후 일류 직장의 연구원 일을 중단한 아내가 독박육아 스트레스로 인해 남편에게 적개심을 품고 복수하고자 한 것인데, 아이가 인질이 된 셈이었다.

이런 일에 비하면 위의 두 아내는 양심적이고 선량했다. 아이들을 진정으로 사랑하며 인간미를 갖춘 엄마가 아닌가? 사람들은 자신과 유사한 사연을 알게 되면 위로와 힘을 받아 용기를 내는 경향이 있다. 나는 이들을 진심으로 도와주고 싶었다.

내가 "아이들이 엄마를 괴롭힌다고 느껴져 스트레스를 받지요? 또 다른 상황에서도 그런 느낌을 받을 때가 있나요?"라고 물어보자, U씨는 "저는 모든 사람이 나를 괴롭힌다는 생각이 들어요."라는 의외의 대답을 하였다. 이 말은 이제껏 그녀의 대인 관계 경험이 순조롭지 못했다는 점을 시사해 주었다.

피부가 뽀얗고 예쁘장하여 누구에게라도 호감을 주었을 것 같은 U씨가 젊은 나이에 무슨 힘든 일이 있었을까? 그녀는 전문대를 나와 학력이 짧다는 것을 자신의 약점이라 여기고, 4년제 나온 친구들을 부러워하였다. 성적이 자기보다 못했던 그들은 좋은 대학에 가고, 자기는 돈 때문에 전문대에 가서 빨리 취업해야 했던 생각을 하면 위축되고 자신감이 떨어진다고 하였다.

그녀는 어머니가 재래시장에서 옷가게를 하고 아버지는 건강이 좋지 않아 무직으로 지내며 큰 다툼 없이 무난하게 살아온 집안의 두 딸 중 큰 딸이었다. 여동생은 학교 성적이 뛰어나 4년제 대학교 장학생으로 졸업하고 좋은 직장에 취업하였다. U씨는 고생하는 어머니 모습이 안타까워 전문대 학비는 자신의 아르바이트로 해결하였다.

실습 과목 인턴을 할 때 남편과 만나 결혼하였는데, 결혼 전후 4년간이 자신의 인생에서 가장 행복하였다. 지금도 남편은 나를 사랑하고 있고, 자기만 잘하면 결혼 생활에는 문제가 없을 거라고 했다. 내가 웃으며 "모든 사람이 U씨를 괴롭힌다고 했는데, 남편은 아닌 것 같으니 모든 사람이 아니네요."라고 하니, 그녀는 "아, 정말 그렇군요."라고 말하며 놀라는 표정을 지었다.

아이들이 자라면서 고집을 부리고 말을 안 듣는데, 그 모습을 객관적으로 보고 여유롭게 기다리는 것이 잘 안 되나 보다고 말하니, U씨는 어릴 때 기억이 지워지지 않는다고 하였다. 물이나 우유를 먹다가 쏟으면 엄마가 즉시 때리면서 직접 닦으라고 야단쳤다. 그 당시 내 나이가 지금 딸만 한 나이였는데 그 어린애가 뭘 얼마나 잘 닦았을까? 엄마는 내가 직접 닦아야 다음에 그런 실수를 하지 않는다고 어린 나를 무섭게 쏘아보며 다그쳤다. 그러면 때리지 말고 조용히 닦으라고 하든지….

그런데 요즈음 자기가 그 비슷한 짓을 애들에게 한다. 화를 못 참고 애들 물건을 집어던지고 진상을 부린다. 나는 비겁하고 치졸하고 인간도 아니다. 엄마 자격도 없다. 고쳐지지 않으니까 죽고 싶다고 하면서 울먹였다. 자책하는 그녀의 모습이 너무 슬퍼 보였다. 지금이라도 그때 일을 어머니께 얘기하면서 그 기억을 보내 버리면 좋겠다고 말하니, 그녀는 과거 일은 자기 선에서 끝내고 싶다고 하였다. 그녀는 어머니가 혹여 상처를 받지 않을까 두려워하는 것 같았다.

나는 U씨가 그녀의 어머니를 이해한다면 그 기억을 벗어나는 데에 도움이 되리라고 생각하였다. 어머니는 10여 년간 점원 일을 하며 목돈을 모아 점포를 구입하여 가게를 시작하였으니 그간의 고생이 얼마나 컸을까? 그렇게 자신의 가게를 열고 10여 년 동안 장사를 하며 생계비를 대고 딸들 학비와 큰딸 결혼에 정신없이 살아왔다. 그런데 이제는 아버지의 암수술 후 간병하느라 어머니의 고생은 끝이 없다.

나와 함께 이런 어머니의 인생살이 여정을 살펴보며, U씨는 기어 들어가는 목소리로 "나 같으면 못살았을 것 같아요. 도망을 가거나…."라고 말하면서 눈물을 글썽였다. 그 모습은 생계를 책임져야 하는 환경에서 쪼들리는 마음으로 각박하게 살아왔던 어머니에게 어린 딸을 사랑으로 감싸 줄 여유가 없었으리라는 점을 그녀가 받아들이는 것으로 보였다.

게다가 그 어머니는 감정보다 논리가 앞서는 성격일 것이다. 딸을 사랑하지만 제대로 표현하지 않으니 모녀간에 애착 관계 형성이 어렵고, 딸인 U씨가 자존감을 키우도록 돌보지 못했을 것이다.

U씨는 바닷가의 파도가 몰려오다가 나중에는 엄청나게 큰 해일이 되어 자신을 덮치는 꿈을 자주 꾸었다고 했다. 이는 그간의 각박한 생활이 그녀를 압도하는 현실을 암시하는 것 같았다. 실제로 그녀는 어려서부터 아등바등 살아왔고 그렇게 하지 않으면 생존할 수 없었다고 했다. 시간

이든 돈이든 한 치의 여유도 없었던 것이다.

그렇다면 위축되지 않고 자존감을 유지하려면 어떻게 해야 할까? 엄마, 양육자가 아이의 존재를 소중하게 대하고 이런 마음을 아이에게 말하고 보여 주고 행동으로 체험하도록 할 때, 아이는 비로소 자신의 존재가 소중하고 귀하다는 것을 알게 된다. 사랑받는다고 느낀다.

거울에 비추어 자신의 모습을 볼 때 귀하고 아름다운 상, 혹은 하찮고 누추한 상 중 어떤 모습이 나타날지는 초기에 그 상을 비추어 주는 거울 역할을 하는 사람(상대)에게 달려 있다. 나를 사랑해 주는 상대를 믿게 되면 세상 사람들 역시 좋은 존재라는 신뢰감이 생긴다. 간혹 실망하는 일이 있더라도 상대가 나쁘지 않다고 믿는 신뢰를 포기하지 않으면 어려움을 버티고 감당하는 힘이 생긴다. 성장 과정에서 좌절을 경험하더라도 쉽게 꺾이지 않는다. 자기 존재의 소중함을 알기에 좋은 날을 기다리며 참는 용기를 발휘하게 된다.

이 대목에서 나는 이탈리아 영화 「인생은 아름다워라」에서 나치에게 끌려간 가족 이야기를 하고 싶다. 아버지는 다섯 살 된 아들에게 무자비한 수용소 생활을 단체 게임하는 것이라고 속이며 비참함과 공포에 맞선다. 들키지 않고 계속 숨어 있으면서 1,000점을 올리면 우승하여 진짜 탱크를 상으로 받고 집에 갈 수 있다고 유머로 아들을 달랜다.

끝내 아버지는 목숨을 잃었지만 살아남은 아들이 연합군의 승리로 탱크가 들어오는 장면에서, 자신이 이겨서 진짜로 탱크를 받는 줄 알고 탱크에 올라가 환호한다. 유대인이 아닌데도 남편과 아들을 따라 스스로 수용소로 들어간 엄마와 아들이 재회했지만 아버지는 세상을 떠난 후였다. 아버지는 군인에게 끌려가던 마지막 순간에도 아들이 숨어서 자신의 모습을 보고 있으리라 짐작하여 매우 우스꽝스러운 제스처를 취한다. 백지와 같은 아들의 상상 세계에 절망과 공포 대신 호기심과 유쾌함의 그림을 그리도록 한 아버지의 사랑이 숭고했다.

이와 같은 부모의 사랑을 체험한 아들 조수아는 자신을 귀한 존재로 인식하여 좋은 인생을 펼쳐 갈 것이 분명하다. 한편 U씨는 초기 경험이 취약했고 위축되고 우울한 가운데에서 성장하였다. 그러나 그녀는 지금 건강하고 평안한 모습으로 변신하기 위해 노력하고 있다. 기존의 자기상을 벗어나 바람직한 정체성을 찾고자 애쓰고 있다. 남편과 아이들이 그녀의 큰 자원이다.

U씨의 얘기를 살펴보니 모든 사람이 그녀를 괴롭혔던 것이 아니라 스스로 내면의 나를 채찍질하고 닦달하며 살아온 것 같았다. 나는 그때는 그렇게 하지 않으면 생존할 수 없었다는 그녀의 얘기에 공감이 갔다. 엄마는 어린 U씨를 대하는 방식 외에 다른 방식을 알지 못했기에 U씨 역시 타인을 대하고 스스로 기능하는 것이 그토록 야박하게 전개되었을 것이다. 안타깝기 짝이 없었다. 나는 U씨에게 이전에 무슨 일로 부부 상담을 받았는지 물었다. 사람들이 자신을 괴롭힌다고 본다면, 남편이 그녀를 사랑한다고 하더라도 부부 관계가 원만하지 않으리라.

둘째 딸이 태어나 육아 부담이 늘어났는데 남편은 직장일이 바빠져 귀가 시간이 늦어졌다. 전에는 남편이 나의 모든 것을 좋아한다는 확신이 있었는데, 둘째가 태어난 후에는 오순도순 얘기하며 속을 털어 놓을 시간이 없었다. 같은 직장에서 근무했던 터라 회사 돌아가는 것도 잘 알아서, 남편은 내게 그날그날 있었던 일을 다 말해 주고 나도 속마음을 시시콜콜 모두 나누면서 돈은 없어도 즐겁게 살았다.

그런데 그런 행복이 다시 오지 않을 것 같아 우울했고, 특히 애들이 걸림돌이 되고 있다는 예감이 들어 불안하였다. 그러면 안 되는데 애들이 힘들게 하니 짜증을 내고 소리 지르는 내 모습을 보고 처음에는 남편이 충고하다가 나중에는 나를 경멸하고 무시하는 것 같았다. 이러다가 혹시 남편에게 버림받을까 불안해서 상담을 받게 되었다고 했다.

U씨는 3년 전에 상담받은 이후 마음이 좀 안정되었는데, 최근에는 남편의 태도가 그때보다 더 냉담해진 것 같아 두렵다고 하였다. 남편은 내가 신경질적이고 감정의 기복이 너무 심하다고 했다. 그런데 이번에 상담을 받으면서, 종종 자신이 감정보다 이성이 앞설 때가 있구나라고 느낄 때가 있다고 하였다. 참 다행이었다.

암세포 전이로 아버지가 다시 수술을 받았다. 환자라고 받아 주니 별의별 잔소리가 심하고 매사에 불평하는 아버지의 짜증을 어머니가 내게 풀어놓아 힘들다고 U씨가 남편에게 하소연했다. 남편이 준 카드로 수술비를 댔지만 그건 그것이고, 여동생까지 와서 이일 저일 참견을 하니 더 복잡하다고 하였다.

하소연을 듣던 남편은 "너도 나한테 그렇게 했어."라고 했다. 이전 같으면 이런 불평을 들으면 낱낱이 따지면서, 내가 그렇게 했을 때 얘기하지 왜 쌓아 놓았냐, 지나간 일이면 얘기를 하지 말든지라고 덤볐을 텐데 이번에는 그렇게 하지 않았다. 남편의 사소한 언급에서라도 부정적인 기분이 들면, 나를 비난한다고 보고 질책했을 텐데 이번에는 그냥 넘어갔다. 남편이 나를 사랑하는지 여부를 예민하게 관찰하지도 않았다. U씨는 자신에게 여유가 생긴 것 같다고 하였다.

나는 그녀에게 참 잘했다고 칭찬해 주며, 어머니가 힘든 얘기를 하면 잘 들어드리고 U씨 자신도 어렵다는 것을 비난하지 말고 침착하게 전달하면 좋을 거라고 말해 주었다. 내 얘기를 들으며 한결 편안해진 표정으로 그녀는 이런 말을 하였다.

"그동안 저는 제 인생이 너무 팍팍하고 결핍감에 찌들어 보상받아야겠다는 피해의식 속에서 살아온 것 같아요. 선생님이 제가 잘 살아왔다고, 성공했다고 하셔서 제가 잘한 것을 찾아봤어요. 결혼을 잘했어요. 남편은 어려서 아버지가 돌아가셨고 시어머니가 보험설계 일을 하시며 3남매를 길렀어요. 남편이 장남이에요. 일찍 철이 들어 성실하게 살고 가난한 사람을 동정해요.

남편의 사랑은 변함이 없는데 제가 혼자 우울하고 초조하고 불안하여 징징댔어요. 계속 이렇게 하면 남편이 아예 등을 돌릴 수 있다고 하셔서 정신을 차렸어요. 애들은 커 가는 과정일 뿐이니 부정적으로 생각하지 말고 객관적으로 보고 거리를 두라는 말씀을 듣고 안심했어요."

그녀는 자신에 대한 이야기도 덧붙였다.

"나는 상황에 알맞게 노력하며 잘 살아왔어요. 옆 사람을 잘 챙기고 도와주려는 마음도 갖고 있고요. 학력이 짧지만 그것은 이제 중요하지 않아요. 사랑하는 남편과 현명한 동생이 곁에 있어서 감사해요."

이 얘기를 들으며 나는 무거운 짐을 내려놓는 느낌이었다. 마음이 가벼워지고 그녀가 기특해 보였다.

☕ 배우자의 탈선과 아이의 부적응 원인을 살펴보다

그해 겨울은 유난히 추웠다. 크리스마스와 새해 연휴가 지났지만 아직 묵은해의 미련을 품고 있는 듯 무겁고 나지막한 잿빛 하늘이 답답하였다. 날씬하고 큰 키에 낡아 보이는 베이지색 얇은 프렌치 코트를 입고 상담실에 들어오는 E씨는 초면에도 알 수 있을 만큼 눈두덩이 붉게 부어 있었다. 얼마나 울었던 것일까? 추워 보였고 측은하였다. 애써 울음을 참으며 그녀는 말문을 열었다.

남편은 안하무인이고 자기만 안다. 타인의 시선에 전혀 신경 쓰지 않는다. 나와는 정반대이다. 성격 차이로 생각했는데 이제는 견딜 수 없다. 2년 전 함께 부부 상담을 받고 조금 나아지더니 요즘에는 바쁘다는 핑계로 새벽에 들어오고 끝내 성병까지 옮겼다. 이혼밖에 길이 없다. 이런 일로 병원 치료를 받는 것이 너무 수치스럽고 자존심 상한다고 하면서 울먹였다.

참 몹쓸 남편이구나. 이렇게 예쁜 아내에게 고통을 주다니…. 나는 그녀를 위로하면서 조심스럽게 남편이 늦게 들어온다면 혹시 E씨에게 불만스러워하는 점이 있는지 물었다. 자신이 잔소리가 심하다고 남편이 불평한다고 했다. 상대방을 배려하지 않고 독단적으로 처신하고 자기 의견만 내세울 때 옆에서 얘기해 주면 그것을 잔소리라고 묵살하며, 내가 잘못하는 거라고 화를 낸다. 그렇게 하니까 직장에서 인화가 안 되고 로펌에서 나와 개업을 하는 것 같다. E씨는 남편이 일은 잘하지만, 그 성격을 고치지 않으면 개업을 하더라도 어려운 일이 생기지 않을까 걱정하였다.

남편이 잘못했다고 여러 번 사과했지만 이게 사과로 될 일인가? 인간의 종자가 달라서 그런 나쁜 짓을 하는 거라면 지금 갈라서고 싶다고 하였다. 나는 그녀의 말에 동조하면서 남편이 남들과 달리 독특한 점이 많아서 종자가 다르다고 하는 거냐고 물었다.

남편은 전혀 타인을 의식하지 않고 자기 멋대로이고, 이번 상담에도 같이 와야 하는데 거절했다. 잘못을 사과하는 것도 말뿐이다. 진심으로 뉘우치고 반성한다면 와야 하는 건데…. 도대체 남편이 나쁜 종자로 태어나서 그런 건지 선생님께 여쭈어 보고 싶다고 하였다.

그런 뜻으로 물어 본 것이 아니라는 것을 알면서도, 나는 얼른 대답하지 못하고 무슨 백인, 흑인 그런 차이가 있는 것은 아니겠지요라고 했는데 속에서 쓴웃음이 나왔다. 얼마나 답답하면 종자 타령을 하겠는가? 솔직하게 대답하면 애써 눈물을 참고 있는 E씨를 더 크게 실망시킬 것 같아 머뭇거리다 보니 엉뚱한 답변이 나온 것이었다.

남편의 성격이 자기중심적이고 주장이 강하다는 점으로 미루어 볼 때 남달리 우월감이 높다고 한다면, 그런 사유로 상담 현장에 오기는 어려울 것이다. 안 오는 것이 아니라 못 왔을 것이다. 이런 얘기는 나중에 기회가 되면 전달할 것으로 상담 첫 회기에 할 말은 아니어서 하지 않았다.

은행원으로 근무하다가 육아휴직 중인 E씨는 다시 출근해야 하는 기간이 몇 달 남지 않았으니 그 안에 결단을 내리고 싶다. 성격 차이로 싸울 때 시부모님께 얘기했더니 어머님은 아들을 설득할 수 없다고 하셨다. 어릴 때부터 하도 말을 잘해서 오히려 설득당했다고 하더라. 이번 일도 말씀드려 봤자 별 수 없을 것이라고 했다.

혹시 친정 부모님이 이 일을 아시냐고 물으니, 그녀는 아버지가 자기보다 더 화를 내고 남편을 야단치셨다고 했다. 남편은 친정아버지께 빌고 앞으로는 잘하겠다고 약속했지만 도저히 믿음이 안 간다. 남편이 나를 배신한 것보다 아버지께 충격을 드린 게 더 속상하다. 평생 군인으로 국가에 충성하며 살아오신 아버지는 말 그대로 청렴결백한 분이다. 젊었을 때 군대 일에 너무 치중해서 어머니를 외롭게 했다고 지금은 되게 아껴 주신다. 어머니 건강이 좋지 않아 요즘에는 아버지가 손수 식사 준비도 하고 청소도 하신다고 했다.

어렸을 때 나는 관사에서 살면서 늘 하사관이 근무하고 생활이 모두 노출되니까 타인의 시선에 민감했고 긴장하였다. 아버지는 남이 볼 때 좋지 않은 말이나 행동을 하면 안 된다고 단단히 훈육하셨고, 어머니께도 부하에게 하듯 엄격하게 대하셨다. 그래서 우리 3남매는 무조건 순종하고 살아왔다. 사춘기 반항 같은 것도 없었다. 그녀는 이렇게 남들을 의식하며 성실하게 살아왔는데 왜 이런 일을 당해야 하느냐고 호소하였다.

그때 나는 그녀가 엄격하게 살아왔으니 그냥 털털하게 살아가는 사람들보다 더 억울하고 분할 것 같다고 위로하였다. 그녀가 잔소리가 심하다고 남편이 불평한다는 얘기의 의미를 알 것 같았다. 사소한 일에도 예민하게 반응하는 E씨의 태도는 어린 시절의 습관에서 나왔을 것이다. 느끼고 생각하는 것에도 양식(pattern)이 생긴다.

음력설이 지나고 E씨 남편의 사무실 개업 후 시간 여유가 생겼다. 그 일을 알게 된 시어머니가 비용을 대 주어 온천 리조트로 가족 여행을 다녀왔다고 했다. 시어머니는 아들을 매우 꾸짖고 혼내면서 그런 일이 또다시 생긴다면 너는 내쫓고 며느리와 손자만 데리고 살 거라고 무섭게 다그쳤다. 내게 명절인사도 오고 싶지 않았을 텐데 와서 고맙다고 하셨다. 이혼할 때 하더라도 의무는 해야 한다고 생각했다. 시부모님은 점잖고 좋은 분들이다.

여행은 어땠는지 물어보니 시어머니가 시켜서 간 것이고 별 재미는 없었다고 하였다. 애들이 색다른 환경을 접하니 떼쓰는 것이 줄어든 점은 좋았다고 했다. 큰애는 너무나 떼를 쓰고 유아원에서 친구들과 어울리지 않고 선생님하고만 소통한다. 친구가 장난감을 정돈하지 않고 어질러 놓은 채 집에 간다고 하면서 울어서 선생님이 한참을 달랬다고 한다. 집에서는 떼를 쓰다가 오줌을 지리기도 한다.

어떻게 해야 좋을지 몰라 참 걱정이다. 육아 레시피가 있으면 좋겠다. 연년생 동생이 갖고 노는 장난감을 큰애가 빼앗고 둘이 싸울 때는 미워서 애들한테 짜증을 낸다. 나중에 후회하면서도 통제가 안 된다. 나는 짜중을 내고 싶지 않은데 통제가 안 된다니 참 힘들겠다고 위로하면서, 큰아이가 학교 들어가면 나아질 거라고 격려하였다.

E씨를 격려하고 위로했으나 나는 걱정이 되었다. 네 살 된 아이가 유아원에서 친구들과 어울리지 못하고 친구들이 장난감 정돈을 하지 않는다고 울며, 집에서 오줌을 지린다는 부적응이 내 마음을 눌렀다. 만만치 않은 일인데 어떻게 도울 수 있을까? 아이와 엄마의 관계에 해답이 있지만 그녀가 매우 힘든 시간을 감당하는 중이라서, 마치 엎친 데 겹치는 격이 되기에 내내 마음에 걸렸다.

남편의 사건보다 사실 아이의 일이 더 심각해 보였지만 그녀는 이해하기 어려울 것이었다. 남편의 탈선이 가벼운 것은 아니지만 그 상대가 단란주점의 호스티스라는 점, 예컨대 애정 관계에 있었던 과거의 연인이나 새롭게 생긴 애인이 아니라는 사실이 그나마 다행이었다. 그러나 한편으로 보면 남편의 탈선이나 아이의 부적응이 E씨의 특성과 관련된다는 점은 짐작되었다.

이후 상담 회기에서 나는 E씨와 함께 아이가 오줌을 지리는 상황을 살펴보며 그녀가 아이의 입장을 이해하도록 도왔다. 큰아이도 엄마의 품을 그리워할 시기에 동생에게 빼앗겼는데, 그때 아이의 심정이 어땠을까? 작은애가 태어나고 두 애를 돌보기 힘들어 큰아이가 15개월 때 유아원에 처음 보냈는데, 계속 떼를 쓰고 울어서 선생님이 엄마가 돌봐야 한다고 집으로 돌려보냈다.

동생과 장난감을 갖고 서로 내 거라고 싸우면 형이 동생에게 양보해야 한다고 엄마가 동생 편을 드니 큰아이가 얼마나 섭섭했을까? 아이는 자신도 동생처럼 어린애가 되어 엄마의 보호를 받고 싶어 오줌을 지리는 것 같았다. 물론 의도하지 않은 무의식적 퇴행 행동일 것이다.

이때 나는 유사한 사례가 생각났다. 남편의 집착과 의심 때문에 이혼하고 싶다고 했던 아내의 얘기를 들려주었다. 남편은 불과 3분 일찍 태어나 쌍둥이 형이 되었는데, 동생은 엄마가 기르고 자신은 형이라고 시골로 보내져 조부모님이 키웠다. 초등학교 때 부모님 집으로 돌아온 남편은 평생 박탈감을 느끼며, 아내의 젖가슴을 내 자식일지라도 내어 주기 싫으니 무자식으로 살자고 했다.

남편은 공무원으로 재직하는 아내의 퇴근 시간에 맞추어 차를 대기하다가 데려오고, 아내의 직장 회식에도 참석하였다. 아내는 남편의 무자식 주장도 받아들이고 열심히 타협하며 지내는데, 이제 도가 지나쳐서 견디기 어렵다고 호소했다. 이 얘기를 하면서 나는 E씨가 큰아이의 박탈감이 얼마나 결정적인 것인지 절절하게 느끼기를 바랐다.

눈물을 글썽이며 내 얘기를 듣던 E씨는 끝내 손바닥으로 얼굴을 가리고 고개를 숙인 채 앉아 있다가, 천천히 휴지를 꺼내 얼굴을 닦으며 이런 말을 하였다.

"어렸을 때 일이 그렇게 치명적으로 영향을 주는지 정말 몰랐어요. 아이들보다 제가 힘들다는 생각을 먼저 하고 짜증을 내고 애들을 야단쳤어요. 큰애가 미웠는데 선생님 말씀을 듣고 보니 제 잘못이 크다고 느껴져요. 제가 아이한테 많은 상처를 준 것 같아 마음이 아파요. 큰애가 안쓰러워요. 힘들어도 제가 더 정신을 바짝 차리고 애들을 잘 돌볼게요."

나는 그녀에게 엄마도 사람인데 고생스러우면 참기 어렵다고 하면서 앞으로 잘될 거라고 위로하였다. 딸보다 아들이 기르기가 훨씬 어렵고 연년생이니 더욱 힘들 텐데 지금이 고비이니, 이때만 넘어가면 좀 나아질 거라고 격려하였다.

남편이 왕이면 아내는 왕비다

창밖으로 봄비가 내리던 날 오후 상담실로 들어오는 E씨의 모습에 생기가 돌았다. 네이비 재킷에 받쳐 입은 하얀 면 블라우스가 화사하였다. 내담자가 옷차림에 신경 쓰고 화장하고 예뻐지는 것은 상담의 효과가 나타나고 있다는 징표이다.

나는 반갑게 그녀를 맞이하며 어떻게 지내는지 물었다. 그녀는 몸은 더 힘든데 마음은 한결 편안해졌다고 하였다. 엄마가 더 힘들다니 아이들은 더 편안해졌나보다고 했더니 그녀는 선생님이 그걸 어떻게 아시냐고 하며 웃었다. 내가 따라 웃으며 오늘은 예쁘고 좋아 보여 고맙다고 하니, 그녀는 자신이 고마운데 그렇게 말씀하시니 송구스럽다고 했다.

이제껏 아이들을 아이들로 대하지 않고 어른의 잣대로 따져서 가족 모두 힘들었다는 걸 알고 반성했다. 아이들이 하고 싶은 대로 하게 놔두고 있다고 했다. 나는 이 얘기를 들으며 내심 놀랐다. 1주일 만에 E씨의 생각과 행동에 큰 변화가 나타난 것이다. 나는 그녀의 말에 동조하며 "애들이 하고 싶은 대로 해도 큰일 나지 않는다. E씨가 그걸 알았다니 훌륭한 엄마다."라고 칭찬하였다.

집안 분위기가 안정되어 남편이 좋아하겠다고 하면서, 나는 남편의 어떤 점이 좋아 결혼했느냐고 E씨에게 물었다. 대학 때 전공은 다른데 한 과목을 같이 들어서 남편을 알게 되었다. 사교적이고 친화력이 좋아 끌렸는데 그때는 그가 자기중심적이고 욕심이 많은 사람인지 몰랐다. 남편은 내가 순수하고 해맑아 보여 좋았다고 하더라. 내가 "사람은 잘 보았네요. 이렇게 순수하고 해맑은 아내에게 못된 짓을 하다니 나쁜 사람 아닌가요?"라고 안타까워하자 그녀의 눈시울에 금방 물기가 돌았다.

그녀는 "사실 저는 고지식하고 내성적인데 남편은 적극적이고 자기주장을 잘해요. 저한테도 열정적으로 프러포즈했는데 그렇게 하는 것은 그 사람 성격 때문인 것을, 그 모습만큼 저를 매우 많이 사랑하는 것으로 착각했나 봐요."라고 하였다.

남편의 사랑을 착각한 것 같다니 그렇다면 남편이 E씨를 사랑하지 않느냐고 물었다. 그녀는 기어 들어가는 목소리로 사랑한다면 그런 일을 하지 않았을 것 아니냐고 하였다. 이 말을 들으며 나는 일부 남편들의 유형이 떠올랐으나, 그녀에게 얘기해 주기는 어려웠다.

이런 일을 저지른 남편들은 모두 상담할 때 아내를 사랑하는 마음에는 변함이 없다. 상대방을 사랑해서 그렇게 한 것이 아니다. 룸살롱에서 술 마시고 스트레스를 풀고 유흥에 빠져 놀다가 보니 그런 일이 벌어졌다고 말한다. 남성의 성 본능에 비추어 보아 핑곗거리로 삼을 만하지만, 이런 말이 그녀에게 위안이 되기는 어려울 것이다. 남편의 행동이 애정과 무관하다는 점을, 그 상대를 사랑해서가 아니라는 것을 그녀가 알도록 하려면 뭐라고 해야 할까? 답답하였다.

그 순간 마침 그녀가 이런 말을 꺼내어 내 답답함을 해소해 주었다.

"제가 성관계를 싫어하는데 혹시 그게 이유가 될까요?"

아, 그렇구나. 무엇 때문인지 묻는 나에게 그녀는 아파서 어렵다고 하면서 작은애 출산 후 성관계가 두 번 있었다고 하였다. 작은아이가 세 살이니 2년간 두 번이라면 성관계뿐 아니라 다른 면에서도 이들이 소원했을 것으로 보여 안타까웠다. 내가 회피한다고 남편이 뭐라고 한다. 남편이 그 부분에 대해 불만스러울 것이라고 했다.

사실 결혼 초부터 성관계 때 너무 아파서 힘들었고 애 낳은 후에는 좀 나아졌지만 아픈 건 여전하다. 아픈 것이 나아졌다니 다행이라고 하면서 심리적인 영향이 있으니, 이제 점점 나아져 안 아플 거라고 생각하면 좋아질 수 있다고 하였다. 아이들 육아가 순조로워지면 스트레스가 줄어들어 부부 관계도 호전될 수 있다. 혹시 필요하면 성클리닉의 도움을 받아도 된다고, 큰일이 아니라고 위로하였다.

그리고 남편의 외도는 사랑해서가 아닌데, E씨가 스스로 상처를 키울까 봐 걱정된다고 얘기해 주었다. 이 얘기를 들으며 그녀는 사랑해서가 아니라는 말이 정말인지 물었다. 믿어도 되니 안심하라고, 정말이라고 강조하는 나에게 그녀는 긴가민가하면서도 안도하는 기색을 보였다.

그때 나는 이런 얘기를 덧붙였다.

"남편의 사교적이고 친화력이 좋은 면에 끌렸다고 했는데 그 점을 살펴보면, E씨도 남편과 아기자기하게 어울리며 재미있게 지내는 것을 소망했을 것 같아요. 그러니까 사람 좋아하는 남편이 공허해지지 않고 E씨도 즐겁게 생활하도록 남편분의 관심을 끌어 보세요."

내 말에 그녀는 아이들이 점점 자라나고 있으니까 앞으로 시간 여유가 생길 거라고 맞장구를 쳤다. 그리고 남편 사무소에 사건 의뢰가 들어와서 반갑고 기쁘다. 부디 남편 일이 잘되면 좋겠다고 하면서 남편의 자기중심적인 성격을 염려하였다.

시부모님이 딸 셋을 낳고 얻은 아들이 남편인데 애기 때 심장판막이 약해 오래 약을 복용하니까 부모님이 애지중지 기르셨다. 가족들 모두 그를 집안의 왕이라고 한다. 이런 말을 하는 E씨의 표정에서 나는 그녀가 염려를 하면서도 남편의 자기중심적인 면을 이미 이해하고 있음을 알 수 있었다.

남편에 대한 분노가 누그러지지 않았다면 그의 건강 문제를 언급하지 않았을 것이기에 나는 마음이 놓였다. 아기 때 약을 복용하고 치료받느라 고생하는 외아들에 대한 시부모님의 배려가 현재 남편의 성격 특성에 영향을 끼쳤음을 알고 있다는 말 아닌가? 내가 "남편이 왕이면 E씨는 왕비네요."라고 말하며 웃자 따라 웃는 그녀의 표정이 맑고 밝았다.

또 다른 인생 선수 50대 초반 O씨의 이야기를 해 보겠다. 대학생 딸 둘을 둔 그녀는 남편을 있는 그대로 편안하게 바라보고 싶은 것이 상담의 목표였다. 가치관 차이가 커서 남편에 대한 양가감정으로 괴롭고, 큰일이 생기지 않을까 불안했다고 했다. 힘든 일이 있었나 보다고, 지금은 괜찮은지 묻는 내게 그녀는 이제 월세 아파트를 면하고 대출 끼고 작으나마 다시 내 집 장만을 했으니 한숨 돌렸다고 하였다.

4년 전 남편의 사업 몰락으로 하필 큰딸 수능시험 전날에 채권자가 들이닥쳐 분란을 일으키는 바람에 딸이 좋은 학교에 못 들어갔다. 그래서인지 남편은 큰딸 눈치를 엄청 보고 그 애가 원하면 뭐든지 다 들어준다. 나는 월세 살면서 속옷 하나를 못 사 입고 절약했는데, 큰애는 아빠 덕에 풍족하게 지낸다.

그때 나는 갑자기 생리가 끊기고 폐경이 되었다. 머리도 빠지고 황금같은 나의 40대가 다 날아갔다. 내가 고생이 많았다고 위로하며, 어떤 상황에서 가치관 차이를 느끼는지 물었다. 남편은 순하고 남들에게 관대한데 나는 실속을 차리는 편이다. 하고 싶은 말은 바로 해야 속이 편하다. 그래도 내가 할 일은 미루지 않고 한다. 남편은 남들에게는 인심을 쓰면서 내게는 야박하다.

중매가 들어왔는데 알고 보니 남편이 초등학교 동창이었다. 시골 동네라 학생 수도 적고 뻔해서 잘 알고 있었다. 남편은 어려서부터 애답지 않게 선량하고 양보도 잘하고 의젓하였다. 남편이 좋은 사람이라는 것을 너무 잘 알고 있어서 미워할 수도 없으니 더 괴롭다고 하소연을 하였다.

10여 년 전 남편이 다니던 무역회사에서 나와 개업했던 초창기에는 사업이 잘되었다. 몰락하고 나서 직원 수와 사업 규모를 줄이고 내가 사무실에 나가 일했다. 남편은 무조건 일을 벌이는 식이고 나는 위험 예방을 하자고 한다. 나는 4년간 도시락을 싸서 다니고 복사용지도 앞뒷면을 다 사용하면서 치열하게 살았다.

이 얘기를 들으면서 나는 그녀의 우아하고 고급스러운 외모와 옷차림에 비추어 볼 때 그간의 고통이 얼마나 컸을까 마음이 아팠다. 참 열심히 살았고 고생 많았다고 위로해 주니, O씨는 의외로 남편 생각을 하면서 버티었다고 하였다.

남편은 사업 실패로 모든 것을 잃었다. 불쌍하다. 사람, 돈, 명예, 신용과 가족까지…. 형 돈을 못 갚아 아직도 형뿐 아니라 부모님과 왕래하지 못하고 있다. 왕래를 끊는다고 어디서 돈이 생기는 것도 아니니 화해해야 하는데 아직 시간이 필요할 것 같다. 이것도 내가 해결해야 할 몫이 아닐까 고민이 많다. 나는 그녀를 적극적으로 지지하면서 O씨가 이렇게 남편을 진심으로 사랑하고 있으니 모든 일이 잘 풀릴 거라고, 다시 할 수 있다고 격려해 주었다.

무더운 삼복더위가 지나고 아침저녁으로 선선한 바람이 불었다. 도무지 물러갈 것 같지 않던 무더위가 지나가듯 우리의 어려움도 이렇게 지나가면 좋겠는데…. 사람들은 행동하고 말하고 생각하고 느끼는 습관이 몸에 익숙하게 배어 자신에게 손실을 초래하는 것들을 아는지 모르는지 그것을 마냥 붙잡고 살아간다. 생각해 보면 우리 인생의 어느 한순간도 머무르지 않는데, 심지어 행복까지도 지나가 버리는데….

가을 학기가 시작될 무렵 O씨는 두 딸의 등록금을 챙기느라 몹시 힘들었다고 푸념하였다. 나는 한 사람도 어려운데 대학생 두 명의 학비를 댔으니 참 큰일을 했다고 칭찬하며, 가을 학기니까 큰딸은 이제 졸업하는지 물었다. 졸업을 하게 되어 한숨 돌렸지만, 그녀는 졸업이 끝이 아니라고 하였다. 대학원이나 해외 연수로 더 큰 돈이 들어갈 텐데, 남편은 큰아이 요청을 모두 들어준다고 할 것이다. 다른 방법이 없는지 묻는 나에게 그녀는, 아빠가 다 들어줄 테니 다른 걸 찾을 이유가 없으며, 그녀는 딸들이 모두 엄마를 무시하는 것 같아 더 속상하고 억울하다고 하였다.

돈도 돈이지만 큰딸이 맘에 들지 않나 보다고 말하는 내게, 그녀는 딸에 대한 불평을 늘어놓았다. 사귀는 남자아이가 능력도 없이 뭐 한 가지 내세울 게 없는 위인인데 계속 붙잡고 있다. 딸은 자기만 알고 이기적이다. 집안 형편이 어떤지 관심이 없고 자기가 하고 싶은 것은 양보할 줄을 모른다. 동생도 위해 주지 않는다고 하였다.

아버지의 사업 실패를 보완하느라 고생하며 가정을 지켜온 엄마를 딸들이 무시한다니 안타깝다고 말하자, 그녀는 가족들이 모두 나를 불편해한다. 무엇이든 꼭 필요한 일이 있으면 나를 찾고 나긋나긋한데 용건이 없으면 거리를 두는 것 같다. 가끔 가족이 모두 나를 떠나가지 않을까 두렵다고 하였다. O씨 마음이 참 힘들겠다고 하면서 가족이 그녀의 무엇을 불편해하는지 물었다.

남편은 내가 매사를 추궁하여 어렵다고 하고, 큰애는 내가 사사건건 트집을 잡고 시비를 건다고 말한다. 내 편이라고 믿는 작은애도 엄마는 빛과 소금처럼 중요한 역할을 다 해 주고는 말로 완전히 인심을 잃는다고 훈계한다. 빛과 소금의 역할로 도움을 받는다면 불편한 것은 좀 참아야지, 무시하는 건 의리가 없지 않나?

이 얘기를 들으면서 내 머릿속에는 그 가족들의 모습이 그려졌다. 남편은 실패가 두려워 예방 차원에서 아내가 부탁하는 것을 추궁으로 받아들이고, 큰딸은 자신의 미래를 걱정하는 엄마의 조언을 트집 잡는다고 싫어한다. 작은애마저 비판적이다. O씨는 섭섭하고 분하다고 하였다. 그녀의 입장에서 보면 가족들의 태도가 매우 부당하다고 느껴질 것이다.

몸에 좋은 약은 입에 쓰다고 했던가? 그들은 아내, 엄마의 역할이 자신들에게 이롭다는 점은 알고 있지만 그녀의 표현을 힘들어하고 불편해하는 것 같았다. 나는 O씨가 치열하게 열심히 살아와서 사업 실패를 회복했다고 칭찬하며, 남편이 관대하고 너그럽다고 했는데 그런 분이 아내가 자신을 추궁한다고 하는 것을 보면 혹시 짚이는 게 없는지 물었다.

O씨는 남편의 말이 무슨 의미인지 잘 알고 있으며, 남편이 추궁으로 느껴지는 것에 대해 그녀가 그렇게 하지 않을 수 없는 이유를 설명하였다. 여전히 무역을 주 업무로 하기에, 과거의 되풀이가 안 되도록 자신이 개입하니까 남편이 그런 말을 한다는 것이었다.

사실 부부가 같은 사무실에서 함께 일하는 것이 무척 어렵다는 점은 모두 인정할 것이다. 일이 잘 되도록 하려다가 부부의 애정이 흔들리면 손실이 더 크지 않을까? 이때 나는 O씨가 남편을 진심으로 사랑하니까 그 힘으로 시련을 극복하고 여기까지 올 수 있었다. 이제 그 경험을 기반으로 사랑과 일 2가지 모두 성공할 수 있으니 그 방법을 찾아보자고 제안하였다.

그리고 큰딸에 대한 아빠의 애착은 아내에 대한 저항과 관련될 수도 있으니 남편과 좋은 관계를 유지하면 그 부분도 개선될 거라고 알려 주었다. "없는 형편에 거금을 들여 얼굴을 뜯어 고치고, 머리는 노랗게 염색하고 여자애가 속상하다고 미리 부모에게 의논도 없이 훌쩍 강원도로 템플스테이를 떠나 버리는 것도 고칠 수 있나요?"라고 묻는 그녀의 눈시울이 불그스레 물들어 있었다.

나는 O씨에게 작은딸과의 관계는 어떤지 물었다. 그 아이는 지극히 이성적이라서 어떤 때 보면 감정이 없는 사람 같다. 성적이 좋아 일류대 법대에 갔고 사법시험을 준비 중이라고 했다. 이 말을 들으며 나는 내심 큰딸의 복잡한 심정을 알 것 같았다. 혹시 작은아이가 엄마의 애로사항을 공감, 이해하고 언니와 아빠에게 엄마를 대변해 준다면 O씨에게 도움이 되련만 참 안타까웠다. 특별한 갈등 소재가 없으니 작은아이와는 좋지도 나쁘지도 않은 사이라고 하였다.

작은아이가 똑똑하여 앞으로 엄마에게 도움이 될 거라고 그녀를 위로하며, 전에 남편이 불쌍하다고 했는데 요즈음에도 그런 생각이 드는지 물었다. 그 생각은 진심이고 앞으로도 변하지 않을 거다. 남편은 착하고 온유하고 겸손하고 성실한데 현실에 어두우니까 내가 심정이 복받친다.

컴컴한 터널에 갇혀 고생하던 시기에도 헤어질 생각은 한 번도 한 적이 없었다. 미워 죽겠는데 미워할 수 없으니 더 밉다고 하였다.

O씨는 초등학교 동창생을 우연히 중매로 만나 결혼했으니 보통 인연이 아니지 않느냐고 반문하였다. 나는 그녀의 얘기를 적극 지지하고 두 분이 다시 태어나도 배우자로 짝이 될 것 같다고 말하면서 웃었다.

O씨의 얘기가 정말 귀하게 느껴졌다. 이런 진솔한 얘기를 남편에게 화내지 않으면서 자상하게 전달하면 남편도 아내 입장을 역지사지로 납득할 것 같다. 추궁이 아니라 실패가 두려워 예방 차원에서 부탁하는 것이라고 간곡하게 얘기하면 두 분이 서로 이해의 폭을 넓히고 접점을 찾을 수 있다고 격려하였다.

그날 상담 말미에 혹시 남편과 아이들에게 O씨가 큰 공을 세웠다고 인정받고 싶은가라고 물었을 때, 그녀는 놀란 표정을 지으며 그런 생각은 해 본 적이 없었는데 집에 가서 곰곰이 한 번 살펴보겠다고 하였다. 상담실을 나서는 그녀의 뒷모습을 보니 가족들이 모두 떠나서 자신이 혼자 될까 두렵다고 했던 말이 떠올라서 외로워 보였다.

너무 우쭐대고 살아서 가족들에게 왕따를 당하다

상담 일을 하면서 안타까움을 느끼는 것들 중 많은 빈도수를 차지하는 것은 상대(배우자)가 알게 되면 매우 반갑고 좋아할 자신의 진심을 미처 전하지 않고(못하고) 스스로 상처를 받고(주고) 힘들어한다는 것이다. 아내의 사랑을 느끼지 못하고 추궁당하며 살고 있다고 생각하는 남편 역시 안타깝기는 마찬가지 아닌가? 참 딱한 일이었다. 이런 에피소드에서 당사자들은 그런 표현을 한다면 자존심이 상하기 때문이라거나 말하지 않아도 상대가 알아줄 거라고 하지만, 이는 부정적 결과를 낳는다. 이런 태도가 누적될 때 불만과 갈등이 확대되므로 결국 자신의 자존심과 의존이 자신을 손상시키게 된다.

상담 종결 회기에서 O씨는 놀라운 소식을 전하였다. 아무리 바쁘더라도 1주일에 두 번 화, 목요일에는 출근 직후 1시간 남편과 커피타임을 갖고 대화를 한다고 하였다.

"선생님 말씀대로 그이에게 속마음을 얘기했어요. 좀 쑥스럽기도 하고 얘기하지 않아도 알아주지 않을까 했는데 뭔가 터닝 포인트가 필요하다는 생각이 들었거든요."

참 잘했다고 반색하는 나에게, 그녀는 선생님께 고맙다고 하면서 활짝 웃었는데 눈가에 살짝 눈물이 비쳤다.

남편이 뭐라고 하더냐고 물으니, 남편이 뛸 듯이 기뻐하며 오늘이 자기 생애 최고의 날이라고 하면서 그녀를 안아 주더라고 하였다. 나도 기뻤다. 감동한 상태로 말없이 앉아 있는데 그녀가 먼저 말을 꺼냈다. 생각해 보니 결론적으로 모든 게 내가 만든 내 문제라는 걸 알았다. 내가 사업과 가정을 지켜냈으니 내 멋대로 나를 따르라는 억지를 부린 것 같다. 마치 특혜를 베푼 양, 이렇게 기여했으니 당연하지 않느냐는 식으로….

그런데 결국 그것은 다른 길이 없었기에 내가 원해서 한 것이지, 남편과 애들만을 위한 것이 아니었다. 무슨 대가를 바란 것도 아니고…. 내가 영문과 나오고 독해력이 있으니까 그 일을 도울 수 있었고, 예상보다 빨리 재기했다고 남들은 부러워하는데 가족들이 불평하니까 그들이 잘못하는 것이라고 생각한 것 같다. 그러나 이제 이해가 된다고 하였다.

연이어 O씨는 이런 말을 하였다. 결국 작은아이 말이 맞았다. 내가 빛과 소금의 역할을 하고 말로 인심을 잃어버린 것이다. 실속 차리고 손해 보지 않겠다는 성격을 바꾸어야 할 것 같다. 그때 나는 웃으면서 이런 말로 그녀를 위로해 주었다.

"자기통찰을 한다는 게 쉬운 일이 아닌데 O씨는 참 훌륭해요. 유능한 사람은 이렇게 다르네요. 그러면 성격 바꾸어서 손해를 보고 실속도 차리지 않으려고요? 성격은 금방 달라지지 않는 거니까 말하는 습관을 조금만 다르게, 하고 싶은 말이 있더라도 바로 하지 말고 천천히 생각해 보고, 나중에 자상한 언어로 하세요. O씨는 잘하리라 믿어요. 역지사지로 상대방 입장을 고려해 보면서…."

그때 그녀는 자신이 너무 우쭐대고 살아서 가족들에게 왕따를 당한 것이라고, 이제야 그걸 알겠노라고 하며 웃었다. 이런 얘기를 나누며 창밖을 보니, 10월의 드높은 하늘에 떠 있는 조개구름 한 점 한 점이 소중하게 느껴졌다. 마치 그림 같은 코발트빛 하늘이 변하지 않고 그대로 멈추어 있기를 바랐다. 내 시야에 들어오는 청계산 봉우리가 그 순간 유난히 선명하였다. 오늘이 참 좋은 날이구나.

인생 선수들과 파우스트

아내 여성성의 의미

••••

야훼 하느님께서 선악과를 따먹은 여자에게 말씀하셨다.

"너는 아기를 낳을 때 몹시 고생하리라. 고생하지 않고는 아기를 낳지 못하리라. 남편을 마음대로 주무르고 싶겠지만 도리어 남편의 손아귀에 들리라."

그리고 아담에게는 이렇게 말씀하셨다.

"너는 아내의 말에 넘어가 따먹지 말라고 내가 일러둔 나무 열매를 따먹었으니, 땅 또한 너 때문에 저주를 받으리라. 너는 죽도록 고생해야 먹고 살리라. 들에서 나는 곡식을 먹어야 할 터인데, 땅은 가시덤불과 엉겅퀴를 내리라. 너는 흙에서 난 몸이니 흙으로 돌아가기까지 이마에 땀을 흘려야 낟알을 얻어먹으리라. 너는 먼지이니 먼지로 돌아가리라."

아담은 아내를 인류의 어머니라 해서 하와라고 이름 지어 불렀다.

−「창세기」3장 16~20절

이 성서 말씀은 남녀 애정 관계의 희로애락이 운명적인 것이 아닐까 하는 느낌을 준다. 아내는 남편의 수행이 자신의 뜻에 맞도록 함으로써 그의 사랑을 확인하고 싶어 하지만 오히려 그 주도권은 남편에게 있음을 알려 준다. 그리고 남편, 아담은 아내의 정체성을 어머니로까지 격상시킨다. 인간은 이런 정체성의 함의를 갖고 태어나는 것 같다. 부부 생활의 주도권을 가진 아담이 아내를 인류의 어머니 하와라고 명명해 주었으니 그녀의 역할을 존중하고 지원해 주어야 하지 않을까? 남편의 다스림과 어머니 역할을 감당하며 가족의 행복을 가꾸는 여성의 헌신이 보석 같은 귀한 메시지로 다가온다.

영원히 여성적인 것이 인간을 구원한다

국가 대표 인생 선수들의 이야기를 하는 동안 이 성서 말씀과 더불어 『파우스트』 중 한 구절이 계속 내 머릿속을 맴돌았다.

"영원히 여성적인 것이 인간을 구원한다."

고교 시절 국어 교과서에서 봤던 것인데 교과서의 내용이나 이 문장이 기술된 배경 등은 전혀 생각나지 않는데 이 구절은 잊히지 않는다. '영원히 여성적인 것'이라면 모성을 의미할 테고, 동서고금을 막론하고 사람들은 어머니라는 절대적인 존재를 사모하며, 인간 구원은 우리의 초관심사이기에 이 구절과 이 말씀의 자초지종을 알아보고 싶었다.

희곡 『파우스트』는 독일의 문호 괴테가 25세 때부터 60년간 집필하여 1831년 그가 사망하기 1년 전에 완성되었다. 파우스트는 16세기 유럽의 실존 인물로 연금술사였다. 그는 유럽이 르네상스 이후 중세기와 결별하고 근대화되는 격변기에 대중의 관심을 받았으나, 무엇이든 황금으로 변화시킨다는 주술 행위가 거짓으로 드러나 비참한 최후를 맞이하였다.

이후 파우스트에 대한 전설이 다양하게 연구·회자되었고, 크리스토퍼 말러의 『파우스트 박사』 등 다른 작가들의 저술도 있으나, 괴테의 『파우스트』가 고전으로 읽힌다. 다른 작품들이 악행과 권선징악에 초점을 둔 반면, 괴테는 주인공 파우스트가 다양한 인생살이 여정에 시달리며 저주스럽지만 포기하지 않고 노력하던 삶의 마지막에, 결국 속죄를 통해 구원을 받는다는 메시지를 담고 있다.

괴테의 전 생애에 걸친 경험과 통찰이 반영된 희곡 『파우스트』는 인간의 보편성을 부여한 우리 시대의 이야기이다. 세상과 더불어 모든 것을 누리고 싶은 욕망의 화신인 악마 메피스토펠레스는 실상 파우스트의 분신이었고, 파우스트는 괴테였고, 또한 현대를 살아가는 우리 모두의 한 단면이 아닐까?

아무리 지식을 쌓아도 이상세계에 도달하지 못하고, 인간과 우주의 근본적 진리를 찾아 방황하던 파우스트 박사는 어떤 대가를 치르고라도 그 해답을 구해야겠다는 결단을 내렸다. 마침내 "당신의 영혼을 나에게 팔면 당신이 원하는 대로 무엇이든 다 해 주겠다."는 악마 메피스토펠레스의 제안을 받아들여 그와 계약을 맺는다. 어느 순간 파우스트가 "순간아, 멈추어라 너 정말 아름답구나!"라고 말하게 되면 그가 패배하고 그의 영혼을 메피스토펠레스에게 주어야 한다는 조건이었다.

순결한 그레트헨은 파우스트와 사랑에 빠져 혼인하지 않은 몸으로 파우스트의 아이를 잉태한다. 한편 파우스트는 그녀의 오빠와 시비가 붙어 그를 죽이고 메피스토펠레스와 도망친다. 그레트헨은 죄의식으로 미쳐 버리고 스스로 자신의 아이와 어머니까지 죽인 죄로 감옥에 갇힌다.

그녀는 함께 도망가자고 감옥으로 찾아간 파우스트의 권유를 물리치고 회개하며 속죄하는 모습으로 죽음을 받아들인다. 결국 그녀는 신의 심판을 바란다고 하면서 사형에 처해지고, 메피스토펠레스는 그런 그녀를 비웃으며 "그녀는 심판받았노라!"고 외친다. 그런데 하늘에서 "그녀는 구원받았노라!"라는 소리가 들린다.

이후 파우스트는 지옥까지 내려가 데려온 그리스 제일의 미녀 헬레나(트로이 전쟁의 주인공)와 결혼하여 아들을 낳는다. 그런데 그 아이마저 죽고 헬레나와도 헤어지는 등 고난과 시련의 과정을 겪는다.

마침내 왕의 의뢰로 간척 사업을 마친 파우스트는 "자유로운 땅에서 자유로운 백성과 함께 살아간다면 나는 이 순간을 후회하지 않으리라. 내가 세상에 남겨 놓은 이 흔적은 결코 사라지지 않고 영원히 남을 것이다."라고 감격한다. 맹인이 되어 앞을 보지 못하는 파우스트는 비로소 자연과 인간 존재의 참된 의미를 깨닫고 "이 순간아, 멈추어라. 너 정말 아름답구나!"라고 외친다.

이로써 메피스토펠레스가 파우스트를 이겼으나, 그는 욕망의 화신인 악마이고 파우스트는 자유와 진리를 추구하였으므로 자유와 진리에 동조하는 입장에서 본다면 파우스트가 승리한 것이다. 파우스트는 죽음에 이르러 영혼이 메피스토펠레스에게 떨어지려는 찰나에 영원히 여성적인 것, 거룩한 모성인 옛 애인 그레트헨 영혼의 도움으로 위로 들어 올려져 천국으로 들어간다. 구원을 받은 것이다. 한편 파우스트를 구원의 길로 들어가도록 도왔던 그레트헨 영혼의 본질은 회개와 속죄가 아닐까?

나는 패배로 말미암아 악마에게 영혼을 빼앗길 뻔했던 파우스트가 영원히 여성적인 것, 속죄하는 모성의 표상인 그레트헨 영혼의 도움으로 구원을 받는다는 이야기에 천착한다. 그리고 "영원히 여성적인 것이 인간을 구원한다."는 이 메시지가 보편적인 것으로 인정받고 받아들여져 수행할 수 있는 힘을 발휘하게 되기를 소망한다.

여성이 아이를 낳아 신생아를 성인으로 키우기까지 소요되는 인내와 헌신이 어머니에게 사랑의 힘을 키워 준다. 이 힘은 아이뿐 아니라 (아이를 사랑하기에 사랑하지 않을 수 없는) 아이의 아버지에게까지 파급된다.

우리 시대의 많은 아내(어머니)가 이 수행의 길을 외면하거나 포기할 수도 있지만 한평생 지속되는 인생살이 차원에서 본다면, 이는 전체(전생애)가 아니라 부분(수행을 포기하게 되는 어느 한 시기의 어려움)일 뿐이다. 부디 이 부분을 전체로 보고 후회를 남기지 않도록 하면 좋겠다.

 너와 내가 함께 공유하는 박애 사랑의 의미

작품 속의 파우스트를 조망해 보자. 그가 자신의 영혼을 팔아서라도 인간과 우주의 근본적 진리를 터득하고자 한 이유는 무엇일까? 학자인 그가 최고의 지식을 쌓고 권력과 꿈을 성취하고 나아가 어떤 대가를 치르고서라도 성공을 거두겠다는 욕망 때문인가?

이런 모습을 우리 시대로 불러와 보면, 현대 사회의 무한경쟁 구조 안에서 생리적 본성과 이성을 가진 인간이 자신의 꿈을 성취하기 위해 적합한 처신을 하기가 만만치 않다. 노력하는 한 인간은 방황을 멈출 수 없으며, 그 어떤 순간 만족을 취했더라도 그 이상 나아가기를 거부하는 상황은 오지 않을 것이다. 이런 결과는 만족을 취했을 때 또 다른 욕망이 생겨나기 때문 아닐까?

수많은 좌절과 시련을 살아 낸 파우스트는 드디어 이렇게 설파하였다.

"자유와 생명은 날마다 싸워서 차지하는 자만이 그것을 누릴 자격이 있다."

파우스트의 영혼을 데려간 천사들도 이렇게 선언하였다.

"우리는 언제나 노력하며 애쓰는 자를 구할 수 있다."

인간의 끊임없는 노력은 끝내 보상받는다는 믿음을 주는 대목이다.

그레트헨의 입장을 살펴보자. 그레트헨의 비극은 소시민적 안락에 만족하지 못하는 파우스트와 사랑에 빠진 것이다. 그녀가 원하는 가장 좋은 결말은 파우스트와 아이를 낳아 기르며 행복한 가정생활을 하는 인생이리라. 그녀의 소망과 그의 목표 달성이 만나는 곳은 어디일까?

사실 오늘날 우리 주변의 부부 갈등과 다툼 안에서 벌어지는 문제의 핵심도 이와 다르지 않다. 성공하기 위해 질주하는 남편, 그리고 가족의 안위를 보살피며 가정을 유지하고자 노심초사하는 아내. 결국 사랑이 있으므로 그녀와 그가 비움과 양보를 통하여 만드는 우리의 세계가 행복을 가져다주지 않을까?

괴테의 『파우스트』가 시공간을 망라하여 방대한 드라마를 전개한, 향

락과 물질에 빠지지 않고 세상과 무관하게 숭고한 가치를 추구하는 남성의 구도 이야기라면 그것이 훌륭할지언정 우리와 어떤 관련이 있을까? 우리 시대 대부분의 커플은 현실에 적응하여 자그마한 소시민의 행복을 구하려고 한다. 이 자그마한 행복을 가꾸고 지키고자 하는 노력을 힘겨워하면서…. 나는 이와 같은 행복을 원하는 사람들과 함께 그들의 소망이 이루어지도록, 그 노력을 기울이는 과정과 성취를 돕고자 한다.

자랑스럽거나 영광스럽지 않은, 형편없이 수치스럽고 비참한 죄인인 그레트헨이 모성의 표상이 되었을 때 그녀의 회개와 속죄는 빛을 발하게 되었고, 그녀는 구원을 받는다. 자신뿐 아니라 이 은총의 힘으로 그녀는 사랑하는 애인 파우스트의 영혼을 구원으로 이끌어 준다.

중세기의 신학자 아우구스티누스는 방탕아로 살았던 젊은 시절을 회개하고 "오, 복된 죄여!"라고 하였다. 죄를 지었기에 참회하고 보속할 수 있었고, 영생의 길로 나갈 수 있었기에 죄가 복되다는 말일 것이다.

비록 제정신이 아니었을망정 자신의 아이와 어머니를 죽인 살인자 그레트헨이 거룩한 모성의 표상으로 변모될 수 있었던 까닭은 무엇일까? 살인자로 종지부를 찍어 버리거나 매우 모범적인 어머니로 살았던 여성이라면 회개와 속죄의 근거는 없을 것이다.

지은 죄가 크고 그에 대한 참회와 보속이 클수록 이를 기반으로 거룩한 모성의 위상을 드러내도록 하는 것이 더욱 돋보이지 않았을까? 그 거룩함의 의미가 더욱 빛을 발하게 되지 않았을까? 그레트헨을 이와 같은 처절한 비극적 인물로 묘사한 괴테의 의도는 혹시 이 때문인가? 그러면 파우스트의 도전과 방황을 그렇게까지 극단화시켜 복잡하게 서술한 의도는 어디에 있을까?

☕ '나'가 아니라 '우리'에서 답을 찾다

파우스트의 인생 여정을 살펴보면, 그는 그레트헨과 헬레나 두 여성과 사랑을 나누었으나 모두 비극으로 끝났다. 그레트헨과의 소시민적 사랑 그리고 헬레나와의 예술미에 심취한 사랑, 이 두 경험에서 그는 만족을 누릴 수 없었다. 그는 간척 사업을 통한 성취감과 자유로운 백성과 함께 할 수 있음에 감격하여 마침내 메피스토펠레스에게 패배를 인정하는 "이 순간아, 멈추어라. 너 정말 아름답구나!"라고 고백하고야 만다.

연인과 사랑을 나누는 안락한 삶에 만족하지 못했던 파우스트가 끝내 성취하여 아름답다고 승복했던 이상 세계는 간척 사업과 자유와 공동체 생활이란 말인가? 결국 그는 '나'가 아니라 '우리'에서 답을 찾은 것 같다.

그 당시 100세가 된 파우스트는 앞을 보지 못하는 맹인이었다. 아름답다고 표현하지만 그는 보지 못하는 신세였고, 아름다움을 시각적 기능으로만 느끼는 것은 아닐 것이다. 여기에는 어떤 은유가 깃들어 있을까?

결국 앞의 2가지 사랑은 파우스트의 개인적 애착이고, 간척 사업 성취에 대한 만족은 자신을 벗어나 이타적인, 인간 전체로 확대된 박애 경험이 아닐까? 지극히 개인적이고 사적으로 소유하는 나만의, 너만의 사랑이기보다 너와 내가 함께 공유하는, 두 사람 모두의 세계(가치관 등)에서 자율적으로 서로 존중하며 살아가는 박애 사랑에서 답을 구해 보면 어떨까?

 ## 한계를 받아들이고 과거와 결별할 수 있다면 훨씬 행복해진다

괴테의 『파우스트』에 등장하는 주인공 셋은 모두 최고 수준의 면모를 보여 준다. 지식과 이상 세계를 향한 성공을 위해 파멸을 두려워하지 않고 자신의 영혼을 악마에게 내어 주겠다는 파우스트, 비참한 죽음을 맞이하면서도 과감히 이 세상의 행복을 버리고 회개와 속죄를 받아들이는 순수한 영혼의 그레트헨, 시공간을 넘나들며 간교하고 음흉한 흉계를 조작하는 악의 화신 메피스토펠레스, 이들은 모두 극단화된 모습으로 방대한 드라마를 엮어 낸다.

최고, 최대의 영역 안에서 각자의 삶을 이행하는데, 이는 우리에게 인간의 한계를 가르쳐 주는 것 같다. 그러나 우리가 제2, 제3의 파우스트나 그레트헨이 될 필요는 없지 않은가? 이들의 드라마에서 우리는 중요한 배움을 얻는다. 나는 이 배움을 우리 인생에 적용하여 시행착오를 겪지 않고 무난하게 성취의 길에 이르기를 소망한다. 우리의 어려움이 극단화되지 않고 성공하기 위해 악마에게 영혼을 팔거나, 비참하고 억울한 최후를 받아들여 굳이 거룩한 모성으로 희생을 하기보다는 자신의 한계를 파악하여 주어진 현실 안에서 적응적 태도로 성실하게 살아간다면 행복해질 것이다.

인간은 노력하는 한 방황한다. 결핍·죄악·곤궁·근심에 엮여 방황하는데, 결국 끝까지 우리를 붙잡는 근심이 우울감으로 퍼져 파멸로 이끌어간다. 과거에 지나갔다면 그것은 지금 없는 것이다. 사람들이 진정으로 과거와 결별할 수 있다면 훨씬 행복해지며, 우리의 행복은 매우 작고 사소한 것에서 만날 수 있다. 괴테의『파우스트』제2부에 나오는 대화의 한 장면을 여기에 소개한다.

한밤중에 회색의 네 여인이 등장한다.

첫째 여인 : 내 이름은 결핍이에요.

둘째 여인 : 나는 죄악이라고 해요.

셋째 여인 : 내 이름은 근심이에요.

넷째 여인 : 나는 곤궁이라고 하고요. 문이 닫혀서 셋이 함께 들어갈 수가 없군요. 안에는 부자가 살고 있어서 들어가기 싫네요.

결핍: 그럼, 난 그림자가 되겠어.

죄악: 난 없어져야지.

곤궁: 사치에 젖은 얼굴은 나를 싫어하는데.

근심: 언니들은 들어갈 수도 없고, 들어가서도 안 돼요. 근심인 나는 열쇠구멍으로 살짝 들어가지만요.

결핍: 회색 자매들, 여기에서 물러납시다.

죄악: 난 네 곁에 바짝 붙어 다니겠다.

곤궁: 난 네 발꿈치만 따라다니마.

행복보다 안심이 사랑일까?

<u>적응적 부부 관계</u>

• • • •

어느 늦된 사랑

-이인구

내 가진 고민 아무리 커도

그대 눈에 비친 것만 하고

그대 상처 아무리 아파도

내 보는 것만 하게 되어

큰 위로 필요치 않을 때

화를 내고

돌아서 갈 곳이 없고 상처 입으며

바르게 고칠 일도 없이

오늘 곁에서 떠나지 않았고

내일 다시 그대를 볼 수 있어

행복하다기보단 안심할 때

비로소 사랑한다 할 만하리

☕ 평범한 것에서 안심하는 그것이 바로 사랑이다

어느 날 퇴근길, 교대역 플랫폼 스크린 도어 유리창에 적힌 이 시를 읽고 큰 감동을 받았다. 그리고 내 마음을 들킨 것 같아 깜짝 놀랐다. 빼거나 더할 것 없이 내 생각을 그대로 옮겨 놓은 것이다. 부부 상담 현장에서 일하며, 어떻게 하면 부부 갈등을 해소하여 그들이 행복하게 살도록 도울 수 있을까 하는 의문을 품고 생활하는 나에게 이는 귀한 손님처럼 다가왔다. 몹시 반가웠다.

'오늘 곁에서 떠나지 않았고 / 내일 다시 그대를 볼 수 있어 / 행복하다기보단 안심할 때 / 비로소 사랑한다 할 만하리'

이 시에서 얘기하는 '사랑'이 너무 수수하고 겸손하여 내 마음에 울림이 왔다. 이성간의 사랑이라면 빠지지 않는 요소인 열정도 없이 호화찬란하지 않은 모양새로 이렇게 사랑을 묘사하다니…. 사랑을 이렇게 소박한 것으로 말할 수 있어서 얼마나 좋은가? 그 안심이라는 것이 별것도 아닌, 어찌 보면 매우 시시한, 오늘 그대가 내 곁에 있고 내일 그대를 다시 만날 수 있다는 매우 당연하고 예사로운 것이라니….

이렇게 평범한 것에서 안심을 하고 그것이 바로 사랑하는 것이라고 하면서 살아간다면 사랑이 뭐 그리 어렵겠는가? 무슨 고통이 있겠는가? 마음의 문이 활짝 열리고 편안해진 느낌이 든다. 그러나 나는 이렇게 말할 수 있기까지 그 과정이 쉽지 않음을 알고 있기에 '비로소'가 가슴에 와 닿는다. 그래서 늦된 사랑이라 했는가? 여운이 남는다.

'행복하다기보단 안심할 때 비로소 사랑한다 할 만하리'라고 말하기까지에는 어떤 순간들이 담겨 있을까? 시인은 과연 한 세상 살아가는 삶의 여정에서 산 넘고 물 건너 불빛도 없는 깜깜한 밤에 들길을 홀로 가로지르는 우여곡절을 경험했던 것일까? 그 여정의 길을 나와 그대가 함께 했더라면 행복보다 안심을 앞에 세워, 그래서 안심하는 것이 사랑한다 할 만하다고 하였을까?

'사랑한다'가 아니라 '사랑한다 할 만하다'는 표현에서 행복과 안심 2가지를 놓고 어느 것이 자신의 사랑과 가까운지 매우 망설였을 것 같은 시인의 마음이 느껴진다. 그는 최소한의 것을 골랐으나 가장 필요한 것을 선택하였다.

깜깜한 밤에 들길을 가로지르는 그런 우여곡절이 없었다면 오늘 곁에서 떠나지 않았고, 내일 다시 그대를 볼 수 있다는 평범한 사실에 의미를 두지는 않았을 것이다. 행복하다기보단 안심할 때 사랑한다 할 만하다라고는 하지 않았을지도 모른다. 이런 마음으로 나는 '비로소'에 주목한다.

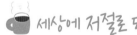 ## 세상에 저절로 되는 일은 없다

이런 생각을 하다 보니 태풍 몇 개, 천둥 몇 개, 벼락 몇 개, 번개 몇 개가 들어서서 대추가 붉게 익는다고 했던 장석주 시인의 시 「대추 한 알」이 떠오른다. 그리고 대추 한 알이 혼자서 둥글어질 리는 없다고, 무서리 내리는 몇 밤, 땡볕 두어 달, 초승달 몇 달이 들어서서 대추가 둥글어졌다고 했던, 그렇게 세상(하늘과 땅)이 서로 소통을 하여 대추가 둥글어지고

붉어져서 익을 수 있었다고 했던, 그 어떤 세상사의 이치가 맞닿아 있는 느낌의 '비로소'로 다가온다.

자그마한 대추 한 알이 그 몸으로 태풍, 천둥, 벼락, 번개를 물리치지 않고 받아들였기에 붉어졌고, 무서리와 땡볕, 초승달 몇 달을 거치면서도 가지에서 떨어지지 않고 기다렸기에 둥글어질 수 있었다는 표현은 이 세상에 저절로 되는 일은 없다는 점을 일깨워 준다.

내 가진 고민 아무리 커도
그대 눈에 비친 것만 하고
그대 상처 아무리 아파도
내 보는 것만 하게 되어
큰 위로 필요치 않을 때

손가락 한 마디만 한 크기의 대추가 둥글어지고 붉게 익기 위해 하늘과 땅이 소통하는 과정을 거쳤다. 이에 비추어 보면 한 쌍의 커플이 만나 서로 사랑을 주고받으며 함께 삶을 이어가는 것이 쉽게 이루어지겠는가? 일일이 모두 말할 수 없는 여러 가지 사연을 거쳐, 나의 고민이 클지라도 그것을 이미 상대방이 알고 있고, 상대방의 아픈 상처 역시 내가 알고 있기에 서로 위로가 소용없어진다는 것은 저절로 되는 일이 아니다. 두 사람의 기쁨과 슬픔, 열정과 좌절의 역사가 깃든 무게감이 느껴지면서도 이것이 사실이라면 얼마나 편안하고 흡족한 상태인가?

내 고민이 아무리 클지라도, 그대의 상처가 아무리 아플지라도 내가 너의, 그리고 네가 나의 고민과 상처를 마치 본 것처럼 있는 그대로 알아서 함께 걱정하고 함께 울어 준다면 무슨 하고 싶은 말이 있으랴. 역지사지(易地思之), 이심전심(以心傳心)이란 이와 같은 상태를 설명하는 말이 아닐까? 굳이 긴 이야기를 주고받을 필요 없이 서로 눈빛만 보아도 소통이 된다면, 그 외의 것은 군더더기가 될 뿐이다.

화를 내고
돌아서 갈 곳이 없고 상처 입으며
바르게 고칠 일도 없이

때로는 두 사람이 불편하여 다투고 싸우고 화를 내더라도 상대방 곁을 떠나지 않고 머무른다. 과거에 이들이 싸우고 화를 내며 상대방을 떠난 적이 있었겠지만 사랑이 그대로 있음을 느끼고 돌아왔을 것이다. 떠나더라도 돌아올 줄 스스로 알고 있기에 다시 떠나는 시행착오를 범하지 않는 것은 이들이 너와 나의 사랑을 믿기 때문이리라.

화가 나더라도 여전히 그 자리를 지키고 있으니 결국 돌아서 다른 곳으로 가게 되지 않는다는 말일 것이다. 그러니 따로 갈 곳이 있을 리 없고…, 따로 어디로 가고 싶어 하지 않을 것이고…. 그렇게 화를 낼 뿐 상처를 입지 않으니(상처를 주지 않으니) 상대가 화를 내더라도 나에 대한 사랑이 변함없음을 알고 있고, 상대가 나를 떠나지 않을 것을 이미 믿고 있으니 상대와 똑같이 내가 화를 낼 필요가 있겠는가?

설령 화를 내는 상대가 너(나) 때문이라고 말할지라도 나에 대한 상대의 사랑을 확신하고 있다면, '너 때문이라고' 하는 이유에 끌려가지 않을 수 있을 것이다. 그리하여 상처를 주지 않으니(상처를 입지 않으니) 바르게 고칠 것이 없다는 말 아닌가? 구태여 바른 것이거나 바르지 않은 것이거나 있는 그대로가 편안하여 굳이 행복하다기보다는 안심이 되므로….

그만하면 되었다. 더 바랄 게 없으니 그렇게 하는 것이 바로 사랑한다는 것 아닌가? 훌륭하고 대단한 것이라기보다 그냥 고치지 않은 생긴 그대로의 모습으로, 그다지 크게 애쓰지 않고 함께 살아갈 수 있는 상대가 있다면 그들은 충분히 행복한 사람들 아닌가?

그러나 커플이 안심하는 것만으로 그들이 사랑을 이루었다고 본다면, 사랑을 테마로 하는 여러 가지 시도와 접근은 우리의 관심 밖에 있으리라. 사람들은 대부분 사랑에 자신의 인생을 걸고 행복이나 불행을 경험하며 그 결과로 삶의 성패를 헤아린다. 사랑을 인생 목표의 결정 요인으로 보기에 집착이 뒤따른다.

그래서 '행복하다기보단 안심할 때 비로소 사랑한다 할 만하리'에서 '비로소'가 심상치 않은 느낌을 주는 것이다. '비로소'에는 사랑하는 사람들의 열정과 기쁨, 후회와 미련의 장면들이 담기고, 그 과정을 거치면서 마치 대추 한 알이 익어 가듯이 사랑을 완성시키고 우리의 삶을 성장시키는 것이 아닐까? 그리하여 비로소, 행복보다 안심하는 것을 사랑하는 것으로 고백할 수 있을 것이다.

지금의 문제와 갈등만 담백하게 바라본다

부부 상담 일을 하면서 가끔 나는 내가 사랑의 관리자인 것 같다고 느낄 때가 있다. 부부 갈등의 경위는 모두 다르지만 사랑을 매개로 인연을 맺은 관계이기에 결국 그 사랑이 개선되거나 회복되어야 성과를 얻는다. 따라서 사랑에 접근하고 사랑을 다루어 그 사랑의 양과 질이 나아지도록 돕기 때문일까? 나는 그들이 사랑을 개선하고 회복하기 위해 무엇을 어떻게 하면 좋을까에 천착하고, 호시탐탐 그 어떤 단서라도 찾기 위해 신경을 쓴다.

이 일을 해 오면서 가장 먼저 떠오르는 생각은 배우자들이 불안과 근심을 내려놓고 앞날을 미리 걱정하지 않기를 바라는 것이다. 당면 문제의 해결과 앞날의 안위에 대한 불안과 두려움이 마치 하나의 세트 요리마냥 붙어 다닌다.

지금의 문제와 갈등을 담백하게, 그것에만 초점을 맞추어 해결하고자 하면 좋은데, 이를 위해 꾸준히 지속적으로 노력하는 게 힘들고 효과가 금방 나타나지 않으므로 서로 상대를 탓하게 된다. 그리고 그 과정에서 과거사에 대한 비난과 앞날에 대한 걱정이 부가된다. 이때 불안과 근심이 끼어들고 나아가 최후의 보루인 사랑으로 초점이 바뀌면 문제가 확대된다.

바로 커플들의 이런 불안과 근심, 상대를 탓하는 비난 그리고 사랑에 대한 다툼이 마치 대추 한 알이 익어 가는 데 들어가는 태풍, 번개, 무서리, 땡볕같이 보인다. 대추 한 알이 비로소 둥글어지고 붉게 익어 가기 위해 세상과 소통했던 것처럼 두 배우자도 그렇게 할 수 없을까? 그렇게 된다면 「어느 늦된 사랑」의 행복하다기보단 안심할 때 비로소 사랑한다 할 만하다가 우리에게 현실로 다가올 수 있을 것이다.

앞의 시 구절처럼 안심이 사랑하는 것이라고 본다면 문제 해결은 쉬워질 것이다. 시인은 이런 과정을 이미 알고 있기에 불안과 근심이 없는 안심을 사랑하는 것이라고 했던가? 그러나 앞에서 얘기한 우여곡절의 과정을 생략한 채 일찍이 사랑을 행복하다기보다 안심하는 것이라고 어찌 결론지을 수 있겠는가? 어떤 우여곡절도 경험하지 않고, 대뜸 안심을 행복보다 앞세우고 그것을 사랑하는 것이라고 할 때 그 사랑은 얼마나 싱거운 것이 되겠는가?

많은 시행착오를 겪고 세상사의 이치를 깨닫게 될 때 드디어 우리는 우리에게 필요한 삶의 정수를 찾아내어 비로소 '안심할 때 사랑한다 할 만하리'라고 고백할 수 있지 않겠는가? 또한 그것이 둥글게 붉어진 대추마냥 유용한 것이 되지 않겠는가?

대추 한 알이 수행을 완성하고자 한다면, 그것이 익어 가는 데 필요했던 하늘과 땅의 소통을 거역하지 않을 것이다. 고민과 상처를 가진 커플들이 그들의 사랑을 이루고자 한다면 이런 이야기를 기억해 주면 좋겠다.

대추 한 알이 둥글게 만들어지기까지 무서리 몇 밤, 땡볕 두어 달, 초승달 몇 달이 들어서야 되듯이, 저 혼자서 둥글어질 리는 없듯이, 주변의 피드백과 도움을 받아들여 부부들의 관계가 좋아지기를 바란다. 그리고 자기중심적 사랑을 탐하지 않기를 소망한다.

탈자기중심적 언행을 실행하여 그 빈자리에 상대방의 기대를 들여놓고, 상대방도 그와 같이하여 그 빈자리에 나의 기대를 들여놓으면 우리의 관계가 더 커지고 의미가 풍부해지지 않을까? 커플들이 그들의 사랑을 매우 값비싸고 화려한 명품으로 채우는 대신, 쉽게 구할 수 있는 최소한의 것, 그러나 가장 기본적인 필수품으로 자리매김하게 된다면 참 좋겠다.

안심하는 것을 사랑이라고 고백하는 사람은 결국 자기중심적 사랑을 벗어나 상대를 수용하는 사람이다. 만족을 지연하며 기다릴 줄 아는 사람이다. 대추 한 알이 둥글고 붉게 익기 위해 세상과 소통하는 정성과 공로가 들어가듯 상대를 수용하고 기다리는 것도 그런 정성과 공로가 들어갈 때 가능해진다. 이런 모습은 성숙한 사람들에게서 나타난다. 이와 같이 성숙한 사람들은 시련과 좌절에도 포기하지 않고 지속적인 노력을 통하여 '비로소' 자기 성장에 도달할 수 있었다.

갑각류인 홍게는 탈피 과정을 거쳐야 성장할 수 있다. 이 과정이 만만치 않아서 껍데기를 벗는 도중에 힘을 다 소모하고 죽는 홍게도 있다. 그들에게 성장한다는 것은 죽음을 각오한다는 것이며, 성장을 거부하는 것은 결국 죽음을 받아들이는 것이다. 따라서 성장하지 않으면 죽은 것이나 다름없으리라.

우리는 성공보다 실패에서 배운다. 실패를 토대로 자기 성장의 길을 택하는 과감한 용기가 필요하다. 이는 삶을 제대로 살고자 하는 자신의 열정과 소망으로부터 나온다. 우리 모두의 성공을 기원한다.

☕ 좁은 공간을 함께 나누는 땅콩에게서 배우다

그해 겨울은 유난히 추웠고 눈도 많이 내렸다. 한겨울이 지나고 햇볕이 따스한 어느 일요일, 길고 무거운 롱코트 대신 두툼한 재킷으로 갈아입고 미사를 마치고 돌아오던 길이었다. 성당 건너편 마트 앞마당에 수북이 쌓인 정월대보름 부럼을 보았다. 음력설을 엊그제 지낸 것 같은데 벌써 정월대보름이 다가오고 있었다. 시간이 참 빠르기도 하지.

나는 먹음직스럽게 생긴 땅콩을 한 봉지 샀다. 두툼한 겉껍질을 까지 않은 것이어서 먹기 번거롭겠지만 그 맛이 궁금하였다. 겉껍질은 벗겨내고 속껍질을 살짝 볶은 땅콩 맛에 익숙한데, 이것을 까서 볶아 먹을까, 그냥 날로 먹을까 생각이 많았다.

땅콩 한 봉지가 큰 일거리가 되었다. 누에고치 같은 땅콩을 옆으로 반 갈라서 그 안의 생땅콩 2개를 꺼내어 겉껍질과 땅콩 알맹이들을 분리하였다. 생땅콩 맛을 보려고 속껍질을 벗기자니 잘 벗겨지지 않아, 손톱으로 미세한 껍질을 여러 번 벗겨 내야 해서 고역이었다.

마침내 열심히 겉껍질을 가르고 생땅콩을 한데 모아서 팬에 살짝 볶아 맛을 보니 늘 사 먹던 그 맛이 났다. 속껍질도 잘 벗겨졌다. 생으로 먹었더니 약간 비릿한 냄새가 나서 볶아 먹기로 하였다. 모든 일은 그 나름대로 하는 방식이 있었다.

지금 땅콩 이야기를 늘어놓는 것은 다음 사진을 설명하기 위해서이다. 누에고치 같은 땅콩을 옆으로 갈랐을 때, 그 안의 땅콩 알맹이 2개가 어쩌면 이렇게 겉껍질의 크기와 모양에 맞추어서 좁은 공간 안에 들어 있는지 신기했다. 숙련된 기술자가 만들었다고 해도 이렇게 만들기는 어렵지 않을까? 이 모양새가 너무 예쁘고 기특하여 20개쯤 계속 땅콩을 까 보았다. 간혹 1개만 들어 있거나 3개가 있는 경우가 있었지만, 대부분 2개가 통통하게 살이 올라 분홍빛 속껍질에 쌓여 자리를 차지하고 있었다.

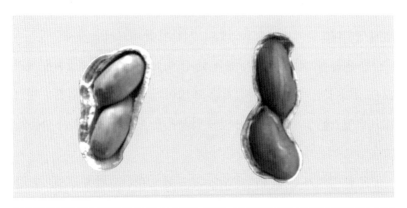

좁은 공간 안에 자리 잡은 땅콩들의 모습이다. 자라는 과정에서 어떤 부분은 길쭉하게 늘어나고 어떤 부분은 납작한 모습으로 서로 어우러져 공간을 채우고 있다. 옆자리 콩과 딱 붙지도 않고 떨어지지도 않게 딱 알맞은 크기와 간격을 유지하고 있다. 우리네 삶에서도 이들의 타협과 적응을 배울 만하다.

겉껍질 안에서 땅콩 2개가 마치 의논이라도 한 듯이, 제자리를 잡고 사이좋게 들어 있는 모습이 놀랍고 오묘하였다. 신비로웠다. 대단한 발견이라도 한 듯 감탄사가 저절로 나왔다. 부부들도 이렇게 살아간다면 얼마나 좋을까? 한쪽이 자리를 늘리고 싶다고 하면 다른 한쪽은 자리를 좀 내어 주고, 서로 타협하고, 적응하면서 말이다.